中华人民共和国
老年人权益保障法
读本

全国人大内司委内务室
全国人大常委会法工委社会法室
民政部政策法规司
全国老龄办政策研究部
编著

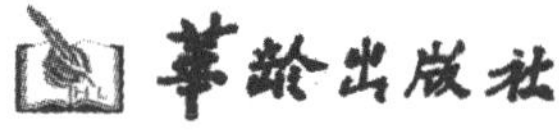

责任编辑：潘笑竹　李杨
封面设计：国风设计
责任印制：李未圻

图书在版编目（CIP）数据

《中华人民共和国老年人权益保障法》读本 / 全国人大内司委内务室等编著 . —北京：华龄出版社，2013.1
ISBN 978-7-5169-0230-1

Ⅰ . ①中…　Ⅱ . ①全…　Ⅲ . ①老年人权益保障法—法律解释—中国 Ⅳ . ① D923.85

中国版本图书馆 CIP 数据核字（2012）第 279085 号

书　　名：《中华人民共和国老年人权益保障法》读本
作　　者：人大内司委内务室等　编著
出版发行：华龄出版社
印　　制：三河市科达彩色印装有限公司
版　　次：2013 年 3 月第 1 版　2014 年 5 月第 5 次印刷
开　　本：710 × 1000　1/16　　　**印　　张**：21.5
字　　数：240 千字
定　　价：40.00 元

地　　址：北京西城区鼓楼西大街 41 号　　　**邮编**：100009
电　　话：84044445（发行部）　　　**传真**：84039173

前　言

《中华人民共和国老年人权益保障法》已由第十一届全国人大常委会第三十次会议于2012年12月28日修订通过，自2013年7月1日起施行。这次修订从我国现阶段国情以及人口老龄化快速发展的趋势出发，针对老年人权益保障面临的新情况新问题，在总结实践经验、广泛听取意见的基础上，对1996年颁布的老年人权益保障法作了全面修改，进一步健全和完善了发展老龄事业、保障老年人权益的法律制度，对于弘扬中华民族敬老、养老、助老的美德，增强全社会的责任意识，改善维护老年人权益的各种条件，推进老龄事业科学发展，实现老有所养、老有所医、老有所为、老有所学、老有所乐，必将产生巨大的促进和保障作用。

为了配合修订后的老年人权益保障法的学习贯彻，帮助读者准确理解老年人权益保障法修订的立法原意和各项规定，全国人大内务司法委员会内务室、全国人大常委会法制工作委员会社会法室、民政部政策法规司和全国老龄办政策研究部，组织参加法律修订起草工作的同志编写了《〈中华人民共和国老年人权益保障法〉读本》，供大家学习参考。

本书撰稿人（以姓氏笔画为序）：于建伟、尹静、王辉、王瑞、王素英、王振乾、母光栋、朱勇、朱恒顺、孙娟娟、许立群、刘左军、刘新华、吕晓莉、陈佳林、杜榕、吴晓华、李伟、李志宏、张宝、张时飞、张晓峰、武英、郑全红、赵光、龚仁伟、黄怡捷、曾萍、蔡人俊、滕炜等。全国老龄办副主任朱勇同志、全国人大常委会法工委社会法室主任滕炜同志、民政部政策法规司司长许立群同志审阅了部分章节，全国人大内司委内务室主任于建伟同志阅统了全书。全国人大内司委、常委会法工委、民政部、全国老龄办有关负责同志对本书的编写给予了指导。

由于水平有限，难免有不当或疏漏之处，恳请读者批评指正。

编　者

2013年2月

目录 / Contents

中华人民共和国主席令

（第七十二号）

《中华人民共和国老年人权益保障法》已由中华人民共和国第十一届全国人民代表大会常务委员会第三十次会议于2012年12月28日修订通过，现将修订后的《中华人民共和国老年人权益保障法》公布，自2013年7月1日起施行。

中华人民共和国主席　胡锦涛

2012年12月28日

中华人民共和国老年人权益保障法

（1996年8月29日第八届全国人民代表大会常务委员会第二十一次会议通过 根据2009年8月27日第十一届全国人民代表大会常务委员会第十次会议《关于修改部分法律的决定》修正 2012年12月28日第十一届全国人民代表大会常务委员会第三十次会议修订）

第一章 总 则

第一条 为了保障老年人合法权益，发展老龄事业，弘扬中华民族敬老、养老、助老的美德，根据宪法，制定本法。

第二条 本法所称老年人是指六十周岁以上的公民。

第三条 国家保障老年人依法享有的权益。

老年人有从国家和社会获得物质帮助的权利，有享受社会服务和社会优待的权利，有参与社会发展和共享发展成果的权利。

禁止歧视、侮辱、虐待或者遗弃老年人。

第四条 积极应对人口老龄化是国家的一项长期战略任务。

国家和社会应当采取措施，健全保障老年人权益的各项制度，逐步改善保障老年人生活、健康、安全以及参与社会发展的条件，实现老有所养、老有所医、老有所为、老有所学、老有所乐。

第五条 国家建立多层次的社会保障体系，逐步提高对老年人的保障水平。

国家建立和完善以居家为基础、社区为依托、机构为支撑的社会养老服务体系。

倡导全社会优待老年人。

第六条 各级人民政府应当将老龄事业纳入国民经济和社会发展规划，将老龄事业经费列入财政预算，建立稳定的经费保障机制，并鼓励社会各方面投入，使老龄事业与经济、社会协调发展。

国务院制定国家老龄事业发展规划。县级以上地方人民政府根据国家老龄事业发展规划，制定本行政区域的老龄事业发展规划和年度计划。

县级以上人民政府负责老龄工作的机构，负责组织、协调、指导、督促有关部门做好老年人权益保障工作。

第七条 保障老年人合法权益是全社会的共同责任。

国家机关、社会团体、企业事业单位和其他组织应当按照各自职责，做好老年人权益保障工作。

基层群众性自治组织和依法设立的老年人组织应当反映老年人的要求，维护老年人合法权益，为老年人服务。

提倡、鼓励义务为老年人服务。

第八条 国家进行人口老龄化国情教育，增强全社会积极应对人口老龄化意识。

全社会应当广泛开展敬老、养老、助老宣传教育活动，树立尊重、关心、帮助老年人的社会风尚。

青少年组织、学校和幼儿园应当对青少年和儿童进行敬老、养老、助老的道德教育和维护老年人合法权益的法制教育。

广播、电影、电视、报刊、网络等应当反映老年人的生活，开展维护老年人合法权益的宣传，为老年人服务。

第九条 国家支持老龄科学研究，建立老年人状况统计调查和发布制度。

第十条 各级人民政府和有关部门对维护老年人合法权益和敬老、养老、助老成绩显著的组织、家庭或者个人，对参与社会发展做出突出贡献的老年人，按照国家有关规定给予表彰或者奖励。

第十一条 老年人应当遵纪守法，履行法律规定的义务。

第十二条 每年农历九月初九为老年节。

第二章 家庭赡养与扶养

第十三条 老年人养老以居家为基础，家庭成员应当尊重、关心和照料老年人。

第十四条 赡养人应当履行对老年人经济上供养、生活上照料和精神上慰藉的义务，照顾老年人的特殊需要。

赡养人是指老年人的子女以及其他依法负有赡养义务的人。

赡养人的配偶应当协助赡养人履行赡养义务。

第十五条 赡养人应当使患病的老年人及时得到治疗和护理；对经济困难的老年人，应当提供医疗费用。

对生活不能自理的老年人，赡养人应当承担照料责任；不能亲自照料的，可以按照老年人的意愿委托他人或者养老机构等照料。

第十六条 赡养人应当妥善安排老年人的住房，不得强迫老年人居住或者迁居条件低劣的房屋。

老年人自有的或者承租的住房，子女或者其他亲属不得侵占，不得擅自改变产权关系或者租赁关系。

老年人自有的住房，赡养人有维修的义务。

第十七条 赡养人有义务耕种或者委托他人耕种老年人承包的田地，照管或者委托他人照管老年人的林木和牲畜等，收益归老年人所有。

第十八条 家庭成员应当关心老年人的精神需求，不得忽视、冷落老年人。

与老年人分开居住的家庭成员，应当经常看望或者问候老年人。

用人单位应当按照国家有关规定保障赡养人探亲休假的权利。

第十九条 赡养人不得以放弃继承权或者其他理由，拒绝履行赡养义务。

赡养人不履行赡养义务，老年人有要求赡养人付给赡养费等权利。

赡养人不得要求老年人承担力不能及的劳动。

第二十条 经老年人同意，赡养人之间可以就履行赡养义务签订协议。赡养协议的内容不得违反法律的规定和老年人的意愿。

基层群众性自治组织、老年人组织或者赡养人所在单位监督协议的履行。

第二十一条 老年人的婚姻自由受法律保护。子女或者其他亲属不得干涉老年人离婚、再婚及婚后的生活。

赡养人的赡养义务不因老年人的婚姻关系变化而消除。

第二十二条 老年人对个人的财产，依法享有占有、使用、收益和处分的权利，子女或者其他亲属不得干涉，不得以窃取、骗取、强行索取等方式侵犯老年人的财产权益。

老年人有依法继承父母、配偶、子女或者其他亲属遗产的权利，有接受赠与的权利。子女或者其他亲属不得侵占、抢夺、转移、隐匿或者损毁应当由老年人继承或者接受赠与的财产。

老年人以遗嘱处分财产，应当依法为老年配偶保留必要的份额。

第二十三条 老年人与配偶有相互扶养的义务。

由兄、姐扶养的弟、妹成年后，有负担能力的，对年老无赡养人的兄、姐有扶养的义务。

第二十四条 赡养人、扶养人不履行赡养、扶养义务的，基层群众性自治组织、老年人组织或者赡养人、扶养人所在单位应当督促其履行。

第二十五条 禁止对老年人实施家庭暴力。

第二十六条 具备完全民事行为能力的老年人，可以在近亲属或者其他与自己关系密切、愿意承担监护责任的个人、组织中协商确定自己的监护人。监护人在老年人丧失或者部分丧失民事行为能力时，依法承担监护责任。

老年人未事先确定监护人的，其丧失或者部分丧失民事行为能力时，依照有关法律的规定确定监护人。

第二十七条 国家建立健全家庭养老支持政策，鼓励家庭成员与老年人共同生活或者就近居住，为老年人随配偶或者赡养人迁徙提供条件，为家庭成员照料老年人提供帮助。

第三章 社会保障

第二十八条 国家通过基本养老保险制度，保障老年人的基本生活。

第二十九条 国家通过基本医疗保险制度，保障老年人的基本医疗需要。享受最低生活保障的老年人和符合条件的低收入家庭中的老年人参加新型农村合作医疗和城镇居民基本医疗保险所需个人缴费部分，由政府给予补贴。

有关部门制定医疗保险办法，应当对老年人给予照顾。

第三十条 国家逐步开展长期护理保障工作，保障老年人的护理需求。

对生活长期不能自理、经济困难的老年人，地方各级人民政府应当根据其失能程度等情况给予护理补贴。

第三十一条 国家对经济困难的老年人给予基本生活、医疗、居住或者其他救助。

老年人无劳动能力、无生活来源、无赡养人和扶养人，或者其赡养人和扶养人确无赡养能力或者扶养能力的，由地方各级人民政府依照有关规定给予供养或者救助。

对流浪乞讨、遭受遗弃等生活无着的老年人，由地方各级人民政府依照有关规定给予救助。

第三十二条 地方各级人民政府在实施廉租住房、公共租赁住房等住房保障制度或者进行危旧房屋改造时，应当优先照顾符合条件的老年人。

第三十三条 国家建立和完善老年人福利制度，根据经济社会发展水平和老年人的实际需要，增加老年人的社会福利。

国家鼓励地方建立八十周岁以上低收入老年人高龄津贴制度。

国家建立和完善计划生育家庭老年人扶助制度。

农村可以将未承包的集体所有的部分土地、山林、水面、滩涂等作为养老基地，收益供老年人养老。

第三十四条 老年人依法享有的养老金、医疗待遇和其他待遇应当得到保障，有关机构必须按时足额支付，不得克扣、拖欠或者挪用。

国家根据经济发展以及职工平均工资增长、物价上涨等情况，适时提高养老保障水平。

第三十五条 国家鼓励慈善组织以及其他组织和个人为老年人提供物质帮助。

第三十六条 老年人可以与集体经济组织、基层群众性自治组织、养老机构等组织或者个人签订遗赠扶养协议或者其他扶助协议。

负有扶养义务的组织或者个人按照遗赠扶养协议，承担该老年人生养死葬的义务，享有受遗赠的权利。

第四章　社会服务

第三十七条 地方各级人民政府和有关部门应当采取措施，发展城乡社区养老服务，鼓励、扶持专业服务机构及其他组织和个人，为居家的老年人提供生活照料、紧急救援、医疗护理、精神慰藉、心理咨询等多种形式的服务。

对经济困难的老年人，地方各级人民政府应当逐步给予养老服务补贴。

第三十八条 地方各级人民政府和有关部门、基层群众性自治组织，应当将养老服务设施纳入城乡社区配套设施建设规划，建立适应老年人需要的生活服务、文化体育活动、日间照料、疾病护理与康复等服务设施和网点，就近为老年人提供服务。

发扬邻里互助的传统，提倡邻里间关心、帮助有困难的老年人。

鼓励慈善组织、志愿者为老年人服务。倡导老年人互助服务。

第三十九条　各级人民政府应当根据经济发展水平和老年人服务需求，逐步增加对养老服务的投入。

各级人民政府和有关部门在财政、税费、土地、融资等方面采取措施，鼓励、扶持企业事业单位、社会组织或者个人兴办、运营养老、老年人日间照料、老年文化体育活动等设施。

第四十条　地方各级人民政府和有关部门应当按照老年人口比例及分布情况，将养老服务设施建设纳入城乡规划和土地利用总体规划，统筹安排养老服务设施建设用地及所需物资。

非营利性养老服务设施用地，可以依法使用国有划拨土地或者农民集体所有的土地。

养老服务设施用地，非经法定程序不得改变用途。

第四十一条　政府投资兴办的养老机构，应当优先保障经济困难的孤寡、失能、高龄等老年人的服务需求。

第四十二条　国务院有关部门制定养老服务设施建设、养老服务质量和养老服务职业等标准，建立健全养老机构分类管理和养老服务评估制度。

各级人民政府应当规范养老服务收费项目和标准，加强监督和管理。

第四十三条　设立养老机构，应当符合下列条件：

（一）有自己的名称、住所和章程；

（二）有与服务内容和规模相适应的资金；

（三）有符合相关资格条件的管理人员、专业技术人员和服务人员；

（四）有基本的生活用房、设施设备和活动场地；

（五）法律、法规规定的其他条件。

第四十四条 设立养老机构应当向县级以上人民政府民政部门申请行政许可；经许可的，依法办理相应的登记。

县级以上人民政府民政部门负责养老机构的指导、监督和管理，其他有关部门依照职责分工对养老机构实施监督。

第四十五条 养老机构变更或者终止的，应当妥善安置收住的老年人，并依照规定到有关部门办理手续。有关部门应当为养老机构妥善安置老年人提供帮助。

第四十六条 国家建立健全养老服务人才培养、使用、评价和激励制度，依法规范用工，促进从业人员劳动报酬合理增长，发展专职、兼职和志愿者相结合的养老服务队伍。

国家鼓励高等学校、中等职业学校和职业培训机构设置相关专业或者培训项目，培养养老服务专业人才。

第四十七条 养老机构应当与接受服务的老年人或者其代理人签订服务协议，明确双方的权利、义务。

养老机构及其工作人员不得以任何方式侵害老年人的权益。

第四十八条 国家鼓励养老机构投保责任保险，鼓励保险公司承保责任保险。

第四十九条 各级人民政府和有关部门应当将老年医疗卫生服务纳入城乡医疗卫生服务规划，将老年人健康管理和常见病预防等纳入国家基本公共卫生服务项目。鼓励为老年人提供保健、护理、临终关怀等服务。

国家鼓励医疗机构开设针对老年病的专科或者门诊。

医疗卫生机构应当开展老年人的健康服务和疾病防治工作。

第五十条 国家采取措施，加强老年医学的研究和人才培养，提高老年病的预防、治疗、科研水平，促进老年病的早期发现、诊断和治疗。

国家和社会采取措施，开展各种形式的健康教育，普及老年保健知识，增强老年人自我保健意识。

第五十一条 国家采取措施，发展老龄产业，将老龄产业列入国家扶持行业目录。扶持和引导企业开发、生产、经营适应老年人需要的用品和提供相关的服务。

第五章　社会优待

第五十二条　县级以上人民政府及其有关部门根据经济社会发展情况和老年人的特殊需要，制定优待老年人的办法，逐步提高优待水平。

对常住在本行政区域内的外埠老年人给予同等优待。

第五十三条　各级人民政府和有关部门应当为老年人及时、便利地领取养老金、结算医疗费和享受其他物质帮助提供条件。

第五十四条　各级人民政府和有关部门办理房屋权属关系变更、户口迁移等涉及老年人权益的重大事项时，应当就办理事项是否为老年人的真实意思表示进行询问，并依法优先办理。

第五十五条　老年人因其合法权益受侵害提起诉讼交纳诉讼费确有困难的，可以缓交、减交或者免交；需要获得律师帮助，但无力支付律师费用的，可以获得法律援助。

鼓励律师事务所、公证处、基层法律服务所和其他法律服务机构为经济困难的老年人提供免费或者优惠服务。

第五十六条　医疗机构应当为老年人就医提供方便，对老年人就医予以优先。有条件的地方，可以为老年人设立家庭病床，开展巡回医疗、护理、康复、免费体检等服务。

提倡为老年人义诊。

第五十七条　提倡与老年人日常生活密切相关的服务行业为老年人提供优先、优惠服务。

城市公共交通、公路、铁路、水路和航空客运，应当为老年人提供优待和照顾。

第五十八条　博物馆、美术馆、科技馆、纪念馆、公共图书馆、文化馆、影剧院、体育场馆、公园、旅游景点等场所，应当对老年人免费或者优惠开放。

第五十九条 农村老年人不承担兴办公益事业的筹劳义务。

第六章 宜居环境

第六十条 国家采取措施，推进宜居环境建设，为老年人提供安全、便利和舒适的环境。

第六十一条 各级人民政府在制定城乡规划时，应当根据人口老龄化发展趋势、老年人口分布和老年人的特点，统筹考虑适合老年人的公共基础设施、生活服务设施、医疗卫生设施和文化体育设施建设。

第六十二条 国家制定和完善涉及老年人的工程建设标准体系，在规划、设计、施工、监理、验收、运行、维护、管理等环节加强相关标准的实施与监督。

第六十三条 国家制定无障碍设施工程建设标准。新建、改建和扩建道路、公共交通设施、建筑物、居住区等，应当符合国家无障碍设施工程建设标准。

各级人民政府和有关部门应当按照国家无障碍设施工程建设标准，优先推进与老年人日常生活密切相关的公共服务设施的改造。

无障碍设施的所有人和管理人应当保障无障碍设施正常使用。

第六十四条 国家推动老年宜居社区建设，引导、支持老年宜居住宅的开发，推动和扶持老年人家庭无障碍设施的改造，为老年人创造无障碍居住环境。

第七章 参与社会发展

第六十五条 国家和社会应当重视、珍惜老年人的知识、技能、经验和优良品德，发挥老年人的专长和作用，保障老年人参与经济、政治、文化和社会生活。

第六十六条 老年人可以通过老年人组织，开展有益身心健康的活动。

第六十七条 制定法律、法规、规章和公共政策，涉及老年人权益重大问题的，应当听取老年人和老年人组织的意见。

老年人和老年人组织有权向国家机关提出老年人权益保障、老龄事业发展等方面的意见和建议。

第六十八条 国家为老年人参与社会发展创造条件。根据社会需要和可能，鼓励老年人在自愿和量力的情况下，从事下列活动：

（一）对青少年和儿童进行社会主义、爱国主义、集体主义和艰苦奋斗等优良传统教育；

（二）传授文化和科技知识；

（三）提供咨询服务；

（四）依法参与科技开发和应用；

（五）依法从事经营和生产活动；

（六）参加志愿服务、兴办社会公益事业；

（七）参与维护社会治安、协助调解民间纠纷；

（八）参加其他社会活动。

第六十九条 老年人参加劳动的合法收入受法律保护。

任何单位和个人不得安排老年人从事危害其身心健康的劳动或者危险作业。

第七十条 老年人有继续受教育的权利。

国家发展老年教育，把老年教育纳入终身教育体系，鼓励社会办好各类老年学校。

各级人民政府对老年教育应当加强领导，统一规划，加大投入。

第七十一条 国家和社会采取措施，开展适合老年人的群众性文化、体育、娱乐活动，丰富老年人的精神文化生活。

第八章 法律责任

第七十二条 老年人合法权益受到侵害的，被侵害人或者其代理人有权要求有关部门处理，或者依法向人民法院提起诉讼。

人民法院和有关部门，对侵犯老年人合法权益的申诉、控告和检举，应当依法及时受理，不得推诿、拖延。

第七十三条 不履行保护老年人合法权益职责的部门或者组织，其上级主管部门应当给予批评教育，责令改正。

国家工作人员违法失职，致使老年人合法权益受到损害的，由其所在单位或者上级机关责令改正，或者依法给予处分；构成犯罪的，依法追究刑事责任。

第七十四条 老年人与家庭成员因赡养、扶养或者住房、财产等发生纠纷，可以申请人民调解委员会或者其他有关组织进行调解，也可以直接向人民法院提起诉讼。

人民调解委员会或者其他有关组织调解前款纠纷时，应当通过说服、疏导等方式化解矛盾和纠纷；对有过错的家庭成员，应当给予批评教育。

人民法院对老年人追索赡养费或者扶养费的申请，可以依法裁定先予执行。

第七十五条 干涉老年人婚姻自由，对老年人负有赡养义务、扶养义务而拒绝赡养、扶养，虐待老年人或者对老年人实施家庭暴力的，由有关单位给予批评教育；构成违反治安管理行为的，依法给予治安管理处罚；构成犯罪的，依法追究刑事责任。

第七十六条 家庭成员盗窃、诈骗、抢夺、侵占、勒索、故意损毁老年人财物，构成违反治安管理行为的，依法给予治安管理处罚；构成犯罪的，依法追究刑事责任。

第七十七条 侮辱、诽谤老年人，构成违反治安管理行为的，依法给予治安管理处罚；构成犯罪的，依法追究刑事责任。

第七十八条 未经许可设立养老机构的，由县级以上人民政府民政部门责令改正；符合法律、法规规定的养老机构条件的，依法补办相关手续；逾期达不到法定条件的，责令停办并妥善安置收住的老年人；造成损害的，依法承担民事责任。

第七十九条 养老机构及其工作人员侵害老年人人身和财产权益，或者未按照约定提供服务的，依法承担民事责任；有关主管部门依法给予行政处罚；构成犯罪的，依法追究刑事责任。

第八十条 对养老机构负有管理和监督职责的部门及其工作人员滥用职权、玩忽职守、徇私舞弊的，对直接负责的主管人员和其他直接责任人员依法给予处分；构成犯罪的，依法追究刑事责任。

第八十一条 不按规定履行优待老年人义务的，由有关主管部门责令改正。

第八十二条 涉及老年人的工程不符合国家规定的标准或者无障碍设施所有人、管理人未尽到维护和管理职责的，由有关主管部门责令改正；造成损害的，依法承担民事责任；对有关单位、个人依法给予行政处罚；构成犯罪的，依法追究刑事责任。

第九章 附 则

第八十三条 民族自治地方的人民代表大会，可以根据本法的原则，结合当地民族风俗习惯的具体情况，依照法定程序制定变通的或者补充的规定。

第八十四条 本法施行前设立的养老机构不符合本法规定条件的，应当限期整改。具体办法由国务院民政部门制定。

第八十五条 本法自 2013 年 7 月 1 日起施行。

总论 老年人权益保障法的修订及其重要意义

十一届全国人大常委会第三十次会议于2012年12月28日以全票表决通过了《中华人民共和国老年人权益保障法（修订草案）》。修订后的老年人权益保障法自2013年7月1日起施行。这次修订从我国现阶段国情出发，进一步明确了老年人的权利，进一步明确了家庭、政府和社会在老年人权益保障中的责任，充实、完善了家庭赡养与扶养、社会保障、社会服务、社会优待、宜居环境、参与社会发展等各方面与老年人权益息息相关的规定，强化了法律责任。老年人权益保障法的修订，为在人口老龄化背景下切实保障老年人权益作出了更为妥善的制度安排，充分体现了党和国家对亿万老年人的关心和尊重，是我国老龄事业发展史上一座新的里程碑。

总论的主要内容有：老年人权益保障法修订的背景、过程、思路、主要内容和重要意义。

第一节 老年人权益保障法修订的背景

一、老年人和人口老龄化

“老”本义“年纪大”，与年少相对；“老年”是指“正常生命历程的最后一个阶段”，与幼年、青年、壮年相对；老年人也就是处在这一阶段的年长者。在“人生七十古来稀”的古代，《礼记·曲礼上》有言：“五十曰艾”，五十岁就跨入老年人的门槛了。人均预期寿命是老年人起始年龄判断的重要标准，随着社会生产力发展、人类寿命普遍延长、健康水平提高，老年人的起始年龄也不断后延。目前国际上对老年人起始年龄的判定不尽相同，发达国家多以65岁作为起始，发展中国家多以60岁作为起始，国际组织的数据统计中，60岁和65岁都是重要的年龄节点。国家统计局提供的数据显示，根据第六次全国人口普查，2010年我国人口平均预期寿命为74.83岁，而2010年世界人口平均预期寿命为69.6岁，其中高收入国家及地区为79.8岁，中等收入国家及地区为69.1岁。我国人口的平均预期寿命大大高于世界平均水平，但比高收入国家及地区的平均水平还低5岁左右，再综合考虑社会观念、退休年龄、健康寿命等因素，此次修法仍延用了“60周岁”作为我国老年人界定的起始年龄。人口学家往往还将老年人口按年龄段作进一步划分，60-69岁为年轻（低龄）老年人，70-79岁为中龄老年人，80岁以上称为高龄老年人。新修订的老年人权益保障法已经注意到不同阶段老年人的不同特点，在保障方式上有所区分对待。

“人口老龄化”是指某一人口总体中老年人口的比重逐渐增加的动态过程。按照国际通行标准，当一个国家或地区60岁以上老年人达到人口总数的10%，或者65岁以上老年人达到人口总数的7%，即意味着处于老龄化社会。人口老龄化特别是指在这种人口年龄结构类型已经属于老年型的情况下，老年人口比重仍在继续上升的过程。人口老龄化在20世纪开始为人瞩目，进入21世纪，“银发浪潮”已经席卷全球，世界人口正在快速老龄化。据世界卫生组织预测，老人的数量即将超过儿童，从2000年到2050年，全世界60岁以上人口的占比将从11%增长到22%，绝对数量将达到20亿。

人口老龄化、人类长寿时代的到来，首先是社会进步的结果和象征，但又反过来对经济发展、社会安全和老年人自身发展产生重大影响。在经济发展方面，人口老龄化意味着整个社会用于消费的比例不断增高，用于积累的比例不断下降，同时，劳动人口比例下降成为突出问题，会对社会扩大再生产能力、对就业及产业结构产生重大影响。在社会安全方面，占人口相当比例的老年人退出经济活动，收入低于其他人群，同时社会抚养比攀升，代际关系出现危机，老年人的基本生存条件、生活质量存在恶化的风险，而老年人的贫困化（包括相对贫困化）又易引起社会普遍的不公平感，影响老年人甚至全体公民对政府和社会的信心，出现社会疏离与不满。在老年人自身发展方面，被动消极、作为“负担”和“包袱”的老年人角色定位越来越不适应形势，老年人的身心健康和积极参与既有利于缓解劳动力短缺、促进经济社会发展，也有利于自身养老，社会需要更为健康的老龄化、更加积极的老龄观。

在人口老龄化的挑战下，如何尽可能地消减不利影响，甚至变挑战为机遇，是一个世界性的课题。凡事预则立，不预则废。人口老龄化使得老年人权益的保障必须要上升到国家发展战略层面来谋划和实现，人口老龄化的快速发展则使得这一问题变得尤为紧迫。

二、老年人权益保障法修订的必要性

1996年，由全国人大内务司法委员会牵头组织起草，八届全国人大常委会审议通过了《中华人民共和国老年人权益保障法》。这部法律从当时的国情出发，在强化家庭赡养和扶养老年人的同时，初步建构起了国家、社会和家庭在老年权益保障中的责任体系。该法颁布施行16年来，在保障老年人权益、促进老龄事业发展、弘扬中华民族“敬老、养老、助老”美德等方面发挥了重要作用。

随着我国经济社会的发展、人口老龄化的加剧和家庭结构的变化，老年人权益保障出现了一些新情况新问题：一是人口老龄化快速发展。1999年，我国60周岁以上老年人口占到总人口的10%，成为老年型国家。此后，人口老龄化快速发展，第六次全国人口普查显示，截至2010年底，60周岁以上老年人达到1.78亿，占总人口的13.26%，其中65岁以上老年人为1.19亿，占总人口的8.87%，老年抚养比（每百名劳动年龄人口负担老年人的比例）达到19%，并且还将继续攀升。据预测，到“十二五”期末，老年人口将达到2.21亿，平均每年增加860万，老龄化水平提高到16%，到2025年突破3亿，2033

年突破4亿，2055年前后达到峰值4.87亿。二是家庭养老功能明显弱化。目前我国平均每个家庭只有3.1人，家庭小型化加上人口流动性的增强，使城乡"空巢"家庭大幅增加，目前已接近50%。三是高龄、失能等困难老人数量增多。目前，我国80岁以上高龄老人超过2000万，失能、半失能老人约3300多万，对照料的需求日益增大。

老年人权益保障法的实施环境已经发生了深刻变化："老有所养"不再只是家庭内部需要面对的问题，而成为重大的社会民生问题；医疗和护理费用不断增高；养老服务供需矛盾十分突出；随着人口健康寿命的延长，老年人群体逐渐成为参与社会发展的重要力量，而老年人走出家门、参与社会的环境亟需改善。与此同时，在改革开放、经济社会大发展的背景下，在实践探索中，我国老龄事业这些年来也取得长足进步，积累了许多保障老年人权益的经验，国家和地方相继出台了一系列相关政策措施，需要上升为法律制度。

新形势新情况新变化要求我们在深入分析现实问题、认真总结实践经验的基础上，及时修改老年人权益保障法。近几年来，历次全国人大会议都有很多代表提出修改老年人权益保障法的议案和建议。据统计，十一届全国人大第一至五次会议期间，共有399名代表提出有关修改完善老年人权益保障法的议案13件，另有几百名代表提出修改老年人权益保障法或者发展老龄事业的建议178件。有关职能部门、老龄工作者、专家学者、老年人及其组织等社会各有关方面，也通过不同形式反映了修改老年人权益保障法的意见和建议，社会各界对完善养老法律制度越来越关注，修改老年人权益保障法已经具备了较好的社情民意基础。

《中共中央国务院关于加强老龄工作的决定》指出，老龄问题是关系国计民生和国家长治久安的一个重大社会问题。党的十八大明确要求：积极应对人口老龄化，大力发展老龄服务业和产业。并强调，要整合城乡居民基本养老保险和基本医疗保险制度，逐步做实养老保险个人账户，实现基础养老金全国统筹，建立兼顾各类人员的社会保障待遇确定机制和正常调整机制。适时修改老年人权益保障法，是贯彻党中央关于积极应对人口老龄化战略部署的重要举措，是坚持以人为本、保障和改善民生的必然要求。

第二节 老年人权益保障法修订的过程和思路

一、老年人权益保障法修订的过程

修改老年人权益保障法是十一届全国人大常委会五年立法规划中的一类立法项目。2007年，民政部和全国老龄办启动老年人权益保障法修改工作，收集、整理、研究国内外相关法律法规，赴地方就老年人权益保障法实施情况进行调研，做了大量基础性工作。

为加快立法步伐，2011年3月，经全国人大常委会领导同意，由全国人大内务司法委员会牵头组织修订草案起草工作，成立了由内司委、常委会法工委、民政部、全国老龄办、国务院法制办等部门参加的起草小组，在民政部、全国老龄办前期工作基础上，着手老年人权益保障法的修改工作。在2011年5月至7月进行的全国人大常委会老年人权益保障法执法检查过程中，按照吴邦国委员长“把执法检查与法律的修改完善有机结合起来”的批示精神，执法检查组同时听取和收集了各地对修改老年人权益保障法的意见和建议。8月底9月初，起草小组正式开始论证、起草工作，形成了修订草案征求意见稿。此后，起草小组通过调研、座谈等多种方式，广泛征求中央和地方有关单位、人大代表、专家学者、老龄工作者、老年人和老年人组织等各方面的意见。在此基础上反复研究修改，形成了《中华人民共和国老年人权益保障法（修订草案)》，提请全国人大常委会审议。

2012年6月，第十一届全国人大常委会第二十七次会议对修订草案进行了初次审议，与会的常委会组成人员和人大代表普遍认为，修改老年人权益保障法非常必要，是应对人口老龄化、切实保障和改善民生的重要举措，修订草案对原法作了大幅度修改，较为全面地总结反映了我国在老年人权益保障方面的经验做法，符合国情，亮点突出，内容丰富，较原法有很大进步，建议进一步修改完善，尽快颁布实施。会后，常委会法工委将修订草案印发各省（区、市）和中央有关部门、部分高等院校、研究机构征求意见，并通过中国人大网向社会公开征求意见。2012年8月，全国人大法律委、内司委、常委会法工委联合召开座谈会，进一步听取中央有关单位和专家的意见，在此基础上，法工委对修订草案稿进行多次修改，经与法律委员会、内务司法委员会多次研究沟通，交换意见，在一些重要问题上达成共识，形成二审稿。2012年12月，全国人大常委会第三十次会议审议通过了老年人权益保障法修订草案。

二、老年人权益保障法修订的思路

在修法过程中，坚持科学立法，民主立法，努力做到以下几点：一是认真总结实践经验，把成熟的、具有普遍意义的经验上升为法律，增强法律的适用性。十多年来，我国在健全老年社会保障、发展养老社会服务和优待老年人等方面积累了许多好经验、好做法，修订后的法律充分吸收这些新内容，特别是在新增的社会服务和社会优待两章中有集中体现。二是深入研究重点问题，着力解决现实中存在的突出问题，增强法律的针对性和可操作性。老龄事业发展的经费保障问题，“空巢”老人的精神慰藉问题，发展社区养老服务问题，养老服务设施建设用地、融资、税费优惠问题，养老机构的发展和规范管理问题等等，都是老龄工作中的突出问题，在深入了解各地实践经验的基础上，经过多方研究论证，提出了相应的解决方案。在起草过程中，全国人大内务司法委员会还委托中国政法大学、山东大学召开研讨会，深入研究相关重点问题。三是科学把握我国人口老龄化的发展趋势，对一些影响长远的问题作出适度超前的规定，增强法律的时代性和前瞻性。这主要体现在有关家庭养老支持、老年监护、长期护理、宜居环境等方面的规定中。对这些重要问题，尽早从立法层面做好顶层设计和前瞻性的制度安排，将为我国未来从容应对人口老龄化赢得战略先机和更多主动权。

起草工作中，还注意处理好以下几个关系：

一是老年人权益保障法与其他相关法律的关系。老年人权益保障法是综合性法律，涉及的相关法律很多，比如民法通则、婚姻法、继承法、社会保险法、刑法、行政处罚法等等，老年立法首先要注意与其他相关法律协调一致，不能冲突；同时也要尽量避免或者减少重复，凡其他法律有明确规定的，老年人权益保障法不再规定或者只作原则的衔接性规定，如养老保险、医疗保险，对于老年人来说十分重要，但社会保险法已有具体规定，老年人权益保障法第五条、第二十八、二十九条作了原则规定。而对于其他法律没有规定、对于老年人权益保障来说又很重要的制度，老年人权益保障法则重点加以规定，如养老服务，不但在总则中规定“国家建立和完善以居家为基础、社区为依托、机构为支撑的社会养老服务体系”，后边又设专章规定社会养老服务，共15条，是修改后的老年人权益保障法条文最多的一章，基本上都是新内容。

二是巩固家庭养老基础性地位与明确政府和社会养老责任的关系。也就是要合理定位家庭、政府、社会的责任。随着老龄化的加剧、人口流动性的增强以及人们观念的变化，家庭趋向小型化，家庭养老功能明显弱化，养老不再只是家庭内部的问题，而成为一个重大的社会民生问题，这意味着政府和社会要承担更重的养老责任，要坚持政府主导、全社会共同参与。但基于人的天性、民族传统和未富先老的基本国情，家庭依然是养老的基础。鉴于此，这次修法对家庭、政府、社会的责任作了新的定位，将“老年人养老主要依靠家庭”修改为“老年人养老以居家为基础”，充实和细化了家庭成员赡养、扶养老人特别是给老年人以精神慰藉的责任，并规定“国家建立健全家庭养老支持政策”，以巩固家庭养老的基础性地位。同时，从规划制定、经费保障、组织协调、政策扶持、宣传教育、社会保险、社会救助、社会福利、慈善事业、养老服务、社会优待、参与社会发展、法律责任等各方面，进一步明确和强化了政府与社会的责任。

三是增进老年人福利与可持续发展的关系。改革开放以来，我国经济社会快速发展，经济建设取得巨大成就，GDP跃居世界第二，财政收入突破十万亿，我们应当也有能力为老年人提供更好的福利。多年来，党和国家对民生问题越来越重视，逐步建立起全球最大的社会保障网，基本实现人人享有社会保险。社会保障水平稳步提高，企业退休人员基本养老金稳定增长。但我国还处于社会主义初级阶段，人均GDP依然较低，我们不能超越国情、超越经济发展阶段不适当地追求高福利，一些高福利国家目前的困境应当作为我们的前车之鉴。这次修法充分注意到了这一点，比如在社会保障一章，对养老保险、医疗保险、社会救助的规定都体现了“保基本”的精神，规定国家根据经济社会发展情况逐步提高保障水平。国际社会的情况表明，一个国家养老事业的发展状况，从根本上说，取决于这个国家的经济社会发展水平。所以，我们还是要把发展作为第一要务，抓住机遇，科学发展，做大“蛋糕”，为改善民生包括改善老年人生活提供更加坚实的物质基础。

四是坚持从国情出发与吸收借鉴国外先进理念和有益做法的关系。从国情出发是立法工作必须坚持的原则，这次老年人权益保障法的修改始终注意了这一点，从总则到后边各章，都首先是在尊重我们自己的文化传统，考察我国现阶段的基本国情，总结我们自己的养老经验的基础上作出规定。另一方面，发达国家毕竟比我国早半个世纪进入老龄社会，他们应对人口老龄化、保障老年人权益的经验比我们丰富，他们一些先进的理念，有益的做法可以吸收借鉴。比如，关于老年监护、家庭养老支持、长期护理保障、社区养老服务、老年宜居环境等方面的规定，都学习借鉴了国外的理念和做法。特别要指出的是，这次老年人权益保障法的修订始终贯穿了“积极老龄化”

理念。所谓积极老龄化，就是要以积极的态度、积极的政策、积极的行动应对人口老龄化，全社会积极接纳老年人，形成良好氛围；各方面积极做好老龄工作，促进老年人的保障、健康、参与、发展；老年人积极面对老年生活、保持身心健康、参与社会发展，提高生活品质；青壮年也要积极为未来养老做好物质和精神准备。积极老龄化已被作为全球应对人口老龄化的一项国际战略，写入第二次世界老龄大会的《政治宣言》。这次老年人权益保障法的修改，从第一章总则到第七章参与社会发展，分别从不同方面体现了积极老龄化理念。

第三节 老年人权益保障法修订的主要内容

修订后的老年人权益保障法从原法6章50条扩展到9章85条，其中全新的条文有38条，在原法条文基础上修改的条文有37条，原法条文没有修改的只有10条，可以说是一次全面的修改，有的常委会组成人员和专家甚至讲这是一次“脱胎换骨”式的修改。新增条款多数属于社会服务、社会优待和宜居环境等方面的内容，这些内容在原法的社会保障一章中有所规定。老年人权益保障法制定之初，由于我国老龄事业尚处在起步探索阶段，在社会保障、社会服务、社会优待、宜居环境建设等方面还缺乏实践，难以分别设专章加以规定。老年人权益保障法实施16年来，我国在养老保险、医疗保险、社会救助、养老服务、社会优待等许多方面都有了长足发展，特别是养老服务和社会优待两个领域正是我国老龄工作实践中最活跃、积累经验最丰富的领域，同时也是未来应对人口老龄化亟需大力发展并可以大有作为的领域。这些新增的内容已经难以囊括在社会保障一章中。鉴于此，修订后的老年人权益保障法的社会保障一章，主要规定老年人养老和医疗的物质保障问题，而有关服务和优待的内容则单独成章加以规定，这种调整既反映了我国实践发展的成果，也有利于区分物质保障和服务保障的不同功能，有利于相关主体明确责任和着力方向。关于老年宜居环境建设，虽然目前我国在这方面的实践还相对滞后，但国际社会十分重视老龄化社会对硬件环境的要求，我国近年来也积极开展了老年宜居社区创建等活动，未来庞大的老年人口必然对我国城乡规划、公共基础设施、社区环境和住宅设计等硬件环境提出新要求新挑战。目前我国正处在城镇化快速推进过程中，一些地方由于缺乏前瞻性，在城乡规划和建设中，已经出现一些不便利老年人生活的硬件环境缺陷或者隐患，随着失能和高龄老年人的持续增多，这些问题将越来越突出。为此，新增了宜居环境一章。这样，修订后的法律形成了目前的9章结构，即总则、家庭赡养与扶养、社会保障、社会服务、社会优待、宜居环境、参与社会发展、法律责任和附则。

一、关于总则

总则是一部法律的纲，规定的是整部法律最基本的问题。这一章主要增加了以下内容：一是集中规定了老年人享有的基本权利，主要是从国家和社会获得物质帮助、享受社会服务和社会优待、参与社会发展和共享发展成果等权利，这些权利大都体现了老年人的特殊要求（第三条第二款）。二是规定积极应对人口老龄化是国家的一项长期战略任务（第四条第一款）。这一规定从法律上明确了应对人口老龄化的战略定位，对于从国家战略层面谋划和推进老龄工作具有重要意义。三是对老年人社会保障体系和社会养老服务体系以及老年优待作出原则规定（第五条）。四是从经费保障、规划制定和老龄工作机构职责三个层面进一步明确政府发展老龄事业、做好老年人权益保障工作的职责（第六条）。五是强化了老龄宣传教育，以进一步增强全社会老龄意识，营造敬老、养老、助老的良好氛围（第八条）。六是增加了有关老龄科研和老年人状况统计调查和发布制度的规定（第九条）。七是增加了对参与社会发展做出突出贡献的老年人给予表彰奖励的规定，以鼓励老年人继续为国家建设做贡献（第十条）。八是规定每年农历九月初九（重阳节）为老年节（第十二条）。目前全国有25个省、自治区、直辖市在相关地方法规中规定了老年节或敬老日。

二、关于家庭赡养与扶养

家庭养老是我国的传统，无论家庭结构如何变化，家庭在养老中始终发挥着不可替代的作用，特别是在当前我国社会保障制度还不大健全的情况下，家庭仍然是很多老年人养老的重要依靠。因此，这次修订针对家庭养老面临的新情况新问题，充实、细化或者调整了家庭养老的相关内容。一是对家庭养老作了重新定位。将现行法“老年人养老主要依靠家庭”修改为“老年人养老以居家为基础”（第十三条）。二是进一步明确了赡养人对患病和失能老年人给予医疗和照料的义务（第十五条）。三是针对老年人精神赡养需求增多的实际，充实了精神慰藉的规定（第十八条）。四是针对现实中老年人住房等财产权益易受侵害以及老年再婚配偶法定继承权难以保障等问题，进一步加强了对老年人财产权益的保护（第二十二条）。五是增加了有关组织应当对不履行义务的赡养人和扶养人予以督促的规定（第二十四条）。六是明确规定禁止对老年人实施家庭暴力（第二十五条）。七是为保障失能失智老年人的人身财产权益，在深入研究我国民法通则有关监护的规定、并借鉴国外经验的基础上，完善了监护法律制度（第二十六条）。八是原则规定了国家建立健全家庭养老支持政策，以在新形势下巩固家庭养老的基础性地位。此外，还完善了赡养协议的相关规定。

三、关于社会保障

本章保留了原法的章名，但是采用的不再是广义的社会保障概念，而是狭义的社会保障概念，即主要限定为由国家和社会为老年人提供的物质帮助或者经济支持，而把原法社会保障一章中的养老服务、社会优待、环境建设等内容单独成章，另作规定。在养老保险和医疗保险方面，鉴于我国已经制定了社会保险法，基本养老保险和基本医疗保险制度已初步建立起来，修订后的老年人权益保障法将原法中的国家建立基本养老保险和基本医疗保险制度中的“建立”修改为“通过”，并增加规定：享受最低生活保障的老年人和符合条件的低收入家庭中的老年人参加新型农村合作医疗和城镇居民基本医疗保险所需个人缴费部分，由政府给予补贴（第二十八、二十九条）。在护理保障方面，为解决失能老年人长期护理问题，规定国家逐步开展长期护理工作，保障老年人的护理需求。对生活长期不能自理、经济困难的老年人，地方政府应视情况给予护理补贴（第三十条）。在社会救助方面，规定国家对经济困难的老年人给予基本生活、医疗、居住等方面的救助或者照顾，还对流浪乞讨、遭受遗弃等生活无着的老年人的救助做了专门规定（第三十一、三十二条）。在社会福利方面，规定国家建立和完善老年人福利制度，并吸收地方的实际做法，规定了高龄津贴制度和计划生育家庭老年人扶助制度（第三十三条）。此外，草案还补充了养老待遇保障的内容，增加了发展老龄慈善事业以及遗赠扶养协议的规定（第三十四至三十六条）。

四、关于社会服务

社会服务一章是新增加的章节，是此次修法的一大重点。本章共15条，有11条是新增条文，另外4条也作了较大改动，重点从发展社区养老服务、促进和规范机构养老服务、鼓励社会组织和个人为老年人服务等方面，着力构建“以居家为基础、社区为依托、机构为支撑的社会养老服务体系。”一是总结实践经验，规定政府和有关部门、基层群众性自治组织等，要发展城乡社区养老服务，建立适应老年人需要的日间照料等服务设施和网点，为居家老人提供生活照料、紧急救援、医疗护理、精神慰藉等服务（第三十七、三十八条）。二是明确了政府支持养老服务事业发展的责任：规定各级政府应当逐步增加对养老服务的投入，并在财政、税费、土地、融资等方面采取措施，鼓励、扶持社会力量兴办养老服务设施（第三十九条）；针对养老服务设施建设“用地难”的突出问题，从城乡规划预留用地、土地取得方式及用途管制三个层次对养老服务设施用地做了特别规定（第四十条）；强调政府兴办的养老机构应当优先保障经济困难的孤寡、失能、高龄等老年人的服务需求（第四十一条）；要求国务院有关部门制定相关标准，建立健全养老机构分类管理和养老服务评估制度，规范养老服务收费项目和标准（第四十二条）。三是加强对养老机构的管理，规定了养老机构设立条件、准入许可和变更、终止等制度，明确了相关部门对养老机构的管理职责（第四十三至四十五条）。四是加强养老服务队伍建设，主要规定了养老服务人才培养、使用、评价和激励制度（第四十六条）。五是加强养老机构运营中的纠纷处理和风险防范，规定了签订养老服务协议和鼓励养老机构投保责任保险等内容（第四十七、四十八条）。六是完善医疗卫生服务，规定各级政府和有关部门应当把老年医疗卫生服务纳入城乡医疗卫生服务规划，鼓励为老年人提供保健、护理、临终关怀等服务，鼓励医疗机构开设老年病专科或门诊，并规定加强老年医学研究和健康教育（第四十九、五十条）。七是对发展老龄产业等作了补充规定（第五十一条）。养老服务业是朝阳产业，有广阔的发展空间，这项事业的健康发展，不仅能够提高老年人的幸福指数，还可以拉动内需，扩大消费，增加就业，促进经济社会协调可持续发展。因此，老年人权益保障法的修订在这方面可以说是浓墨重彩。

五、关于社会优待

优待老年人是国际通例。修订后的老年人权益保障法吸收近年来国家和地方优待老年人的做法，充实了原法内容，建立了老年人在社会生活的主要方面享有各项优待的老年人优待制度。一是规定县级以上政府及其有关部门应当根据情况制定优待老年人的办法，逐步提高优待水平；确立了对常住在本行政区域内的外埠老年人实行同等优待的原则（第五十二条）。二是增加了一些新的优待内容，主要是为老年人及时、便利地领取养老金、结算医疗费等方面提供优待，在办理涉及老年人重大人身财产权益事项时提供优待等（第五十三、五十四条）。三是丰富了原法有关司法救助、法律援助、医疗服务、参观游览、乘坐公共交通等方面对老年人给予优待和照顾的内容（第五十五至五十八条）。

六、关于宜居环境

老年人由于生理功能和认知能力的退化，对公共环境和居家环境的要求与年轻人有很大差异。老年宜居环境，主要是指环境规划和建设应当符合老龄化发展要求，适应规模日益庞大的老年人口对城乡规划、公共基础设施、社区环境以及家居住宅等的通用性和特殊性需要，为老年人日常生活和参与社会创造良好环境。宜居环境一章主要对国家推进老年宜居环境建设做了原则规定，以便为制定相关配套法律法规和政策提供依据。一是明确国家责任，概括规定了老年宜居环境建设的总体要求，即为老年人提供安全、便利、舒适的环境（第六十条）。二是规定了政府加强老年宜居环境建设的主要任务：在制定城乡规划时，要适应老龄化发展需要，统筹考虑适宜老年人生活的各类设施建设；建立和完善有关涉老工程建设标准体系，在规划、设计、施工、监理、验收、运行、维护、管理等环节加强相关标准的实施与监督（第六十一、六十二条）。三是在具体环境建设上，重点规定了无障碍环境建设，这主要是考虑到残疾人中有相当一部分是老年人，老年人随着年龄增长所面临的失能或者残疾的风险会逐步提高，无障碍是老年宜居环境的一个基本要求。此外，还对老年宜居社区建设作了原则规定（第六十三、六十四条）。

七、关于参与社会发展

老年群体是一个巨大的人力资源。随着老年群体的不断扩大、寿命的不断延长、整体素质的不断提高，发挥老年人的作用显得越来越重要。老年人一方面期盼政府和社会更多的关心和帮助，另一方面也有“老有所为”的强烈愿望。他们积极传授科学文化知识、教育青少年、参与社会管理和社区服务，发挥着不可替代的作用。为老年人参与社会发展创造条件，更好地发挥老年人的作用，是老龄工作的重要组成部分，也是保障老年人权益题中应有之义。原法参与社会发展一章规定了国家和社会发挥老年人专长和作用、鼓励老年人在自愿和量力的情况下从事有益于社会的活动以及老年教育等内容。这次修订，在原法基础上增加了“老年人可以通过老年人组织，开展有益身心健康的活动”这一内容，并规定在制定涉及老年人权益的法律法规和政策时，应当听取老年人及其组织的意见（第六十六、六十七条）。还对老年人劳动保护以及发展老年教育作了补充规定（第六十九、七十条）。

八、关于法律责任

本章根据上述各章的新内容，进一步充实和完善了有关法律责任的规定。一是增加了擅自举办养老机构、养老机构及其工作人员侵害老年人权益以及政府行政管理部门失职渎职的法律责任（第七十八至八十条）。二是增加了违反优待义务的法律责任（第八十一条）。三是增加了违反涉老工程建设标准和未尽到无障碍设施维护管理职责的法律责任（第八十二条）。此外，根据人民调解法、行政处罚法、治安管理处罚法、刑法等有关法律的规定，对原法关于家庭成员纠纷处理、干涉老年人婚姻自由以及侮辱、诽谤、虐待、遗弃老年人法律责任的条款作了修改完善。

修订后的老年人权益保障法还对原法作了诸多文字性修改。

第四节 老年人权益保障法修订的重要意义

家家有老人，人人都会老，老龄问题是社会的永恒话题。老有所养，是人民群众最关心、最直接、最现实的利益问题。老年人权益保障法的修订，进一步完善了养老法律制度，对于弘扬中华民族敬老、养老、助老的美德，增强全社会的责任意识，改善维护老年人权益的各种条件，实现老有所养、老有所医、老有所为、老有所学、老有所乐，必将产生巨大的促进和保障作用。其意义主要有以下几个方面：

一、有利于贯彻尊重和保障人权的宪法原则，更好地保障老年人权益

宪法第三十三条第三款规定：“国家尊重和保障人权”。我国宪法规定了公民的基本权利，各项基本法律规定了公民在政治、经济、文化和社会生活中应享有的一般权利，老年人作为国家的公民，当然地享有与其他社会成员平等的权利。但由于老年阶段的生理特点，与其他社会成员相比，老年人权利特别是其经济、社会和文化权利的实现具有特殊困难：因为疾病和损伤，身体机能总体呈退化趋势；劳动能力减退，劳动收入减少，医疗等支出增大；生活能力减退，从外部获取照料等服务的需求增加；认知能力减退，权利被侵害的风险增大，维权能力减弱；社会角色改变，需要寻求新的自我价值实现方式。所以，国家在制度安排上体现对老年人的特殊考虑，社会成员在日常生活中给予老年人特别照顾，并非赋予老年人“特权”，而是通过这种专门保障，使得老年人享有“机会公平”，共享经济社会发展成果。修订后的老年人权益保障法明确规定：“老年人有从国家和社会获得物质帮助的权利，有享受社会服务和社会优待的权利，有参与社会发展和共享发展成果的权利”。为保障这些权利的实现，修订后的法律从家庭赡养和扶养、社会保障、社会服务、社会优待、宜居环境建设和法律责任等多方面作出了一系列新的、有针对性的规定。从一定意义上说，老年人权益保障法同时也是一部人权保障法，是我国人权保护法律的重要组成部分。这部法律的修订完善，对于贯彻尊重和保障人权的宪法原则，维护老年人合法权益，具有重要意义，对于彰显我国保障人权的决心和成果，促进我国在国际人权领域的交流与合作也将产生积极影响。

二、有利于形成适应国情的新的养老模式，推动老龄事业持续健康发展

修订后的老年人权益保障法确立了一系列新的制度，这些制度立足现实国情，明确了家庭、政府、社会在养老中应发挥的作用：一是巩固家庭养

老。迅猛发展的人口老龄化进程和高龄、失能、空巢等困难老年群体不断增多，养老保障和服务需求在短期内集中快速释放，而我国在未富先老的情况下进入老龄化社会，社会保障体系和社会服务体系还较为薄弱。在这样的国情之下，修订后的老年人权益保障法通过细化赡养责任、为家庭养老提供政策支持等方式，继续巩固了家庭养老的基础性地位。二是强化政府主导。应对人口老龄化离不开顶层设计，发展老龄事业也离不开政府主导，由政府主导建立健全老年人社会保障和社会服务体系已经成为当前世界各国破解养老难题的共同选择。修订后的老年人权益保障法进一步明确了各级人民政府在发展老龄事业中的职责。随着我国综合国力的不断增强，城乡居民收入的持续增多，公共财政更多地投向民生领域，老龄事业的发展将有更加坚实的保障。三是鼓励社会参与。家庭养老功能客观上不断弱化，养老服务的社会化提供成为大势所趋，社会力量参与是保证养老服务充足、高质、高效供给的必然选择。修订后的老年人权益保障法加强了政府在制度、规划、筹资、监管等方面的职责，积极引导和鼓励企业、慈善组织、社会组织以及公民个人等社会力量参与到养老服务的行列中来，兴办各类养老服务设施，发展各种专业化的服务组织，为老年人的吃、穿、住、行提供实实在在的帮助和便利。从“养儿防老”到家庭、政府、社会三者作用有机结合，修订后的老年人权益保障法将促进适应国情的新的中国人养老模式逐渐形成，促进老龄事业走上健康可持续发展的轨道，为实现“老有所养、老有所医、老有所为、老有所学、老有所乐”打下坚实基础。

三、有利于维护社会稳定，促进经济发展

应对人口老龄化是一项复杂的系统工程。相对而言，修订后的老年人权益保障法所进行的制度设计，主要是从保障老年人权益、应对人口老龄化带来的社会安全风险切入的，即通过建立健全包括社会保险、社会福利、社会救助、慈善和志愿服务在内的老年社会保障体系，建立健全居家为基础、社区为依托、机构为支撑的社会养老服务体系，构筑社会安全网，努力实现

“老有所养”，维护社会和谐稳定。另一方面，修订后的老年人权益保障法规定的许多制度和措施，对于促进经济发展同样具有重要意义。比如关于促进养老服务业和老龄产业发展的规定，养老服务业和老龄产业是公认的朝阳产业，是直接与经济发展紧密结合的领域，这一产业的健康快速发展，既能减轻家庭赡养的负担，减少老年人的生活困难，提高老年人的幸福指数，也能够带动投资，增加就业，创造经济价值。又如优待老年人、建设老年宜居环境、促进老年人参与社会发展等一系列措施，也能够起到拉动消费、促进经济社会发展的作用。

第一章 总 则

总则规定的是法律总的原则、基本制度等，是整部法律的纲领性规定。总则的内容一般包括立法依据、立法任务、立法宗旨、基本原则、调整对象等，这些内容体现一部法律的立法精神，可以被看作是法律的灵魂。老年人权益保障法总则共有12条，规定了立法宗旨、积极应对人口老龄化是国家的一项长期战略任务、老年人社会保障体系和服务体系、政府在老年人权益保障工作中的职责、保障老年人合法权益是全社会的共同责任、老年节等内容。

第一节 老年人权益保障法的立法宗旨

老年人权益保障法的立法宗旨，也就是制定这部法律的根本目的，主要体现在第一章总则部分的第一条中，即“为了保障老年人合法权益，发展老龄事业，弘扬中华民族敬老、养老、助老的美德”。这是在全面考察我国的基本国情，综合经济、文化、社会等多方面因素而确立的。这一宗旨贯穿于整个立法过程，并直接或间接体现在本法的每一个条文中。

一、保障老年人合法权益

由于老年人生理、心理的特殊性，他们是一个需要特别关爱的群体，保障老年人的合法权益是本法的主要目的。

（一）“老年人”的含义

由于生命的周期是一个渐变的过程，中年到老年的实质分界线一般来说比较模糊，难以准确划分，因此，“老年人”实际上是一个常见而比较复杂的概念。从不同的角度来，可以对“老年人”作出不同的定义和界分。我们最常用的界定标准是根据年代年龄来界定。所谓年代年龄，也就是出生年龄，是指个体离开母体后在地球上生存的时间。从年代年龄的角度，世界卫生组织提出的划分标准是，60岁即为“老年人”，按照不同年龄段可以再具体划分低龄、中龄、高龄老人。此外，学界还常以生理年龄、心理年龄、社会年龄等标准来界定“老年人”，但是依据这些标准来界定“老年人”，实践操作难度较大，故立法时未予采用。

老年人权益保障法对“老年人”的界定，一直采取年代年龄标准，即：“本法所称老年人是指六十周岁以上的公民。”在法律修订过程中，有些专家和老龄工作者提出，这个关于老年人的定义过于简单，无法准确概括老年人的含义。有的同志提出，现在生活水平越来越高，老年人比以前更加长寿，60岁的年龄标准太低了，建议将其提高到65岁。还有的专家建议将老年人作为一个动态的概念来把握，即不以具体年龄而是考虑其各方面综合因素来确定等。在综合各方面的意见后，法律起草者认为，目前对“老年人”标准作出调整的时机尚不成熟，因此，修订后的老年人权益保障法延续了原法律的规定，将老年人的标准仍然界定为“年满60周岁”，这是在综合考虑现阶段我国经济社会发展情况、历史文化传统、就业与社保以及国民的生理、心理、生活方式等各方面因素所作出的选择。

（二）老年人的权利

本法第三条突出强调了老年人的四项权利，即有从国家和社会获得物质帮助的权利，有享受社会服务和社会优待的权利，有参与社会发展和共享发展成果的权利。

获得物质帮助权。获得物质帮助权源于生存权，是我国公民的一项基本权利，也是国家历来强调要优先保障的公民权利。早在1954年，我国第一部宪法就确认了公民的这项权利，现行宪法再次确认了这项基本权利。现行宪法第四十五条规定，中华人民共和国公民在年老、疾病或者丧失劳动能力的情况下，有从国家和社会获得物质帮助的权利。国家发展为公民享受这些权利所需要的社会保险、社会救济和医疗卫生事业。物质帮助权的基本内涵在我国理论界有多种观点，但各种观点基本上都可以形成的共识是，获得物质帮助权是基于生存权而享有的社会经济保障权利，是公民因年老、疾病、丧失劳动能力时向国家和社会主张物质性援助的权利，老年人是享受这一权利的最主要群体。

享受社会服务的权利。这是本法新增的一项权利。所谓享受社会服务的权利，是指为满足在基本生活、日常照顾服务、医疗保健等方面的基本需要，享受由政府或社会组织所提供的各种相关服务的权利。这项权利的出现，与养老模式社会化有直接关系。在20世纪90年代以前，我国养老主要依赖家庭，由家庭直接为老年人提供生活照料等服务，政府和社会的责任较小，因而也很少强调老年人享受社会服务的权利。目前，“四二一”家庭（四个老人、二个父母、一个孩子的家庭）开始大量出现，同时，伴随着生活节奏的加快，人们奔波于家庭和工作之间，子女花费在老年人身上的时间和精力减少，使老年人面临日常照顾和精神慰藉的缺乏，即使是经济来源有保障的老年人，晚年生活质量也可能并不高。在这种情况下，发展社会服务，是让广大老年人享有幸福的晚年，过上高质量晚年生活的必然选择。

享受社会优待的权利。孝亲敬老是中华民族的传统美德，也是中华民族传统文化的精华。在年老之前，广大老年人在不同的岗位上为国家和社会作出过贡献，为社会创造了财富，没有他们的辛勤劳动，就没有当代人幸福的今天。当代人今天的幸福生活，正是老年人当年辛勤劳动打下的基础。因此，社会不仅需要尊重老年人，更要给老年人提供优待。近年来，多数地方都开始为老年人办理老年优待证，老人凭证可以享受一定的优待。比如，免费或者优惠进入公园、旅游景点、展览馆、纪念馆、公共图书馆文化馆、影剧院、博物馆、陈列馆和纪念性陵园，免费或者优惠进入公共体育场所进行健身或者其他体育锻炼活动，乘坐公共交通工具享受优待和照顾，等等。在本法中将老年人享受社会优待作为一项权利，在总则中明确强调，将有助于今后老年人社会优待权利的实现、普及和均等化。

参与社会发展、共享发展成果的权利。参与社会发展，就是指老年人充分发挥自己的才智和特长，力所能及地为社会作出贡献。老年人积极参与是应对人口老龄化的重要举措。我国上亿老年人口中蕴藏着巨大的宝贵资源，包括参与经济社会发展的资源，自我管理、自我教育、自我服务的资源以及自立自强减轻家庭和社会负担的资源。许多老年人虽然已退出工作岗位，但并没有“此生休矣”的想法，而依然怀着对生活、对社会的一份热爱和一份责任，愿意力所能及地为国家和社会做些事情。这不仅可以让老年人力资源得到利用，而且也可以提高老年人生活质量。本法将参与社会发展、享受社会发展成果作为老年人的一项重要权利，就是要引导各地研究制定相关政策，发挥老年人特长和优势，在社会需要和老年人自愿量力的前提下，鼓励和支持老年人继续参与经济社会发展。比如，上海市自2003年起组织开展沪疆“银龄行动”，十年来先后有266人次老年志愿者赴新疆参与志愿服务，他们为新疆各族群众开展医疗、培训、教学等服务。不仅每次活动都使数万当地群众受益，而且也为广大老年知识分子“老有所为”搭建了平台。参与者都表示，能在退休后赴疆开展援助工作，为新疆经济建设和社会发展做出贡献而感到非常光荣和自豪，从而实现了“双赢”。“发展为了人民，发展依靠人民，发展成果由人民共享”，这是我国科学发展观的基本内涵之一，也是执政党的基本理念，这必然要求让广大老年人共享改革发展成果。我们只有大力发展各项社会事业，积极推进基本公共服务均等化，加大收入分配调节力度，更好地兼顾速度和质量、效率和公平，把发展经济和改善民生紧密结合起来，才有可能让发展成果惠及包括广大老年人在内的全体人民。

老年人权益保障法不仅明确了老年人的特殊权益，同时，还在第三条第三款明确规定，禁止歧视、侮辱、虐待或者遗弃老年人，这是从另一个角度对老年人权益的保障。

权利与义务总是有机结合在一起的。遵守宪法和法律是每个公民的义务，因此，老年人权益保障法在强调保障老年人合法权益的同时，也在总则中作了“老年人应当遵纪守法，履行法律规定的义务”要求。

二、发展老龄事业

这是本次法律修改时增加的内容。中国政府历来关心和重视老龄事业。多年来，国家大力弘扬中华民族敬老、养老、助老的文化传统，采取切实有效措施，积极探索适合中国国情的老龄事业发展模式。特别是近年来，各级政府全面贯彻落实科学发展观，积极应对人口老龄化挑战，把发展老龄事业作为经济社会统筹发展和构建社会主义和谐社会的重要内容，综合运用经济、法律和行政手段，不断推动老龄事业发展。但是，我们应对人口老龄化的准备仍然不适应人口老龄化的严峻形势，比如，老年社会保障体系建设有待完善，养老服务体系建设比较滞后，老龄事业投入机制尚未形成，老龄工作机构和队伍建设亟待加强，等等。中国作为世界上最大的发展中国家，要想在老年人口基数增大、人口老龄化加快而且发展不平衡的条件下，切实保障老年人的合法权益，就必须进一步发展老龄事业。因此，本法在立法目的中对此作了专门表述。在总则之后的各章，比如社会保障、社会服务等章中，都增加了许多发展老龄事业的具体内容。

三、弘扬中华民族敬老、养老、助老的美德

敬老养老是中华民族的传统美德，是千百年传承下来的宝贵精神财富。在源远流长、博大精深的中华传统文化中，重视优质道德、讲究社会和谐是精髓，也是中华民族强大的爱与亲和力的主要体现。中国古代就有“卖身葬父”、“百里负米”、“亲尝汤药”等二十四敬孝故事，“老吾老以及人之老”、“百善孝为先”、“挟泰山以超北海，此不能也，非不为也；为老人折枝，是不为也，非不能也”等敬老养老名言，一直流传至今，而且在当今时代仍然焕发着绚烂的美德之光，温暖着人们的心灵，感召着大善义举。比如，第三届全国孝老爱亲道德模范王冬梅，虽为养女，却20多年来用无私的爱，悉心照料瘫痪卧床的高龄养母，改写了“久病床前无孝子”之说。大学生孟佩杰十几年照料病瘫的养母，而她现在也才刚过20岁……一个个活生生的感人故事,续写着敬老养老的当代传奇。可以说，敬老养老是一切善德之始，一切幸福之源。但敬老养老却不是一家之事、一时之风。为此，老年人权益保障法将“弘扬中华民族敬老、养老、助老的美德”作为立法宗旨之一，就是要在全社会进一步发扬敬老养老的美德，让每一个社会成员都从点滴做起，从细微处做起，关爱老人、孝敬老人、帮助老人，共同谱写敬老养老的美德华章。

值得注意的是，与原老年人权益保障法相比，修订后的老年人权益保障法增加了“助老”的内容，这进一步丰富了中华传统美德的内涵和外延，对弘扬中华民族传统文化、保障老年人合法权益有积极意义。

第二节　积极应对人口老龄化是国家的一项长期战略任务

新修订的老年人权益保障法提出，积极应对人口老龄化是国家的一项长期战略任务，这是本法在修订过程中，结合我国人口老龄化形势而增加的一项重要指导思想和法律原则，具有特殊的背景和深远的意义。

一、人口老龄化是我国的基本国情

我国从1999年迈入老龄社会以来，人口老龄化进程不断加快。到2011年底，60岁以上老龄人口已达1.85亿。据测算，“十二五”时期，我国将迎来第一个老龄人口的增长高峰，年均增长860万左右；2021年到2035年，我国将出现第二个老年人口的增长高峰，年均将增加1100多万。到2050年前后，我国老龄人口将达到4.87亿左右，超过总人口的1/3，占世界老龄人口的1/4，成为世界上人口老龄化程度最高的国家之一。而且，从21世纪中叶到21世纪末，我国人口老龄化水平可能将一直维持在30%以上的重度老龄化平台期。这意味着，整个21世纪，人口老龄化始终是我国的基本国情。

老龄化成为整个21世纪的基本国情，给我国政治经济和社会正在和将要带来四个方面的重大变化：一是经济发展方面的。在经济领域，人口老龄化不仅改变了劳动力的结构、消费需求结构和国家税源的结构，降低了国民储蓄和资本积累，而且提高养老的经济社会成本，影响金融系统的安全，加大转变经济发展方式的难度，逐步加剧实体经济与虚拟经济的结构性矛盾，增加我国宏观经济运行的系统性风险，这将成为影响我国宏观经济运行的重要因素。二是家庭保障功能弱化。家庭在对老年人的经济保障、生活照料方面的作用，因为老龄人口比重增加、家庭小型化而弱化。三是社会保障压力增大。社会抚养比攀升，社保基金承受力受到严峻考验。四是社会氛围、消费结构乃至政治生态也在迅速发生变化。比如，老年人消费的医疗卫生资源一般是其他人群的3～5倍，老年人口增加必然对医疗消费带来深刻影响，更不必说广大老年人日益增长的社会化养老服务消费需求了。再比如，老年群体社会诉求也呈增多趋势，这对公共政策的调整和社会管理机制的创新提出了更高要求。政治方面，在西方国家，老年人口的政治倾向对选举、国家政策都会产生重大影响，我国人口老龄化对政治生活的影响也将会逐步显现。

二、国内应对准备有待加强

人口问题是人类社会基础性的问题，人口年龄结构的老龄化对所有国家经济社会的发展都是挑战。我国是发展中的人口大国，人口老龄化速度快、规模大、发展不均衡，更为突出的是我国还处在社会主义初级阶段，人口老龄化与工业化、城镇化、现代化进程相伴随，与城乡区域发展不平衡相重叠，与经济社会体制改革、社会利益调整相交互。与发达国家相比，我国面临着提高亿万老年人福利水平和实现国家可持续发展的双重压力，应对人口老龄化的条件更复杂，任务更艰巨，时间更紧迫。

针对我国日益凸显的老龄化问题，党中央、国务院高度重视，作出了一系列积极应对人口老龄化的决策和部署，结合国民经济和社会发展规划实施，大力发展老龄事业，建立健全老年社会保障，积极发展社会养老服务，取得了很大成绩。但从总体上看，我们目前对老龄化挑战的关注还主要集中于老年人自身上面，比如老年人的生活保障问题、生活照料问题、精神慰藉问题等等，而对人口老龄化给整个经济社会发展带来的全局性、结构性和长远性影响尚未给予足够重视。近年来，老年人规模日益庞大对我国社会养老和医疗保障的压力、对社会养老服务的压力、对创新社会管理的压力等挑战已经开始凸显，比如，有的地方每年养老保险账户面临上百亿的资金缺口等。可以预见，随着老龄化的进一步加深，老龄化对我国经济社会发展全局的深刻影响将会逐步显现，对这些影响必须在发展过程中提前准备，妥善应对，否则这些矛盾不断累积一旦集中爆发，我们将会陷入十分被动的局面。

从应对情况看，尽管我们取得了巨大成就，但是与人口老龄化快速发展的态势相比，总体上我们还处于“应对不足”的状况。国务院副总理、全国老龄工作委员会主任回良玉2009年在国家应对人口老龄化战略研究部署会议上讲话时指出，这种状况集中体现在“三个不足”，一是理论准备不足，二是政策准备不足，三是保障和服务发展不足。在2011年10月国务院召开的第三次全国老龄工作会议上，回良玉副总理再次指出了我们应对老龄化存在的问题，即“面对人口老龄化的严峻形势，我们的思想认识不够、应对准备不足、政策措施不完善、体制机制不健全、老龄产业起步晚，工作中还有一些迫切需要加强的环节，老龄事业发展与经济社会发展不平衡、不协调等问题突出，与人民群众特别是广大老年人的期待还有较大差距……”。2011年8月，全国人大常委会老年人权益保障法执法检查组用“三个缺乏，一个没有”对我国应对老龄化存在的认识问题作了概括，即对我国老龄化快速发展态势缺乏思想准备，对老龄化将给经济社会发展带来的深刻影响缺乏足够预见，对应对老龄化的战略谋划缺乏应有重视，导致老龄工作还没有摆上重要位置。

三、人口老龄化是挑战也是机遇

老龄化程度的不断加重，不仅仅是一个挑战，其中也蕴含着极大的发展机遇。人口老龄化给社会发展带来的机遇主要表现在以下几个方面：

一是带来丰富的人才资源。正如《维也纳老龄问题国际行动计划》指出的“老龄社会最大的潜力就寓于老年人本身（人力资源）”，在人口老龄化国家里，其老年人才资源的丰富程度，往往是其他人口结构社会所无法比拟的。老年人才资源有它独特的优势，即经验和智慧的优势，经验是经过丰富实践检验的智慧化的知识，而这在崇尚终身教育、知识经济的时代自有其升华的价值。老龄化社会，老年人越来越多，也就构成了越来越厚重的可供开发利用的宝贵资源，而且我国的“银色人才资源”中有一座不可再生的“智力富矿”。我们越能及早地认识到这一点，就越可及早地获得老龄化的净收益，这可以在很大程度上抵消我国人口红利消失带来的影响。

二是“银发产业”推动经济发展。人口年龄结构的变化，不仅仅是各年龄段人口比重不断变动的过程，同时也是人口的市场需求、消费需求相应变动的过程。随着老年人口的迅猛增长和其在总人口中比重的不断增加，老年人口所占的市场份额也相应扩大。我国现行的退休年龄，一般情况下为男60岁，女55岁，一旦进入退休年龄，绝大部分人口将从原来的生产人口转为消费人口。不同年龄结构的社会对商品的消费需求是不同的。根据老年人自身生活需求的特点，在老龄化社会也有其明显的商品需求特点。根据马斯洛的五层次需求理论，老年人的需求多集中于对健康、安全、社会尊重的需求，这就对老龄化社会健康、安全商品及社会服务产业的发展提供了基础动力。老年人口数量及占总人口比重的迅速增长将引发社会产业结构及就业结构的大调整，促进新的经济增长点的形成并提供更多的就业岗位。以老年服务产业为例，居家养老和规范化的社区养老相结合将是我国养老的主要模式，而居家养老需要一定的劳动量，尤其是对于那些无法自理的老年人口，需要社区提供一定量的服务。因此，80岁以上高龄老人群体的不断扩大，一方面意味着需要一定护理的老年人群体对健康护理方面及日常服务的需求见长，另一方面在人口老龄化与家庭小型化的背景下，家庭照料老年人的功能日显不足，只能求助于社会，走社会化的道路。这二方面因素的合力作用，势必推动老年服务业尤其是社区助老产业的发展，仅就这一产业所能容纳的劳动力而言，将可为较多的成年及青年劳动力提供就业岗位。在一些发达国家，老年人成为市场关注的焦点，“银发产业”也成为市场的宠儿，有人认为“人类在18世纪发现了儿童，19世纪发现了妇女，20世纪发现了老人”。我国的“银发产业”也将具有广阔的发展前景，有专家甚至指出，“银发产业”将与汽车、房地产等产业共同构成21世纪“最赚钱的十大行业”。不过，我国的“银发产业”刚刚起步，现阶段全国为老年人提供的产品不足，离市场需求差距巨大。随着中国经济社会的持续发展，各方面因素将为“银发产业”蓬勃发展提供强大的动力。

三是人口老龄化对社会管理的积极意义。广大老年人阅历丰富，人生观、世界观和价值观相对稳定，对社会事务的观察和思考比较成熟，与广大中青年人相比，有足够的时间和精力去参与政治和社会事务，愿意在政治、文化、生活等各方面“发挥余热”，这对于推进社会管理创新、促进社会和谐稳定有重要价值。我国人口老龄化社会中，老年人的社会背景以及长期沉淀的文化素质，如果能够对整个社会产生影响，促进社会的和谐有序发展。促进老年人的社会发展，使老年人融入这个社会、全方位参与社会活动并与社会和谐并存、共同进步，有效发挥老年人的文化教育作用，意味着一个成熟社会的到来。一个社会老成持重者增多，将使那种正常年龄结构或年轻型人口年龄结构社会中处于“社会化”阶段的人群减少，相应地，青少年“行为出轨”现象也将减少，有利于社会稳定。

在法律修改过程中，也有专家和全国人大常委会委员建议，应当将积极应对人口老龄化上升为基本国策。比如，有的全国人大常委会委员在分组审议全国人大常委会执法检查组关于检查《中华人民共和国老年人权益保障法》实施情况的报告时建议，要把积极应对人口老龄化上升为基本国策。有的委员在审议时指出，应对人口老龄化既是关乎我国建设发展的重大战略课题，也是改善民生的重要问题。这些年来，我国已经探索积累了一些保障老年人权益、应对老龄化的经验和做法，制定了不少行之有效的政策制度，把其上升为基本国策是有坚实理论和实践基础的。因此，建议把这个对国家经济建设、社会发展和人民生活具有全局性、长期性、决定性影响的人口老龄化政策上升为基本国策。

所谓基本国策，就是立国、治国之策当中最基本的政策。我国的基本国策，就是中央制定的对国家经济建设、社会发展和人民生活具有全局性、长期性、决定性影响的重大谋划和政策。近年来，国家先后将计划生育、保护环境、对外开放、节约资源（保护资源），十分珍惜、合理利用土地和切实保护耕地，男女平等、水土保持等明确为基本国策。但是，长期以来，我国的基本国策没有明确的界定标准，基本国策多了也就失去了意义。因此，在此次法律修改过程中，本着审慎、稳妥的原则，没有将积极应对人口老龄化上升为基本国策。但是，本法将其表述为“积极应对人口老龄化是国家的一项长期战略任务”，其意义同样深远。

第三节 老年人社会保障体系和养老服务体系

一、国家建立多层次的社会保障体系，逐步提高对老年人的保障水平

修订后的老年人权益保障法在总则中提出，“国家建立多层次的社会保障体系，逐步提高对老年人的保障水平”，从而依法确立了老年人社会保障的基本原则。

社会保障是保障人民生活、调节社会分配的一项基本制度，是国家为社会成员提供一系列基本生活保障，使其在年老、疾病、失业以及丧失劳动能力等情况下，从国家和社会获得物质帮助和服务的制度安排。社会保障是广大人民群众共享经济社会发展成果的重要途径，也是构建社会主义和谐社

会的基本要求。健全的社会保障体系，是人民生活的“安全网”、社会运行的“稳定器”和收入分配的“调节器”，是国家重要的安全保障制度。党的十七大报告提出，“要以社会保险、社会救助、社会福利为基础，以基本养老、基本医疗、最低生活保障制度为重点，以慈善事业、商业保险为补充，加快完善社会保障体系”，并且明确要求，到2020年要基本建立覆盖城乡居民的社会保障体系。党的十八大报告再次强调，要坚持全覆盖、保基本、多层次、可持续方针，以增强公平性、适应流动性、保证可持续性为重点，全面建成覆盖城乡居民的社会保障体系。

老年人社会保障制度可以分为三个方面：

一是社会保险。社会保险是社会保障制度的一个最重要的组成部分，是一种为丧失劳动能力、暂时失去劳动岗位或因健康原因造成损失的人口提供收入或补偿的一种社会和经济制度。社会保险计划一般由政府举办，强制某一群体将其收入的一部分作为社会保险税（费）形成社会保险基金，在满足一定条件的情况下，被保险人可从基金获得固定的收入或损失的补偿，它是一种再分配制度，目标是保证物质及劳动力的再生产和社会的稳定。社会保险的主要项目包括养老社会保险、医疗社会保险、失业保险、工伤保险、生育保险等等。

二是社会救助。社会救助是指国家和其他社会主体对于遭受自然灾害、失去劳动能力或者其他低收入公民给予物质帮助，以维持其基本生活需求，保障其最低生活水平的各种措施。它对于调整资源配置，实现社会公平，维护社会稳定有非常重要的作用。目前我国建立的城乡最低生活保障、城市“三无”人员和农村五保供养制度、流浪乞讨人员救助制度、自然灾害救助制度等都属于社会救助的范畴。

三是社会福利。社会福利是指对生活能力较弱的儿童、老人、母子家庭、残疾人、慢性精神病人等的社会照顾和社会服务。社会福利所包括的内容十分广泛，不仅包括生活、教育、医疗方面的福利待遇，而且包括交通、文娱、体育等方面的待遇。社会福利是一种服务政策和服务措施，其目的在于提高广大社会成员的物质和精神生活水平，使之得到更多的享受。同时，社会福利也是一种职责，是在社会保障的基础上保护和延续有机体生命力的一种社会功能。

二、国家建立和完善以居家为基础、社区为依托、机构为支撑的社会养老服务体系

修订后的老年人权益保障法在总则中规定，“国家建立和完善居家为基础、社区为依托、机构为支撑的社会养老服务体系”，这为今后我国养老服务体系建设确立了基本原则，成为本法的一大亮点。

养老服务体系是指老年人在生活中获得的全方位服务支持的系统，它既包括家庭提供的各种服务和条件，也包括政府、社会提供的有关服务的形式、制度、政策、机构等各种条件，但一般不包括物资和经济供养内容。社会养老服务体系是与经济社会发展水平相适应，以满足老年人养老服务需求、提升老年人生活质量为目标，面向所有老年人，提供生活照料、康复护理、精神慰藉、紧急救援和社会参与等设施、组织、人才和技术要素形成的网络，以及配套的服务标准、运行机制和监管制度。

养老服务体系建设应当和一个国家的经济、文化等各方面的国情相适应。根据我国经济发展水平、养老传统以及固有文化传统等情况，社会养老服务体系建设应以居家为基础、社区为依托、机构为支撑，法律在修改时明确了这一原则。

依据新修订的老年人权益保障法，我国的社会养老服务体系主要由居家养老、社区养老和机构养老三个有机部分组成。

居家为基础，即大多数老年人在家养老，在家享受赡养照料、精神慰藉等服务。在“四二一”家庭模式逐渐成为主流的情况下，老年人口的高龄化、高失能率和家庭小型化现象日益严重，家庭成员可能无力为居家老年人提供全面的照料服务，这就要大力发展居家养老服务，由社会为在家庭养老

的老年人提供社会服务。居家养老服务涵盖生活照料、家政服务、康复护理、医疗保健、精神慰藉等，其主要特点是老年人不离开家庭，以上门服务为主要形式。对身体状况较好、生活基本能自理的老年人，提供家庭服务、老年食堂、法律服务等服务；对生活不能自理的高龄、独居、失能等老年人提供家务劳动、家庭保健、辅具配置、送饭上门、无障碍改造、紧急呼叫和安全援助等服务。有条件的地方可以探索对居家养老的失能老年人给予专项补贴，鼓励他们配置必要的康复辅具，提高生活自理能力和生活质量。居家为基础的养老模式，与我国文化传统相适应，也为广大老年人所接受。

社区养老服务是居家养老服务的重要支撑，具有社区日间照料和居家养老支持两类功能，主要面向家庭日间暂时无人或者无力照护的社区老年人提供服务。在城市，结合社区服务设施建设，增加养老设施网点，增强社区养老服务能力，打造居家养老服务平台。倡导多种形式的志愿活动及老年人互助服务，动员各类人群参与社区养老服务。在农村，结合城镇化发展和新农村建设，以乡镇敬老院为基础，建设日间照料和短期托养的养老床位，逐步向区域性养老服务中心转变，向留守老年人及其他有需要的老年人提供日间照料、短期托养、配餐等服务。近年来，河北省肥东县等地还探索以建制村和较大自然村为基点，依托村民自治和集体经济，建立农民互助养老院，走出了发展农村社区养老服务的新路子，其经验值得进一步推广。

机构养老服务以设施建设为重点，通过设施建设，实现其基本养老服务功能。养老服务设施建设重点包括老年养护机构和其他类型的养老机构。老年养护机构主要为失能、半失能的老年人提供专门服务，重点实现以下功能：（1）生活照料。设施应符合无障碍建设要求，配置必要的附属功能用房，满足老年人的穿衣、吃饭、如厕、洗澡、室内外活动等日常生活需求。（2）康复护理。具备开展康复、护理和应急处置工作的设施条件，并配备相应的康复器材，帮助老年人在一定程度上恢复生理功能或减缓部分生理功能的衰退。（3）紧急救援。具备为老年人提供突发性疾病和其他紧急情况的应急处置救援服务能力，使老年人能够得到及时有效的救援。鼓励在老年养护机构中内设医疗机构。符合条件的老年养护机构还应利用自身的资源优势，培训和指导社区养老服务组织和人员，提供居家养老服务，实现示范、辐射、带动作用。其他类型的养老机构根据自身特点，为不同类型的老年人提供集中照料等服务。

社会养老服务体系建设是应对人口老龄化的一项长期战略任务，是坚持政府主导、鼓励社会参与、不断完善管理制度、丰富服务内容、健全服务标准、满足人民群众日益增长的养老服务需求的持续发展过程。根据我国老龄事业发展实际，国务院办公厅2011年印发了《社会养老服务体系建设规划（2011-2015年）》，提出到2015年，要基本形成制度完善、组织健全、规模适度、运营良好、服务优良、监管到位、可持续发展的社会养老服务体系，每千名老年人拥有养老床位数达到30张，居家养老和社区养老服务网络基本健全。

《社会养老服务体系建设规划（2011-2015年）》提出的主要任务包括：改善居家养老环境，健全居家养老服务支持体系。以社区日间照料中心和专业化养老机构为重点，通过新建、改扩建和购置，提升社会养老服务设施水平。充分考虑经济社会发展水平和人口老龄化发展程度，“十二五”期间，增加日间照料床位和机构养老床位340余万张，实现养老床位总数翻一番；改造30%现有床位，使之达到建设标准。在居家养老层面，支持有需求的老年人实施家庭无障碍设施改造。扶持居家服务机构发展，进一步开发和完善服务内容和项目，为老年人居家养老提供便利服务。在城乡社区养老层面，重点建设老年人日间照料中心、托老所、老年人活动中心、互助式养老服务中心等社区养老设施，推进社区综合服务设施增强养老服务功能，使日间照料服务基本覆盖城市社区和半数以上的农村社区。在机构养老层面，重点推进供养型、养护型、医护型养老设施建设。县级以上城市，至少建有一处以收养失能、半失能老年人为主的老年养护设施。在国家和省级层面，建设若干具有实训功能的养老服务设施。提高社会养老服务装备水平，鼓励研发养老护理专业设备、辅具，积极推动养老服务专用车配备。加强养老服务信息化建设，依托现代技术手段，为老年人提供高效便捷的服务，规范行业管理，不断提高养老服务水平。

第四节　政府在老年人权益保障工作中的职责

修订后的老年人权益保障法进一步强化了各级人民政府在老年人权益保障工作中的职责，在总则中，特别强调了将老龄事业纳入国民经济和社会发展规划、将老龄事业经费纳入财政预算、制定老龄事业发展规划、支持老龄科学研究、建立老年人状况统计调查和发布制度、开展有关表彰奖励工作等政府职责。

一、将老龄事业纳入国民经济和社会发展规划

国民经济和社会发展规划是全国或者某一地区经济、社会发展的总体纲要，是具有战略意义的指导性文件。国民经济和社会发展规划统筹安排和指导全国或某一地区的经济、社会、文化建设工作。国民经济和社会发展规划按行政层级分为国家级规划、省（区、市）级规划、市县级规划；按对象和功能类别分为总体规划、专项规划、区域规划。国家总体规划和省（区、市）级、市县级总体规划分别由同级人民政府组织编制，由同级人民政府发展改革部门会同有关部门负责起草；专项规划由各级人民政府有关部门组织编制，报同级人民政府批准，特殊的规划则需要报上级人民政府同意；跨省（区、市）的区域规划，由国务院发展改革部门组织国务院有关部门和区域内省（区、市）人民政府有关部门编制。国家总体规划、省（区、市）级总体规划和区域规划的规划期一般为5年，可以展望到10年以上。市县级总体规划和各类专项规划的规划期根据需要确定。国民经济和社会发展规划是国家加强和改善宏观调控的重要手段，也是政府履行经济调节、市场监管、社会管理和公共服务职责的重要依据。编制、实施国民经济和社会发展规划，是

政府履行经济调节、市场监管、社会管理和公共服务职能的重要依据和手段，对实现政府制定的战略目标，弥补市场缺陷，有效配置资源，促进共同富裕和经济社会协调发展具有十分重要的意义。老年人权益保障法明确规定，“各级人民政府应当将老龄事业纳入国民经济和社会发展规划”，这有利于各级政府、各有关部门树立发展老龄事业的全局意识，有利于将老龄事业纳入各级政府的工作大局，从总体上和宏观上予以考虑部署，从而提高各级政府和有关部门做好老龄工作的责任意识，并在本职工作中积极贯彻落实。

二、将老龄事业经费列入财政预算，建立稳定的经费保障机制

财政预算也称为公共财政预算，是指政府的基本财政收支计划，是按照一定的标准将财政收入和财政支出分门别类地列入特定的收支分类表格之中，以清楚反映政府的财政收支状况。透过公共财政预算，可以使人们了解政府活动的范围和方向，也可以体现政府政策意图和目标。财政预算由一般财政预算收入和财政预算支出组成。财政预算收入主要是指部门所属事业单位取得的财政拨款、行政单位预算外资金、事业收入、事业单位经营收入、其他收入等；财政预算支出是指部门及所属事业单位的行政经费、各项事业经费、社会保障支出、基本建设支出、挖潜改造支出、科技三项费用及其他支出。从形式上看，它是按照一定标准将政府财政收支计划分门别类地反映在一个收支对照表中；从内容上看，它是对政府年度财政收支的规模和结构所作的安排，表明政府在财政年度内计划从事的主要工作及其成本，政府又如何为这些成本筹集资金。与一般预算不同的是，财政预算是具有法律效力的文件。作为财政预算基本内容的级次划分、收支内容、管理职权划分等等，都是以预算法的形式规定的；预算的编制、执行和决算的过程也是在预算法的规范下进行的。财政预算编制后要经国家权力机关审查批准方能公布并组织实施；预算的执行过程受法律的严格制约，不经法定程序，任何人无权改变预算规定的各项收支指标，通过预算的法制化管理使政府的财政行为置于民众的监督之下。老年人权益保障法明确要求将老龄事业经费纳入财政

预算，建立稳定的经费保障机制，可以较好地保障老龄事业发展经费，从而促进老龄事业与经济、社会协调发展。另外，因为老龄事业发展所需要的经费仅仅政府投入是不够的，所以，法律在强调国家财政投入的基础上，还明确提出要“鼓励社会各方面投入”，这也是政府的一项责任。各级人民政府应当通过经济手段、优惠政策等各种措施，鼓励社会资本进入老年产业，动员社会力量参与老龄事业发展。

三、制定老龄事业发展规划

老龄事业发展规划是全国或者某一地区老龄事业发展的总体纲要，是具有战略意义的指导性文件。老龄事业发展规划统筹安排和指导全国或某一地区的老龄工作。每一个老龄事业发展规划都是引领未来五年老龄事业发展的根本性指导纲领，都是开展老龄工作、推进老龄事业的指导性、纲领性文件。

国家从1994年开始制定老龄事业发展规划。1994年12月，原国家计委、民政部等部门联合制定了《中国老龄工作七年发展纲要（1994—2000年）》。从2001年开始，我国根据国民经济和社会发展规划，每五年编制一次老龄事业发展规划。通过规划，对五年的老龄事业发展作出部署。多数县级以上地方人民政府也根据国家老龄事业发展规划和本地实际，制定本地老龄事业发展规划。制定老龄事业发展规划，已成为县级以上各级人民政府的一项重要职责。

近20年的实践表明，每一个老龄事业发展规划提出的目标任务都具有巨大的导向和激励作用，每一个老龄事业发展规划的颁布实施都是推动老龄事业发展，促进和谐社会建设的行动纲领。规划的颁布实施，有利于提高全社会的老龄意识，增强应对人口老龄化挑战的责任感和使命感，协调各部门、各地区、各单位和各方面力量统一行动；有利于有计划、有步骤地统筹解决当前老年人最紧迫、最急需的实际养老问题，从而改善和提高老年人的生命、生活质量；有利于全面贯彻落实科学发展观，推动老龄事业与经济社会全面协调可持续发展，促进社会和谐稳定。基于此，老年人权益保障法对此专门作了规定，“国务院制定国家老龄事业发展规划。县级以上地方人民政府根据国家老龄事业发展规划，制定本行政区域的老龄事业发展规划和年度计划”。

四、支持老龄科学研究，建立老年人状况统计调查制度

积极有效的老龄科学研究是做好老龄工作的基础。制定政策、规划和战略时，必须先把面临的形势研究清楚，把要解决的问题分析透彻，才可能提出符合实际的解决问题的思路，出台相应的政策。我国人口老龄化具有基数大、发展快等特点，再加上未富先老、未备先老、城乡二元结构、经济社会转型等国情，决定了我国人口老龄化及其应对形势的特殊复杂性和严峻性。因此，必须加强老龄科学研究来分析与解决我国的人口老龄化问题。只有立足中国国情，加强本土化的老龄科学研究，包括宏观战略的研究，微观问题的分析，才能制定出符合实际的老龄事业发展政策。从总体上看，目前我国老龄科学研究滞后于老龄事业发展和应对人口老龄化的需要，我们对老龄问题的基本规律、本质特征、老龄化对经济社会发展的深远影响以及立足国情的应对人口老龄化战略的研究，关注不够，认识不足，研究不深，把握不准，以至于在工作中出现了许多难题与困境。在本次法律修改时，专门增加了“国家支持老龄科学研究”的内容，以推动老龄科学研究的发展，为老龄事业提供支持。

科学决策已经成为政府决策的一个基本要求，制定老龄事业发展方案和涉老政策，越来越强调必须有充足的事实依据和相关信息资料，因此政府对于掌握老年人各方面信息以及基于信息调研的决策咨询的要求不断提高。为了准确、及时、全面了解老年人口和老龄事业发展情况，国家在20世纪80年代即初步建立了老龄事业统计指标体系和老龄统计工作制度，先后四次进行全国范围的老年人口状况调查，为老龄事业的科学决策提供了重要依据。各地也相继建立了老年人口与老龄事业发展统计监测制度，在此基础上，汇编出老年人口和老龄事业监测统计信息，为政府各部门制订涉老政策提供了决

策依据，取得了良好的效果。在总结经验的基础上，本次法律修订时，在总则中增加了“建立老年人状况统计调查和发布制度”的内容。

五、开展老龄工作表彰奖励

表彰奖励作为一种管理手段，历来受到重视。激励性政策和惩戒政策从来都是相辅相成，共同成为影响相对人行为的有效手段。在现代国家，表彰奖励行为和行政处罚行为、行政强制行为等相并列，成为备受重视的行政手段之一，其目的在于表彰先进，鞭策后进，充分调动和激发人们的积极性与创造性，最终实现国家和社会治理的目标。因此，表彰奖励手段的合理运用，无疑能够激励人们更多地作出有益于社会、有益于国家、有益于人民的事情。老龄工作表彰奖励，是指各级人民政府和有关部门对维护老年人合法权益和敬老、养老、助老成绩显著的组织、家庭或者个人，对参与社会发展做出突出贡献的老年人，按照国家有关规定给予表彰或者奖励的行为。根据有关法律和法规的规定，老龄事业的表彰奖励内容和形式主要有授予荣誉称号，通报表扬，通令嘉奖、记功，发给奖状、荣誉证书、奖章，发给奖金或者奖品等。目前，在国家和部门层面上，涉及老龄事业的表彰奖励形式有“全国老龄工作先进单位”、“全国老龄工作先进个人”等。

六、老龄工作机构

对于老龄工作机构，1996老年人权益保障法规定，国务院和省、自治区、直辖市人民政府采取组织措施，协调有关部门做好老年人权益保障工作，具体机构由国务院和省、自治区、直辖市人民政府规定。在修订时，各方对老龄工作机构问题提出了很多意见和建议。综合考虑各方面的意见和目前中央和地方老龄工作机构的现实情况，修订后的法律将原法中“国务院和省、自治区、直辖市人民政府采取组织措施，协调有关部门做好老年人权益保障工作，具体机构由国务院和省、自治区、直辖市人民政府规定”修改为：“县级以上人民政府负责老龄工作的机构，负责组织、协调、指导、督促有关部门做好老年人权益保障工作”。这一表述借鉴了残疾人保障法、妇女权益保障法等法律关于残疾人工作机构、妇女工作机构的表述方式，最大限度地尊重了各地实际情况，有利于加强老龄机构建设，调动各方面力量做好老龄工作。

近年来，各地普遍成立了老龄工作委员会，以指导、督促、协调本地老龄工作。全国老龄工作委员会是主管全国老龄工作的议事协调机构，成立于1999年10月。现成员单位有：中组部、中宣部、中直机关工委、中央国家机关工委、外交部、国家发展改革委、教育部、国家民委、公安部、民政部、司法部、财政部、人力资源和社会保障部、住房和城乡建设部、文化部、卫生部、国家人口计生委、国家税务总局、国家广电总局、新闻出版总署、国家体育总局、国家统计局、国家旅游局、总政治部、全国总工会、共青团中央、全国妇联、中国老龄协会等28个单位。全国老龄工作委员会主任一般由国务院分管副总理兼任，副主任由国务院分管副秘书长、民政部部长等人担任，民政部部长同时兼任全国老龄工作委员会办公室主任。全国老龄工作委员会办公室另设一名常务副主任主持日常工作。

根据国务院的决定，全国老龄工作委员会的主要职责是：（1）研究、制定老龄事业发展战略及重大政策，协调和推动有关部门实施老龄事业发展规划。（2）协调和推动有关部门做好维护老年人权益的保障工作。（3）协调和推动有关部门加强对老龄工作的宏观指导和综合管理，推动开展有利于老年人身心健康的各种活动。（4）指导、督促和检查各省、自治区、直辖市的老龄工作。（5）组织、协调联合国及其他国际组织有关老龄事务在国内的重大活动。

目前，各地都普遍成立了老龄工作委员会，其设置模式与全国老龄工作委员会相似。只是在具体成员单位上有所区别。地方老龄工作委员会成员单位的职责，与全国老龄工作委员会相关成员单位的职责类似。

第五节　保障老年人合法权益是全社会的共同责任

修订后的老年人权益保障法第四条第二款规定了老龄工作的基本目标，即“国家和社会应当采取措施，健全保障老年人权益的各项制度，逐步改善保障老年人生活、健康、安全以及参与社会发展的条件，实现老有所养、老有所医、老有所为、老有所学、老有所乐。”为了保障这一目标的实现，该法第七条规定，“保障老年人合法权益是全社会的共同责任。”在第七条、第八条中分多个条款对各主要方面的责任作了原则规定。

一、国家机关、社会团体、企事业组织和其他组织的责任

修订后的老年人权益保障法第七条第二款规定，“国家机关、社会团体、企业事业单位和其他组织应当按照各自职责，做好老年人权益保障工作。”这一款分别涉及到国家机关、社会团体、企业事业单位和其他组织在保障老年人权益方面的责任。

（一）国家机关的责任

在老年人权益保障工作中，国家机关承担着十分重要的责任，它借助立法、执法、司法等手段，采用经济、政治、文化等各种措施，可以有力地促进老年人权益保障工作，并且制止和惩戒侵犯老年人权益的行为。在我国，承担老年人权益保障职责的国家机关可以分为权力机关、行政机关、司法机关和军事机关等四大类。

权力机关。主要是指各级人民代表大会及其常务委员会。权力机关在老年人权益保障工作中承担的主要职责有三项，一是制定老年人权益保障有关的法律法规，比如，全国人大常委会制定了老年人权益保障法，各省、自治区、直辖市人大常委会都制定了本地老年人权益保障地方性法规，有些较大市人大常委会也制定了本地老年人权益保障法规；二是对老年人权益保障法律法规实施情况进行检查监督，主要方式有执法检查和听取有关专项工作报

告，比如，全国人大常委会曾于2011年在全国范围内开展了老年人权益保障法执法检查；三是就老年人权益保障工作重大问题作出相应决定，比如安徽省人大常委会在2010年曾就加快养老服务体系建设、加强老年人权益保障工作作出决议。

行政机关。行政机关是权力机关的执行机关，包括国务院和地方各级人民政府。在老年人权益保障方面，国务院可以制定相关行政法规，规定行政措施，发布决定和命令，还可以制定发展规划和纲要等。地方各级人民政府则根据法律、法规，制定本地区保障老年人权益的规章、政策。各级政府的有关部门在保障老年人权益工作中承担着具体工作，比如，民政部在老年人权益保障工作中承担的职责有：负责老年人权益保障的行政管理工作，拟定有关方针、政策，制定有关规章并组织实施；负责老年人社会福利服务工作，制定老年福利事业发展规划、老年福利设施标准和服务规范，对各类老年福利机构进行宏观管理、行业指导和监督检查；负责移交地方政府安置的军队离退休干部和军队无军籍退休退职职工的管理，拟定安置方针、政策、规章并监督实施，研究提出生活待遇标准，监督政治、生活待遇的落实；根据老龄工作发展的需要和国家财力的可能，为老龄工作提供必要的财力保障；加强对老龄工作各项经费使用的管理和监督。再比如，各级人民政府公安部门的职责是发挥公安机关的职能作用，依法打击、及时预防侵害老年人合法权益的违法犯罪活动；对老年人进行自防自护教育，提高老年人的安全防护意识和能力；热情为老年人提供治安、户籍、交通等服务，为老年人排忧解难；积极配合有关部门和组织调处涉老纠纷，维护老年人的权益，促进家庭和社会稳定。

司法机关。主要指审判机关和检察机关。检察机关的责任主要是通过检控犯罪，打击侵犯老年人权益的犯罪行为，借以达到保障老年人权益的目的。审判机关则通过审理涉及老年人权益的案件，依法维护老年人的合法权益。

军事机关。军事机关在老年人权益保障工作中担负着重要职责。解放军总政治部是全国老龄工作委员会的成员单位之一，承担着贯彻执行党中央、国务院、中央军委关于老干部工作的方针、政策，领导军队老干部工作，拟定军队离退休干部工作的政策、法规、制度和规划等职责。各有关军事单位在日常工作中，涉及老龄工作的职责主要包括：落实部队离退休干部的政治、生活待遇，加强部队老干部党组织建设和学习教育，做好部队老干部服务管理工作，承担军队离退休干部移交政府安置和相关后续工作，指导军队离退休干部在国家和军队建设中发挥作用，组织宣传军队离退休干部和老干部工作的先进典型等。

需要指出的是，中国共产党是中国工人阶级的先锋队，是中国特色社会主义事业的领导核心，各级党组织在老年人权益保障工作中发挥着政治领导、组织领导和思想领导的作用，各级党组织的有关部门则根据其职能承担相应的保障职责。

（二）社会团体的责任

社会团体是我国公民自愿组成，为实现会员共同意愿，按照其章程开展活动的非营利组织。社会团体是当代中国政治生活的重要力量，依据宪法、法律和其章程独立自主地开展活动，联合和团结全国的职工、青年、妇女以及各界人士，参与国家事务和地方事务，协调社会公共事务，维护群众合法权益。社会团体的活动往往会涉及老年人权益保障工作，尤其是各级工会、共青团、妇联等。其中，工会组织在维护老年人权益方面的职责主要包括：积极参与有关老龄工作政策的制定；关心离退休职工的生活，积极向有关方面反映离退休职工的意见和要求，切实维护离退休职工的合法权益；指导各级工会组织开展各种形式的活动，努力促进离退休职工“五个老有”的实现；积极协助有关部门推动离退休职工的社区化管理工作。共青团组织的职责则主要包括在青少年中广泛开展尊老敬老教育活动，组织青年志愿者和少先队员开展多种形式的为老服务，促进青少年与老年人增加沟通，相互理解，共同参与社会发展等。各级妇联组织的职责主要有：依法维护老年妇女合法权益，参与和促进老年妇女权益的政策制定和落实，为老年妇女营造健康的社会环境，充分发挥老年妇女在社会中的作用。

（三）企事业组织和其他组织的责任

企业组织是自主经营的经济实体，事业组织是以非营利为目的的实体，这里所说的“其他组织”是指合法成立、有一定的组织机构和财产，但又不具备法人资格的组织。我国民法通则并没有规定其他组织，但为了确保这些客观存在的但又不是法人的社会组织的合法利益，我国民事诉讼法规定了其他组织可以作为民事诉讼的当事人。大部分企业、事业组织和其他组织的生产任务、工作任务并不像国家机关那样直接涉及老年人权益保障工作。但是，企业、事业组织以及其他组织都有一定数量的员工，这些员工会在一定时间后成为老年人，而且不少员工家中有老年人，因而也要承担一定的老年人权益保障工作责任。

二、基层群众自治组织和老年人组织的责任

在我国，基层群众自治组织主要指城市居民委员会和农村村民委员会。根据宪法和有关法律的规定，在城市和农村按居民居住地区设立居民群众自我教育、自我管理、自我服务的基层群众性自治组织，即城市居民委员会和农村村民委员会。其成员由主任、副主任和委员若干人组成，由居民选举产生。居民委员会和村民委员会根据需要设立人民调解、治安保卫、公共卫生等委员会，主要任务是办理本居住地区的公共事务和公益事业，调节民间纠纷，协助有关部门维护社会治安，开展精神文明建设，向政府反映居民群众的意见、建议和提出要求。基层群众自治组织在维护老年人权益工作中承担大量基础性工作，比如，组织开展老年人文化体育活动，组织开展形式多样的居家养老服务工作，对涉及老年人权益的纠纷进行调解，反映本辖区内老年人的意见和建议，组织开展老年志愿服务活动，等等。

其他依法设立的老年人组织是与老年人本身和与老年人权益有关的各种社会组织的统称。目前我国各种老年人组织大体可分为三类：一是老年人本身的组织，如老年人协会、老科技工作者协会，老教授协会等，二是与老年人权益有关的社会组织，如老年基金会等，三是老龄问题及老年学研究学术团体，如老年学会，老年医学会等。按照老年人权益保障法的规定，这些依法设立的老年人组织应当反映老年人的要求，维护老年人权益，为老年人服务。

三、国家开展人口老龄化国情教育

如前所述，人口老龄化已经是我国的基本国情，而且将长期存在。因此本次法律修改时，增加了“国家进行人口老龄化国情教育，增强全社会积极应对人口老龄化意识”的内容，目的是要通过广泛的宣传教育，提高全社会对人口老龄化国情的认识，增强应对老龄化挑战的自觉性，在全社会树立“积极老龄化”观念，以积极的态度、积极的政策、积极的行动应对人口老龄化，大力发展老龄事业，切实保障老年人权益。

四、全社会广泛开展敬老、养老、助老宣传教育活动

人的一生总要经历少年、青年、中年和老年时期。尊重、关心、帮助老年人，就是尊重人生和社会发展的规律，就是尊重历史，符合每一个人的根本利益和发展要求。我国自古以来传承着“百善孝为先”理念，即一个人只有懂得尊老敬老，才能具有更多的善心、公心、责任心和奉献精神，才有可能成为一个人格高尚的人。在新的历史条件下，敬老、养老、助老的传统美德被赋予了新的内涵，是社会文明进步的重要标志，是社会主义先进文化的重要组成部分，成为开展公民道德建设，特别是青少年道德教育的重要内容。在全社会广泛开展敬老养老助老宣传教育活动，树立尊重、关心、帮助老年人的社会风尚，是社会主义精神文明建设的重要方面，是公民道德建设的重要内容，是促进代际和谐、保障和改善老年民生的有效措施，也是应对人口老龄化的重要举措。基于此，老年人权益保障法第八条第二款规定：“全社会应当广泛开展敬老、养老、助老宣传教育活动，树立尊重、关心、帮助老年人的社会风尚”。

青少年和儿童是祖国的未来，也是开展敬老、养老、助老宣传教育的

重点对象。只有在广大青少年和儿童中持续开展卓有成效的敬老、养老、助老宣传教育，让广大青少年和儿童从小树立“家家有老人，人人都会老，人人都敬老，社会更美好”的理念，牢固形成“老吾老以及人之老”的社会伦理，让他们从我做起、从点滴小事做起、从关爱自己父母和身边老年人做起，持续不断地关心帮助老年人，养成尊老敬老助老的行为习惯，才能促进代际和顺、家庭和睦、社会和谐，推动社会主义精神文明建设。对此，青少年组织、学校和幼儿园应当承担起应尽的责任。因此，老年人权益保障法规定，“青少年组织、学校和幼儿园应当对青少年和儿童进行敬老、养老、助老的道德教育和维护老年人合法权益的法制教育。”

老年群体从本质上讲是一个特殊群体，多数老年人离开了工作岗位，也可能会远离了主流社会，他们的生活状况、特殊困难、愿望诉求等，需要通过一定的宣传渠道反映表达出来。广播、电影、电视、报刊、网络等是老龄宣传的主渠道和重要媒介，通过发挥这些媒体和媒介的作用，充分宣传报道广大老年人的生活，可以让更多的人了解老年人，关心老年人，帮助老年人，尊重老年人。另一方面，老年群体也需要教育和引导。要教育和引导老年人树立“健康老龄化”和“积极老龄化”的理念，要教育和引导老年人养成科学、健康、文明的生活方式，最大限度地实现健康老龄化，要教育和引导老年人树立正确的养老观，减少对政府、社会、家庭不必要的依赖，最大限度发挥主观能动性，更加自信、自强、自立，独立自主地设计安排好自己的晚年生活，实现更高程度上的“积极老龄化”。广播、电影、电视、报刊、网络等也可以结合具体事例和热点，有意识地开展这方面的宣传，在全社会普及积极老龄观。为此，老年人权益保障法规定，“广播、电影、电视、报刊、网络等应当反映老年人的生活，开展维护老年人合法权益的宣传，为老年人服务。”

五、提倡和鼓励义务为老年人服务

老年人权益保障法第七条第四款规定：“提倡、鼓励义务为老年人服务。”所谓义务为老年人服务，是指不为获取物质报酬，自愿以自己的时间、知识、技能为老年人提供生活照料、精神慰藉等各类服务的活动。在法律中明确“提倡义务为老年人服务”，既是敬老助老的具体体现，也有利于弘扬“奉献、友爱、互助、进步”的志愿服务精神，动员全社会力量开展为老服务志愿活动，为老年人办实事、做好事、送温暖，为老年弱势群体排忧解难，提高他们的生活质量。

第六节　每年农历九月初九为老年节

修订后的老年人权益保障法第十二条规定：“每年农历九月初九为老年节。”这一节日被明确写进法律，有着深厚的文化和民意基础。

在我国，农历九月初九是传统的重阳节。“九”在古数中既为“阳数”，又为“极数”，指天之高为“九重”，指地之极为“九泉”。九月初九，日与月皆逢九，是双九，故曰“重九”，同时又是两个阳数合在一起，故称“重阳”，所以这一天为重阳日。九九重阳，因为“九九”与“久久”同音，有长久、长寿之意，而且秋季也是一年收获的黄金季节，因此，重阳节寓意深远，自古以来，人们就对此节怀有特殊的感情。

重阳节作为中国的传统节日，历史悠久。据有关资料记载，重阳节的起源，最早可以推到春秋战国时期。屈原在《远游》诗中就有“集重阳入帝宫兮”的诗句。但这里的“重阳”是指天，还不是指重阳节。三国时期曹丕在《九日与钟繇书》中则明确写出了重阳的饮宴了：“岁往月来，忽复九月九日。九为阳数，而日月并应，俗嘉其名，以为宜于长久，故以享宴高会。”到了魏晋时期有了赏菊、饮酒的习俗，这在陶渊明的作品中有所体现。到了唐代，重阳节被定为正式节日。从此以后，全国上下一起庆祝重阳节，并且在节日期间开展各种各样的活动。到了明代，九月重阳，皇宫上下要一起吃花糕庆祝，皇帝要亲自到万岁山登高，以畅秋志。到了清代，这种风俗依旧盛行。民间在该日有登高的风俗，所以重阳节又称“登高节”。还有重九节、茱萸节、菊花节等说法。

由于九月初九“九九”谐音是“久久”，有长久之意，所以常在此日开展敬老活动，比如组织老年人开展登山秋游、座谈联欢、趣味运动等等。不少家庭的晚辈也会搀扶年老的长辈到郊外活动，或者组织开展其他有关庆祝活动。

近年来，许多地方在制定本地的老年人权益保障地方性法规时，将农历九月初九确定为本地的“敬老节”。在老年人权益保障法修订过程中，草案（过程稿）中也曾有“每年农历九月初九为敬老节”的表述，但许多单位和专家学者都建议将“敬老节”改为“老年节”，主要理由在于两个方面：一是我国“妇女节”、“青年节”、“儿童节”、“教师节”等节日都是以主体命名，依此类推，可将“敬老节”改为“老年节”；二是敬老不应当是重阳节一天的事情。修订后的法律综合考虑各方面意见，明确规定“每年农历九月初九为老年节。”从此，全国亿万老年人也有自己的法定节日了。1990年第45届联合国大会通过决议，将每年的10月1日定为“国际老年人节”，世界许多国家都结合本国传统文化习俗明确规定老年人节日。这次老年人权益保障法的修改，将重阳节作为我国法定的老年节，体现了国家对老年人的尊重，也有利于引起全社会对老年人的广泛关注，对弘扬中华民族传统文化和敬老美德具有重要意义。

第二章　家庭赡养与扶养

第一节　居家养老

原老年人权益保障法第十条中规定："老年人养老主要依靠家庭。"修订后的老年人权益保障法第十三条中规定："老年人养老以居家为基础。"老年人养老由"主要依靠家庭"到"以居家为基础"，这一转变是适应我国经济社会发展阶段和尊重孝亲敬老民族传统的必然选择。

一、家庭养老和居家养老

常见的养老模式有以子女为赡养主体的传统家庭养老模式和以专业化机构服务为主体的养老模式两种。家庭养老，即老年人居住在家中，主要由具有血缘关系的家庭成员为老年人提供照料的养老模式。以儒家文化为主的中国、日本、新加坡等国家，目前仍以家庭养老为主。欧美等西方发达国家具有较好的社会保障制度，家庭成员的独立意识也较强，许多老年人不采用家庭养老方式。该种模式适合不愿意脱离熟悉环境且子女有经济能力、闲暇时间、照顾精力和照顾意愿的老年人。机构养老，即将老年人集中在专门的养老机构中养老的模式。该模式的优点在于通过集中管理，能够使老年人得到专业化的照顾和医疗护理服务，无障碍的居住环境设计也使老年人的生活更加便利；缺点在于容易造成老年人与子女、亲朋好友间情感的缺失，且成本较高。而居家养老，作为一种吸收了机构养老专业化服务和传统家庭养老优点的新型养老模式，是指老年人居住在家中，由家庭成员和社会来提供相应照料和养老服务的养老方式。居家养老相较过去传统的家庭养老而言，虽一字之差，但却有着全新的理念和内涵，它把社会化的为老服务引入家庭，是对传统的家庭养老模式的补充与创新。我国的社会养老服务体系主要由居家养老、社区养老和机构养老三个有机部分组成。居家养老服务，是指由政府和社会力量依托社区，帮助家庭成员为在家居住的老年人提供生活照料、家政服务、康复护理、医疗保健、精神慰藉等方面的服务，以上门服务为主要形式。它实际上是支持家庭养老的社会化服务体系，具有服务主体多元化、服务对象公众化、服务方式多样化、服务队伍专业化等特点。居家养老就提供服务的主体看，既有家庭成员的照顾，也有社会的帮助，尤其强调社区照顾在居家养老中的重要作用；就享受服务的对象看，主要是在家里居住的老年人；就服务的内容看，既有养和医等物质生活方面的服务，也有文化娱乐、情感慰藉、心理疏导等精神文化生活方面的服务；就服务的形式看，既有请老年人走出家门到社区为老服务机构中享受自己所需要的服务，也有派专业为老服务人员走进家庭为行动不便和生活不能自理的老年人提供多种包护服务。该种模式适合子女无暇照顾且不愿意离开原有熟悉环境的老年人。

二、老年人养老以居家为基础的现实必然性和意义

长期以来，我国实行以家庭养老为主的养老模式，但是处于转型期的我国，传统的养老模式正在面临巨大挑战，与此同时，养老机构的现状又无法满足现实的需求，在这样的经济社会背景下，居家养老作为国际社会养老实践的经验总结和符合我国实际情况的有益探索被提出。

首先，我国城乡家庭养老功能日渐弱化，主要表现为生活照料能力不足。究其原因，一是家庭结构小型化。第六次全国人口普查主要数据显示，我国平均每个家庭户的人口已由 2000年的 3.44人下降到2010年的3.1人。家庭结构的小型化不利于家庭养老功能的延续和发挥，日益普遍的“四二一”家庭人口结构（即一对夫妇在抚养一个孩子的同时要照顾四位老人）使得基

本依靠子女、亲属照顾的传统家庭养老方式遇到困难。由于不能与父母一起或者就近居住，工作、生活压力大，不能满足失能老年人对长期照料护理较高的专业化、规范化要求等原因，子女在对父母提供生活照料、精神慰藉等方面，显得力不从心、难以周全。二是人口流动性加大。城镇化引发人口流动，青壮年人口从农村来到城市，从中小城市来到大城市，小城镇和农村地区的留守、空巢老年人数量快速增加，老年人远离青壮年的日常生活圈，家庭的养老功能名存实亡。即使在同一个城市，由于城市规模持续扩张和居住条件逐渐改善，老年人不与子女一同居住的现象日渐普遍，子女对老年人的各方面照顾显著减少。三是传统观念遭受冲击。改革开放以来，我国社会发生了一系列变革，受多元文化影响，社会价值观也发生了复杂的变化，个人意识逐步加强，传统家庭伦理基础渐渐动摇。人们注重追求现代生活方式，产生了对小家庭的偏好和对大家庭的淡漠，“养儿防老”的传统观念受到冲击，家庭责任观念、义务观念淡漠甚至被抛弃。以上种种都导致我国传统的主要依靠家庭的养老模式难以为继。

其次，养老机构的数量和质量短期内还难以完全满足养老服务需求。目前，我国是世界上唯一一个老年人口超过1亿的国家，并且老年人口正以每年3%以上的速度快速增长，是同期人口增速的5倍多。预计到2015年，我国老年人口将达到2.21亿，约占总人口的16%；2020年达到2.43亿，约占总人口的18%。自1999年我国步入老龄化社会以来，人口老龄化加速发展，老年人口基数大、增长快并呈现高龄化、空巢化趋势，需要照料的失能、半失能老年人数量剧增，社会养老负担沉重。《社会养老服务体系建设规划（2011—2015年）》显示，截至2010年底，全国各类养老机构有养老床位314.9万张，床位数占老年人总数的比例为1.77%，即每千名老年人拥有的床位数为17.7张。该规划同时提出，“十二五”期间，我国每千名老年人拥有的养老床位数要达到30张，要逐步增加日间照料床位和机构养老床位340余万张，养老床位总数要翻一番。即使该建设目标如期完成，能够入住养老机构的老年人最多也只占全部老年人口的3%，其余老年人仍然需要居住在家中度过晚年。此外，就国际社会的一般情况来看，机构养老的比例大体只占老年人口的5%～7%，其在整个养老服务体系中只是起到一个辅助和补充的作用。发达国家在走过一段崇尚机构养老的路之后，越来越重视居家养老。

最后，居住在家庭中养老符合大多数老年人的意愿。正如2002年联合国第二届世界老龄大会通过的《马德里老龄问题国际行动计划》提出的“在所有国家，在自己的社区养老是人们的理想……过去二十年中，社区照顾和就地养老已成为许多政府的政策目标。有时是基于财政上的理由，因为根据家庭提供大部分照顾这一假定，预期社区照顾比养老院照顾的费用低”，对于机构养老，老年人参与意愿不强，居家养老依然是大部分老年人的选择。全国老龄工作委员会办公室发布的《2011年度中国老龄事业发展统计公报》显示，城乡大部分老年人拥有自己的住房，居住方式选择基本一致，大部分老年人愿意独立或与子女共同居住在环境熟悉的社区，居家养老的意愿始终占据主流。老年人入住养老机构的意愿呈逐步下降趋势，城镇老年人愿意住养老机构的比例10年间从18.6%降到11.3%，农村老年人则从14.4%下降到12.5%。

家庭是老年人情感和精神的重要寄托，家庭成员给予老年人的全方位悉心照料更能满足老年人的个性化和心理需求，其他任何个人和机构都难以替代。居家养老使老年人在自己的家庭和熟悉的社区环境中就能安度晚年，既可享受子孙绕膝的天伦之乐和家庭温馨，又能得到社区和社会提供的优质、便捷的服务，对于提高老年人生命生活质量具有非常重要的意义。因此，老年人养老以居家为基础，是立足于我国社会主义初级阶段基本国情和中华民族孝亲敬老优良传统，充分尊重广大老年人意愿和心理需求的最适用、最现实的选择。

第二节　家庭赡养

当前社会，不论是在农村还是在城镇，家庭在老年人经济供养、生活照料和精神慰藉等方面仍然发挥着重要作用，尤其在精神慰藉方面，更是其他任何方式都无法替代的。养老服务的社会化不能取代家庭的地位与作用，尤其在我国社会养老保障体系还不完善、制度还不健全的情况下，强调家庭的赡养责任，具有重大的现实意义。

一、赡养人的范围

赡养人是指老年人的子女以及其他依法负有赡养义务的人。子女是老年人主要的赡养人。根据我国婚姻法等相关法律的规定，子女包括婚生子女、非婚生子女、养子女和受继父母抚养教育的继子女。其他依法负有赡养义务的人，一般指特定情况下老年人的孙子女、外孙子女。我国宪法第四十九条中规定，成年子女有赡养扶助父母的义务。婚姻法第二十一条中也规定，子女对父母有赡养扶助的义务。需要说明的是，这里的子女，既包括婚生子女，也包括非婚生子女、养子女和受继父母抚养教育的继子女。

非婚生子女是指没有婚姻关系的男女所生的子女，主要包括以下几种情况：未婚男女或已婚男女与第三人所生的子女，无效婚姻当事人所生的子女以及妇女被强奸后所生的子女等。根据婚姻法第二十五条规定，非婚生子女享有与婚生子女同等的权利，任何人不得加以危害和歧视。不直接抚养非婚生子女的生父或生母，应当负担子女的生活费和教育费，直至子女能独立生活为止。我国法律赋予非婚生子女与婚生子女相同的权利和义务，不仅在婚姻法中明确了非婚生子女的法律地位，而且在继承法中也对非婚生子女的继承问题作出了明确规定。

收养是一方当事人领养他人的子女为自己的子女的行为，通过收养行为，收养人和被收养人之间形成了拟制的血亲关系。根据收养法第二十三条规定，自收养关系成立之日起，养父母与养子女间的权利义务关系，适用法律关于父母子女关系的规定；养子女与养父母的近亲属间的权利义务关系，适用法律关于子女与父母的近亲属关系的规定。养子女与生父母及其他近亲属间的权利义务关系，因收养关系的成立而消除。收养人与被收养人之间形成法律拟制的直系血亲关系，养子女从此取得了与婚生子女完全相同的法律地位。根据我国婚姻法、收养法等相关法律的规定，养子女负有赡养养父母的义务。

继子女通常是指夫或妻一方与前配偶所生的子女；继父母是指子女母亲或者父亲再婚的配偶。继父母和继子女的关系是由于生父母一方死亡或者双方离婚，一方带子女再婚后形成的。通常情况下，继父母与继子女之间的关系属于姻亲范围，如果继父母与继子女形成抚养关系，或者继父母将继子女收养为养子女，他们之间才形成法律拟制直系血亲关系。根据婚姻法第二十七条规定，继父或继母和受其抚养教育的继子女间的权利和义务，适用本法对父母子女关系的有关规定。继父母与受其抚养教育的继子女间事实上形成了抚养关系，即产生了类似于拟制血亲的关系，但这种拟制血亲关系又和继父母收养继子女有所不同，它不以解除继子女与其生父母间的权利和义务关系为前提。继父或继母和受其抚养教育的继子女间的权利和义务，适用婚姻法对父母子女关系的有关规定，即继子女对继父母有赡养和扶助的义务。

根据婚姻法第二十八条规定，有负担能力的孙子女、外孙子女，对于子女已经死亡或子女无力赡养的祖父母、外祖父母，有赡养的义务。孙子女、外孙子女与祖父母、外祖父母是隔代的直系血亲关系，他们之间在具备法定条件的情况下，形成赡养关系。祖孙之间赡养关系的形成应当具备以下条件：（1）被赡养人的子女死亡或者无赡养能力。（2）被赡养人确实有困难需要被赡养。祖孙之间赡养关系的形成必须建立在确实有困难的基础上，如果被赡养人有一定的经济收入或经济来源，完全能负担自身的生活所需，那么就不能要求孙子女、外孙子女来承担赡养义务。（3）承担赡养义务的人有一定的赡养能力。如果具有赡养义务人没有赡养能力，那么就不能要求其承担相应的义务。

二、赡养人的义务

根据老年人权益保障法的规定，完整的赡养义务包括经济供养、生活照料和精神慰藉等三个方面。

经济供养，不仅是应当确保老年人维持基本生存，而且应当使老年人提升生活质量。维持生存所必需的主要以解决老年人吃穿住医等生存需求为目标的经济供养，是所有老年人都不可或缺的，在赡养人的义务中处于基础和核心地位。随着社会经济的发展，社会养老保险制度的全覆盖，以及社会救助体系的建立和完善等，经济供养正在逐渐由以家庭为主向以社会为主转变。

生活照料，不仅包括老年人的日常生活照料，还包括患病及失能老年人医疗护理、康复等方面的特殊照料。随着老年人年龄的增长，生理机能逐渐退化，会经常伴有各种疾病，部分老年人甚至失去生活自理能力，赡养人应当为老年人提供需要的照顾和护理。生活照料关乎老年人生活的质量，对有些老年人而言，如果生活照料缺失，再好的经济供养也无法享用，甚至无法生存。

精神慰藉，是指满足老年人精神、情感、心理方面的需求，这种需求是人有别于动物而特有的一种需求，它可以独立存在，也可以渗透于经济供养和生活照料中。精神慰藉是社会经济发展以后更为重要的义务。随着社会经济发展水平的提高，国家和社会能够为老年人提供更多的物质保障，许多父母不需要依靠子女提供物质上的帮助，物质赡养会弱化。日常生活的料理扶助也可以依靠社会服务保障体系得到解决。唯有子女对父母的孝敬、关心、体贴、安慰是无法从其他途径获得的。父母进入老年后需要亲情的慰藉以克服孤独、失落和无助感，尤其对患病和丧偶等老年人，赡养人要给予更多的精神安慰，帮助其摆脱痛苦，安度晚年。

在老年人由于年老体衰出现行动、语言、听力、视力、智力、心理等方面的障碍时，会产生一些不同于常人的特殊需要，赡养人应当予以照顾和满足。

三、赡养人配偶的义务

我国婚姻法确定的夫妻法定财产制是婚后所得共同制，即在婚姻关系存续期间，除个人特有财产和夫妻另有约定外，夫妻双方或一方所得的财产，均归夫妻共同所有，夫妻双方享有平等的财产所有权的制度。按照这种制度，夫妻财产共有关系存在于婚姻关系存续期间，即始于婚姻成立之时，止于配偶一方死亡或离婚。夫妻关系终止，共同财产依法分割。夫妻财产共有的形式是共同共有而非按份共有，共有人对共有财产不区分份额大小平等地享有所有权，夫妻双方对共有财产的权利相同，而不考虑各方对共有财产积累的贡献大小。赡养人要想很好地履行对老年父母经济上供养、生活上照料、精神上慰藉的义务，没有配偶的同意、支持和协助，是很难做到的。因此，老年人权益保障法规定，赡养人的配偶应当协助赡养人履行赡养义务。

四、不得以放弃继承权等理由拒绝履行赡养义务

赡养义务是赡养人应当履行的一项法定义务。我国宪法和有关法律对赡养人应当履行赡养义务作了明确规定。根据相关规定，子女对父母有赡养的义务；有负担能力的孙子女、外孙子女，对于子女已经死亡或子女无力赡养的祖父母、外祖父母，有赡养的义务。继承权是继承人享有的一项权利，被继承人死亡后，继承人依照法律规定或者被继承人订立的遗嘱，继承财产。在通常情况下，赡养人也是法定的继承人，如子女对父母有赡养的义务，按照我国继承法的规定，子女为法定第一顺序的遗产继承人。继承权是一项权利，继承人享有处分权，可以行使，也可以放弃。但是，行使或者放弃继承权不影响赡养义务的履行，也就是说，即使赡养人放弃继承权，其同样应当依法履行赡养义务。但是，反过来，按照我国继承法的有关规定，成年子女有赡养能力和赡养条件，但未尽赡养义务，在分配父母遗产时，应当不分或者少分。实践中赡养人拒绝履行赡养义务的理由或者借口可能多种多样，既包括放弃继承权，也包括其应当赡养的老年人没有可继承的财产等。无论是何种理由，都不得成为拒绝履行赡养义务的借口。老年人权益保障法第十八

条第一款对此作了明确规定。修订后的老年人权益保障法维持了这一规定，未作修改。

此外，修订后的老年人权益保障法第十九条第二款规定："赡养人不履行赡养义务，老年人有要求赡养人付给赡养费等权利。"根据这一规定，如果子女不履行赡养义务，需要赡养的父母可以通过有关部门进行调解或者向人民法院提起诉讼。人民法院在处理赡养纠纷时，应当坚持保护老年人的合法权益的原则，通过调解或者判决使子女依法履行赡养义务。对负有赡养义务而拒绝赡养，情节恶劣构成遗弃罪的，应当承担刑事责任。应当说明的是，根据本法第十四条的规定，赡养人对老年人应当履行的赡养义务包括经济上供养、生活上照料和精神上慰藉。因此，赡养人不履行赡养义务的，老年人有权要求付给赡养费，也可以要求赡养人履行生活照料、精神慰藉等其他法定义务。

五、赡养协议

赡养协议是赡养人之间在平等协商、自愿合法的基础上，就赡养义务的履行订立的民事协议。其内容一般包括赡养义务的具体内容、赡养义务的履行及其监督机制等。修订后的老年人权益保障法第二十条规定："经老年人同意，赡养人之间可以就履行赡养义务签订协议。"赡养协议的内容不得违反法律的规定和老年人的意愿。

根据上述规定，一是签订赡养协议首先必须取得老年人同意。老年人同意是签订赡养协议的必经程序，未经老年人同意的赡养协议不具有法律效力。之所以作这样的规定，主要是考虑到赡养协议的签订及其内容与老年人的合法权益密切相关，有必要规定须事先征得老年人同意。二是赡养协议的内容不得违反法律的规定和老年人的意愿。目前，有关法律对赡养义务的履行等都有具体的规定，赡养协议的内容不得违反上述法律的强制性规定。另外，赡养协议的内容也要尊重老年人的意愿。

六、对履行赡养义务的监督

修订后的老年人权益保障法第二十条第二款和第二十四条对赡养义务履行的监督机制作了规定。根据规定，基层群众性自治组织、老年人组织或者赡养人所在单位应当督促不履行赡养义务的赡养人履行义务或者监督赡养人之间签订的赡养协议的履行。基层群众性自治组织包括城市居民委员会和农村村民委员会。基层群众性自治组织在被赡养人居住和生活的地方，规定由其监督赡养义务的履行情况，实践中比较好操作，能够更好地发挥监督的实效性。老年人组织主要包括老年人协会等组织，也是与老年人居住和生活关系较为密切的组织，能够履行监督职能。赡养人所在单位是赡养人工作的单位，对赡养人的行为也有一定的约束性，也能够发挥一定的监督职能。此外，本法第二十四条中还规定，扶养人不履行扶养义务的，基层群众性自治组织、老年人组织或者扶养人所在单位应当督促其履行，也是基于同样的考虑。

第三节　老年人医疗护理和照料

生命健康权是公民最基本、最重要的权利，是公民享受其他权利的基础。老年人和所有公民一样，拥有维护生命安全、保持身体健康的权利。由于老年人身体机能在逐渐衰退，患病概率随年龄的增长而增加，这就使得老年人对医疗护理和照料服务的需求大量而迫切。而老年人由于年老体弱、行动不便等原因，凭借个人的力量很难得到及时的治疗，更无力自我护理和照料。因此，老年人的子女以及其他依法负有赡养义务的人，有义务使患病的老年人及时得到治疗和护理，实现“老有所医”，并对失能老年人承担照料责任。

一、关于老年人的医疗护理

赡养人应对老年人的身体健康情况尽注意义务，应老年人要求，或者发现老年人有身体不适情况时，应及时带老年人就医，给予合理治疗，避免病情加重。实践中，如果老年人本人拒绝就医，赡养人应采用劝说的方法做老年人的工作，不宜采取粗暴的强制手段。但是如果老年人患有老年失智症，或者处于神智不清的状态，或者疾病症状较为严重，可能威胁老年人的健康和生命时，赡养人可以不经老年人同意，及时送其就医。

老年人患病无论是住院治疗还是居家治疗，赡养人都应当为老年人提供护理。护理的好坏，与治疗效果有着直接的关系。老年人所患疾病多为慢性病，科学合理的护理，不仅可以帮助老年人缓解或者消除疾病痛苦和精神负担，而且可以帮助老年病人早日康复。目前我国多数医院由院方提供的护理，一般只局限于与医疗有关的内容，如注射、输液和服药等，而与病人日常生活有关的护理，如喂饭、大小便、翻身等，只能依靠单位和家庭。当老年人住院治疗时，一般都是由赡养人提供护理。对于居家治疗的老年人，赡养人同样应该精心护理。如果赡养人不能亲自护理，也必须进行妥善安排，由其配偶或其他家庭成员帮助护理，或者委托、雇请他人代为护理，以保证老年病人的正常治疗和康复。

老年人患病住院治疗或者居家治疗，都必须支付各种医疗费用。虽然我国已经基本实现城乡居民基本医疗保险制度全覆盖，截至2011年底，城乡基本医疗保险覆盖12.6亿人，但保障力度仍有欠缺，报销范围和报销比例仍受到一定限制，特别是一些患有大病或者慢性病的老年人，个人负担的医疗费用仍很重。对于经济困难，无力负担医疗费用的老年人，赡养人应当提供医疗费用。赡养人的配偶和其他家庭成员，应当协助赡养人承担支付医疗费用的责任。

二、关于对老年人的照料

生活不能自理的老年人，顾名思义是指那些在日常生活中不能照顾自己，完全依赖他人或者在某些方面需要他人帮助的老年人。丧失生活自理能力的老人称为“失能老人”。按照国际通行标准，吃饭、穿衣、上下床、上厕所、室内走动、洗澡六项指标，一到两项做不了的定义为“轻度失能”，三到四项做不了的定义为“中度失能”，五到六项做不了的定义为“重度失能”。目前我国有失能、半失能老人约3300多万，占老年人口的19%，随着老年人口的增加，这个数字还会不断增长，失能、半失能老人对不同形式生活照料的需求日益增大。针对这一客观需要，本法在修订时增加规定了赡养人对生活不能自理老年人的照料责任。

赡养人是承担老年人长期照料和护理工作的责任主体，应当亲自照料生活不能自理的老年人。对于因年高行动不便、患病卧床、患老年失智症等原因生活不能自理的失能、半失能老人来说，从事买菜、做饭、洗衣、清扫等日常生活必需事务时已力不从心，有的甚至丧失了活动能力，翻身、进食、大小便等都不能自理，需要完全依赖他人。此时赡养人有义务照顾其生活起居。家庭照料是中国的优良传统，最具亲情和温暖，适合老年人享受天伦之乐。目前，无论在城市还是农村，家庭照料仍然是老年人获得长期照料的最常见方式，老年人的子女和负有赡养义务的其他亲属都应当及时了解老年人的身心状况和特殊需求，为生活不能自理的老年人提供所需的照料和服务。

随着经济社会的发展和家庭结构的变迁，我国传统的家庭养老照料模式受到诸多挑战。传统的大家庭在逐渐解体，子女因工作等原因，与老人不在同一个地方生活的很多，即使在同一个地方生活，老人与子女分开居住的也越来越多。家庭小型化导致赡养人对老人的日常照料能力不足，单纯依靠家庭照料存在很大困难。因此，对失能、半失能老年人的照料，应以家庭照料为主，同时结合社区照料和机构照料，缓解家庭的压力。本法规定，赡养人因各种原因不能亲自照料生活不能自理的老年人的，可以委托他人或者养老机构等照料。赡养人可根据自身条件和老年人的情况，选择照料方式和提供服务主体。比如，对于生活完全不能自理的老年人，可以雇请保姆或者其他亲属居家照料，也可以送至社会化养老服务机构接受专业照料；对于生活部分自理的老年人，可以雇请小时工等服务人员上门为老年人开展照料服务，也可以利用社区老年人日间服务中心等专业服务机构，为老年人提供日常配送餐、衣物清洗、房间卫生清洁等日常生活护理。需要指出的是，赡养人委托他人或者养老机构承担照料责任，必须注意以下两点：一是必须注意尊重老年人的意愿。在选择何种照料方式，委托何人承担照料责任方面，老年人具有决定权。每个老年人的身体状况不同，经济条件也不尽相同，因而服务需求和对服务质量的要求都有所不同，赡养人应当尊重老年人的意愿，在作决定之前与老年人充分沟通协商，以满足老年人的不同需求。二是赡养人对老年人经济供养、生活照料和精神慰藉的义务不因他人或者社会为老年人提供的生活照料与服务而免除。与老年人不在一起居住的赡养人，应当定期看望老年人，为老年人提供更多的精神关怀。

第四节　老年人住房以及承包田地、林木等权益的保障

一、老年人的住房权益

居住环境的好坏，直接影响到老年人的生活质量。当今，房屋是公民最重要的财产之一，许多老年人由于在职时工资收入偏低，工作一辈子，并没有多少存款，只剩下一套房子。住房成为老年人晚年生活的重要物质保障。因此，需要对老年人的住房权益进行特殊的保护。

第一，赡养人应当妥善安排老年人的住房，不得强迫老年人居住或者迁居条件低劣的房屋。安居是老年人安度晚年的最基本需求之一，也是老年人最基本的合法权益之一。赡养人应照顾老年人的特殊需要，为其安排适宜居住的房屋，并保证老年人的基本居住水平不低于赡养人家庭成员的平均水平。所谓适宜居住的房屋，是指该房屋应满足最基本的居住要求，具备基本卫生和安全条件。该房屋不能是危房，应符合居民住宅对采光、通风等的要求，具备防雨、防风、防雷击、御寒等功能，在冬季高寒地区应有人工采暖设施。老年人有权要求赡养人对不符合基本居住条件的住房进行改造、重建，或者将老年人迁居到条件较好的住房中。赡养人不得强迫老年人居住在

不具备基本居住条件的房屋，如在农村将老人安排在仓库或者猪圈鸡舍中，在城市将老人安排在厨房、储物间或阴暗潮湿的地下室中等。赡养人也不得强迫老年人从居住条件较好的房屋中迁居到居住条件低劣的房屋。对于有配偶的老年人，应尊重老年夫妇共同生活的意愿，不得强行将其分开居住。

第二，老年人自有的或者承租的住房，子女或者其他亲属不得侵占，不得擅自改变产权关系或者租赁关系。老人对自己所有的房屋，依法享有占有、使用、收益、处分的权利，可以自己居住使用，也可以依法赠与、出售给他人，老年人的子女或者其他亲属不得擅自出卖、出租或者拆除老年人所有的房屋。老年人对以自己名义承租的公房或者其他房屋，享有租赁权。子女未经老年人同意，不得擅自变更承租人，不得擅自交换或者退租，亦不得强行侵占。子女或者其他人有意出资翻修老年人居住的房屋的，要征得老年人同意，并事先签订有关协议，明确老年人享有的产权份额和使用权限。老年人与子女或者其他亲属共同出资购买、建造的住房，老年人按照出资比例或者约定，享有相应的房屋所有权和居住权。老年人与子女或者其他亲属共有的住房调换、拆迁、改建后，老年人依法享有相应的房屋所有权和居住权。子女利用老年人的宅基地建房的，应当征得老年人同意，并保证老年人在所建房屋居住的权利。子女或者其他亲属出资购买老年人原来承租或者居住的住房，应当签订书面协议，保证老年人继续居住的权利。子女所在单位分配住房或者动迁、改建住房含老年人份额的，老年人享有与子女同等的权利。子女或者其他亲属经老年人同意，借用老年人的房屋时，到约定期限应当及时归还，不得无故拖延。居住在老年人自有住房中的子女或者其他亲属获得单位分配住房或者自购住房时，如老年人不同意其继续居住，应当及时迁出。由于近年来发生的子女或者其他亲属侵犯老年人住房权益的事件比较多，为切实保障老年人的合法权益，上海、安徽、云南等省市的相关地方性法规均规定，房屋土地管理部门或者公安部门的承办人员在办理老年人自有的或者承租的住房转移、过户、交换和户口迁入等手续时，应当当面征得老年人同意，并查验老年人签名的书面材料。

第三，老年人自有的住房，赡养人有维修的义务。老年人拥有房屋权属的住房，多数已经年久失修，有的墙皮脱落，有的屋顶漏雨，有的门窗不严，有的甚至成了危房，需要维修和改建。很多老年人晚年并没有多少积蓄，难以支付修建房屋的费用。赡养人有义务筹集资金和组织力量，为老年人自有的住房进行维修和养护，以保障老年人的安全。如果老年人因居住危房而发生不测，人身或者财产遭受损害，应依法追究赡养人的责任。

二、对老年人田地、林木和牲畜的耕种和照管

我国是农业大国，全国1.78亿老年人口中，半数以上居住在农村，农村养老已经成为一个重大的社会问题。虽然我国已经实现了新型农村养老保险的全覆盖，并建立起农村最低生活保障、“五保”供养等制度，但保障水平仍然较低，中央确定的基础养老金标准为每人每月55元。在我国广大农村，因实行土地承包责任制，农村老年人一般都有自己承包的一份田地，有些老年人还有属于自己的林木和牲畜等生产、生活资料。这些土地、林木和牲畜等，为农村老年人提供口粮和收益，为其养老提供了必要的物质保障。因此，农村老年人的晚年生活离不开土地和林木、牲畜等，这些是他们晚年衣食无忧的保证。但由于年老体弱，多数老年人自己已无力对田地、草场、林木和牲畜进行耕种和照管。针对这一现实情况，为保护农村老年人的合法权益，老年人权益保障法特别规定，赡养人有义务耕种或者委托他人耕种老年人承包的田地，照管或者委托他人照管老年人的林木和牲畜等，收益归老年人所有。

首先，老年人依法有权要求赡养人代为耕种自己承包的田地和代为照管自己的林木、牲畜、草场等。实践中，有些赡养人不履行法律赋予的这一义务，对老年人的承包地及林木、牲畜等，既不耕种也不照管；有的赡养人不仅不帮助老年人耕种，还要求老年人照看自己的田地，大大加重了老人的劳动负担，这些做法均违背了老年人权益保障法的规定，村民委员会应对赡养

人进行批评教育，督促其改正。

其次，在农村家庭结构小型化、农村劳动力向城市转移明显加快的背景下，很多赡养人无法做到亲自耕种老年人的承包地，亲自照管老年人的林木、牲畜等。在这种情况下，赡养人可以委托他人耕种或者照管。如委托村里的其他亲戚朋友代为耕种或者照管，农忙时雇请其他人耕种，将承包地转租给他人耕种，等等。

再次，无论是赡养人亲自耕种或者照管，还是委托他人代为耕种或者照管，所得收益均归老年人所有。实践中有的赡养人将老年人的田地、林木和牲畜等的收益据为己有；有的赡养人代耕代管后，只为老年人提供口粮；有的赡养人将老年人的承包地转租给他人后私分租金收入；极少数赡养人甚至破坏老年人的承包地，毁损、盗卖老年人的林木、牲畜，这些行为都是违法的。

三、不得要求老年人承担力不能及的劳动

老年人在身体素质、体力等方面与年轻人比较有一定的差距。老年人从事和承担的劳动，应当符合老年人的身心特点，劳动强度一般不宜过大，并要有相应的劳动保护措施。为此，修订后的老年人权益保障法第十九条第三款规定："赡养人不得要求老年人承担力不能及的劳动。"

第五节　关心老年人的精神需求

一、老年人精神需求的内涵

学术界对老年人精神需求的内涵有着不同角度的理解和思考。有学者从需求满足的角度提出精神赡养的概念，认为精神赡养是指对老年人的情感支持和心理慰藉，老年人的精神需求包括自尊的需求、期待的需求和亲情的需求。有学者从需求形成的角度指出，老年人的精神需求是源于衰老和社会环境条件的变化而产生的主观心态失衡，是为维持和恢复主观心态平衡，实现充实、满足和尊严而引发的一种渴求状态。有学者根据系统理论"个人都生

活在系统之中”和社会工作“人在环境中”的理论，认为老年人的精神需求是指老年人源于自身衰老和身心变化而与其所生活的系统之间形成的精神互动状态。

老年人的精神需求是一个由多种因素组成的系统，尽管存在一定的个体差异，但一般来说主要包括以下五个方面：情感需求、社会交往需求、文化娱乐需求、教育需求和自我实现需求。

老年人从生理上已经进入衰退期，体弱多病、每况愈下是他们身体健康状况的主要特征，衰老使很多老年人变得忧心忡忡。随着年龄的增长，老年人的心理素质也会逐渐弱化，表现出进取心差、风险承受能力弱、害怕孤寂、情感脆弱、内心空虚、容易灰心、常感失落、自卑和抑郁等心理症状。离开了熟悉的工作环境，社会角色和地位作用发生了急剧变化，社会活动减少，这些都会对老年人的心理产生重大影响，造成老年人心理失衡、情绪低落、抑郁和消沉，出现焦虑、孤独和被社会抛弃感，严重的甚至会诱发身心疾病。

老年人既有物质方面的需求，也有精神方面的需求。随着经济的发展和社会保障制度的完善，经济上具备自我养老能力的老年人将逐渐增多，老年人精神方面的需求将显得更为强烈和重要。此外，对老年人的精神需要予以充分的关注、引导和合理满足，提高其精神生活质量，促进其整体生活质量的提高和幸福感的增强，能够弥补物质资源的相对不足，在一定程度上替代物质资源的保障功能，并增大现有物质资源的保障效用。西方学者从20世纪70年代起就开始关注情感和心理支持对老年人健康和生活质量的影响。在20世纪80年代初，西方一些较早进入老龄化社会的福利国家，如丹麦、瑞典等，就基于自己的教训告诫世人，要反对养老中的唯设施主义，在为老年人提供基本生活保障的同时，更要重视对其精神需求的满足。

物质需要的满足代替不了精神的充实和愉悦，相较物质需求，精神需求的满足更需要获得外部力量的参与和支持。很多研究表明，老年人从子女那里最想得到的不是金钱、物质，而是亲情，家庭的亲情和精神慰藉是老年人的强烈期盼和精神支柱。在满足老年人精神需求方面，子女的精神抚慰是最有效的，也是老年人最渴求的。

二、关心老年人的精神需求

家庭成员的看望和问候是对老年人给予精神慰藉的重要形式，本法规定“与老年人分开居住的家庭成员，应当经常看望或者问候老年人”，对赡养人的精神慰藉义务进行了充实和细化，具有很强的现实针对性。这里的“家庭成员”，主要指老年人的子女和孙子女、外孙子女。问候，可以是一个电话、一封信件、一张贺卡等等。

对于“常回家看看”是否应当写入老年人权益保障法，社会上有较大的争议。反对者认为，将不具有可操作性的道德要求规定为法律义务，会损害法律的权威性；法律不是万能的，即使“常回家看看”能够强制执行，效果也不会太好。支持者认为，随着我国家庭规模小型化和人口流动频繁化，以及现代社会普遍存在的生活节奏加快、社会竞争加剧、生存压力加大、个人意识加强，老年人的精神需求得不到关心的现象日益凸显，需要在法律上予以回应；老年人权益保障法具有鲜明的社会法属性，在其中加入“常回家看看”之类的伦理道德要求无损法律的权威性，更多体现了法律的倡导、指引和教育功能，对于弘扬中华民族敬老孝老传统美德具有重要作用。我们采纳了后一种观点，规定“与老年人分开居住的家庭成员，应当经常看望或者问候老年人”，以此表明国家的态度和立场，提倡和鼓励家庭成员经常看望或者问候老年人，并将出台政策措施为此创造条件，提供支持和保障。

三、职工的探亲休假权

关于探亲假，根据1981年3月6日第五届全国人民代表大会常务委员会第十七次会议批准、1981年3月14日国务院公布施行的《国务院关于职工探亲待遇的规定》，在国家机关、人民团体和全民所有制企业、事业单位工作满一年的固定职工，与配偶不住在一起，又不能在公休假日团聚的，可以享受探望配偶的待遇；与父亲、母亲都不住在一起，又不能在公休假日团聚的，可以享受探望父母的待遇，具体如下：（1）职工探望配偶的，每年给予一方探亲假一次，假期为三十天。（2）未婚职工探望父母，原则上每年给假一次，假期为二十天。如果因为工作需要，本单位当年不能给予假期，或者职工自愿两年探亲一次的，可以两年给假一次，假期为四十五天。（3）已婚职工探望父母的，每四年给假一次，假期为二十天。上述假期包括公休假日和法定节日在内。

随着时代的发展，近年来社会上纷纷有人提出，制定于30多年前的探亲休假规定已经严重滞后，亟需调整和完善。首先，制定于20世纪80年代初期的探亲休假规定是基于一定的时代背景作出的，当时交通不便利，没有双休日、年休假，节假日也不多，考虑到有些职工的父母或配偶住在偏远的地方无法经常团聚，因此通过探亲休假制度来解决这一问题。时至今日，我国职工的休息休假时间已大幅增加，再加上交通便利，职工完全有时间和条件回家探亲。此外，目前仍沿用的1981年出台的《国务院关于职工探亲待遇的规定》将享受探亲休假待遇的人群限定为“国家机关、人民团体和全民所有制企业、事业单位工作满一年的固定职工”，将民营、外资等非公有制单位职工排除在外，这一规定也早已不合时宜。我们认为，在新的历史条件下，探亲休假制度确需与带薪年休假、国家法定休假日以及休息日等休息休假制度进行统筹协调，适用对象的范围也需要进行调整，从而在制度层面完善和保障职工探亲休假的权利，为家庭成员回家看望老年父母提供条件，更好地适应我国经济社会发展阶段和老龄化社会的现实需要。

第六节　老年人的婚姻自由

婚姻自由是指老年人对自己的婚姻享有自主自愿的权利，包括结婚（包括再婚）和离婚自由。婚姻自由又称婚姻自主，是指婚姻当事人享有自主地决定自己的婚姻的权利。婚姻当事人按照法律的规定，有权基于本人的意志，自主自愿地决定自己婚姻问题，不受他人的干涉和强制。婚姻自由包括结婚自由和离婚自由。结婚自由，就是结婚须男女双方本人完全自愿，不许任何一方对他方加以强迫，或者第三人加以干涉。保障婚姻自由，是为使男女双方能够依照婚姻法的规定，基于自己的意愿结成共同生活的伴侣，建立幸福美满的家庭。所谓离婚自由，是指婚姻当事人有权自主地处理离婚问题。双方自愿离婚的，可以协商离婚；一方要求离婚的，可以诉至法院解决。保障离婚自由，是为使无法维持的婚姻关系得以解除，当事人免除婚姻名存实亡的痛苦。结婚自由和离婚自由是统一的，二者相互结合缺一不可。

婚姻法明确规定结婚自由，任何人不得干涉他人的婚姻自由。婚姻自由不仅是法律赋予青年人的权利，也是赋予老年人的权利。在法律上，任何人的婚姻自由权利都是平等的。丧偶老人再婚，只要是出于双方自愿，并且符合法律的规定，都应当受到法律的保护。修订后的老年人权益保障法第二十一条第一款对此也作了明确规定："老年人的婚姻自由受法律保护。子女或者其他亲属不得干涉老年人离婚、再婚及婚后的生活。"

婚姻自由包括老年人的再婚自由，这一内涵本来是不言而喻的。然而现实生活中反映出的突出问题是，丧偶或者离异的老人不在少数，而老年人再婚是障碍多、麻烦大、难上难。现实生活中阻碍老年人再婚有以下三大障碍：第一是世俗偏见的禁锢。一些人认为，老年人再婚是"老不正经"、"有伤风化"。这种偏见使老年人备受压抑，动摇了老年人再婚的想法。第二是老年人自身固有观念的束缚。有的老年人觉得自己再婚会低人一等，让人瞧不起。还有的老人受"终身守节"、"一女不二嫁"等封建残余思想的影响，放弃了再婚的念头。第三是子女干涉。一些年轻人认为，父母再婚"有辱门风"，自己脸上无光；父母积攒的财产也会流落到外人手里。因此为了自己的名声和财产利益，百般阻挠，想尽办法干涉父母的再婚自由，甚至用侮辱、威胁或者施以暴力来达到阻止父母再婚的目的。由此可见，从法律上有针对性地强调保护老年人的婚姻自由，特别是再婚自由，就显得尤为重要。在老年人再婚的问题上，除了消除世俗偏见，打消老年人自身不正确的固有观念这些无形的枷锁外，更重要的是防止子女对父母婚姻自由的阻挠和干涉，还老年人再婚自由的空间。对于老年人来说，仅仅“老有所养”是不够的，还应该“老有所伴”、“老有所慰”。老年人的再婚，是生活上的需求，更是心理上的需求，子女对老人的关心照顾及情感、行为不能代替老夫老妻之间那种情感交流和行为。婚姻专家认为，老年人再婚一方面可以减轻双方子女的负担，两个人互相扶持，互相照顾，子女不用过于分心、惦记。另一方面，老年人再婚，老有依靠，在经济上互相扶持，在生活上互相照料，说话有人呼应、理解，在精神上互相慰藉，有利于老年人的身心健康。让再婚老人相互关怀照顾，共度幸福晚年，对国家、社会和家庭都有利。老年人再婚，应得到社会的认可和关注，得到子女的理解和支持。给老年人一个金色的晚年，这也是社会文明进步的需要和体现。

近年来，老年人再婚的现象逐渐增加。大多数年轻人对父母再婚表示赞成，甚至为父母的再婚积极做红娘、牵线搭桥，这是社会文明的表现。但是，也有一部分年轻人对父母的再婚表示反对，千方百计予以阻挠；还有的子女顾虑父母百年后的财产继承问题产生纠纷而反对父母再婚，这些都是违法的行为。实践中有关部门应当对干涉老人婚姻自由和婚后生活的行为进行严肃的批评教育，帮助他们正确对待老人婚姻的问题。同时，应鼓励和支持老年人大胆地追求幸福，运用法律武器来维护自己的正当权利。

另外，老年人的离婚自由也是不可忽视的问题。在老年人与配偶双方感情确已破裂，婚姻关系无法维持的情况下，当事人有权提出解除婚姻关系，子女或其他亲属不能因为父母年老而忽视他们的感情需要，反对父母离婚。

此外，老年人权益保障法第二十一条第二款规定：“赡养人的赡养义务不因老年人的婚姻关系变化而消除。”也就是说，子女对父母的赡养义务是无期限的，只要父母需要赡养，子女就应当履行这一义务。父母婚姻关系的变化不导致子女赡养义务的解除，子女不能因父母再婚而对父母不闻不问，相互推诿，不尽赡养义务。老年人再婚或者离婚的，其赡养人仍然负有赡养义务，并应当依法履行对老年人的赡养义务。

第七节　对老年人财产权益的保护

一、对老年人个人财产权益的保护

修订后的老年人权益保障法第二十二条第一款规定：“老年人对个人的财产，依法享有占有、使用、收益和处分的权利，子女或者其他亲属不得干涉，不得以窃取、骗取、强行索取等方式侵犯老年人的财产权益。”该规定是对老年人个人财产权益保护的规定。

老年人的个人财产包括不动产和动产。其中，不动产是指土地以及附着在土地上的房屋、林木等土地定着物；动产是指汽车、电视、冰箱、古玩、字画等不动产以外的物。老年人对个人的财产依法享有所有权。关于所有权，《中华人民共和国民法通则》第七十一条规定，财产所有权是指所有人依法对自己的财产享有占有、使用、收益和处分的权利；《中华人民共和国物权法》第三十九条也规定，所有权人对自己的不动产或者动产，依法享有占有、使用、收益和处分的权利。依据这些规定，老年人对个人的财产依法享有的权利包括如下四个方面：（1）占有权。占有是对财产的实际管领或控制。通常情况下，占有是拥有财产的一般前提，是财产所有者直接行使所有权的表现。（2）使用权。使用是为发挥财产的价值而对财产进行的运用。如使用机器生产产品，在房屋中居住等。财产所有权人可以自己使用财产，也可以通过出借、出租等方式让他人对自己所有的财产进行使用。（3）收益权。收益是通过对财产的占有、使用等方式取得的经济效益。使用财产并获取收益是拥有财产的目的之一。收益也包括孳息，既包括家畜生出的幼仔、果树结出的果实等天然孳息，也包括存款所得的利息、出租所得的租金等法定孳息。（4）处分权。处分是指财产所有人对其财产在事实上和法律上的处置。处分权一般由所有权人行使，但是在某些特定情况下，非所有人也可以对财产有处分权，比如获得财产所有权人授权的其他人也可以对财产进行处分。

老年人对其个人所有的财产依法行使上述权利时，其子女或者其他亲属不得干涉。干涉主要是指对老年人行使财产权利进行阻扰、设置障碍等行为，这些行为都是法律明令禁止的。当然，除子女和其他亲属外的人也都不得干涉老年人行使个人财产权利。

老年人的个人财产权利受法律保护，本法明确禁止老年人的子女和其他亲属通过窃取、骗取、强行索取等方式侵犯老年人财产权益的行为，如果这些行为触犯了《中华人民共和国治安管理处罚法》的有关规定，行为人要受到相应的治安处罚；如果窃取、骗取、强行索取老年人个人所有的财产数额较大或者有其他严重情节，违反《中华人民共和国刑法》有关规定的，构成盗窃罪、诈骗罪、抢夺罪或抢劫罪的，要承担相应的刑事责任。

二、老年人的继承权和接受赠与的权利

修订后的老年人权益保障法第二十二条第二款规定："老年人有依法继承父母、配偶、子女或者其他亲属遗产的权利，有接受赠与的权利。子女或者其他亲属不得侵占、抢夺、转移、隐匿或者损毁应当由老年人继承或者接受赠与的财产。"老年人群体是公民的重要组成部分，其依法享有一般民事主体应当享有的权利，其中包括继承权和接受赠与的权利，这些权利受法律保护，子女或者其他亲属不得侵犯。

（一）关于老年人的继承权

《中华人民共和国继承法》第五条规定，继承开始后，按照法定继承办理；有遗嘱的，按照遗嘱继承或者遗赠办理。根据该规定，继承包括法定继承和遗嘱继承：（1）法定继承。法定继承是指在被继承人没有对其遗产的处理立有遗嘱的情况下，由法律直接规定继承人的范围、继承顺序、遗产分配原则的一种继承形式。老年人在法定继承中，需要根据其与被继承人的关

系，遵循一定的继承顺序。（2）遗嘱继承。遗嘱继承是指按照立遗嘱人生前所留下的符合法律规定的合法遗嘱的内容要求，确定继承人及各继承人应继承遗产的份额。老年人可以作为他人遗嘱中确定的继承人。

通常情况下，遗嘱继承优先于法定继承，但如果出现以下情形，遗产中的有关部分按照法定继承办理：（1）被继承人生前未与他人订立遗赠扶养协议，或虽订立遗赠扶养协议，但只处分了部分遗产，或协议已失去法律效力的。（2）被继承人生前未立遗嘱、遗赠，或虽立遗嘱、遗赠，但只处分了部分遗产，或所立遗嘱、遗赠无效或部分无效的。（3）遗嘱继承人或受遗赠人先于被继承人死亡的。（4）遗嘱继承人放弃遗嘱继承或受遗赠人放弃受领遗赠的。（5）遗嘱继承人丧失继承权或受遗赠人丧失遗赠受领权的。

（二）关于老年人接受赠与的权利

赠与是赠与人将自己的财产无偿给予受赠人的一种行为。这种行为的实质是财产所有权的转移。赠与行为一般要求与受赠人签订赠与合同，特殊情况也可以通过口头合同和其他形式来完成。根据《中华人民共和国合同法》的规定，赠与既要求赠与人有赠与的意思表示，也需要受赠人有接受赠与的意思表示。赠与可以附加义务，赠与附义务的，受赠人应当按照约定履行义务。受赠人有下列情形之一的，赠与人可以撤销赠与：（1）严重侵害赠与人或者赠与人的近亲属；（2）对赠与人有扶养义务而不履行；（3）不履行赠与合同约定的义务。赠与人撤销赠与的，可以向受赠人要求返还赠与的财产。此外，赠与人的经济状况显著恶化，严重影响其生产经营或者家庭生活的，可以不再履行赠与义务。

（三）侵犯老年人继承权和接受赠与的权利的具体情形

由于年龄较大、生理机能衰退等因素，老年人在自我保护能力方面存在欠缺；同时，在继承和接受赠与的过程中，由于有关的财产权益尚不确定，法律关系比较复杂，老年人很容易受到来自子女和其他亲属的侵害。本法对常见的几种侵犯老年人继承权和接受赠与权利的行为进行列举，并作出禁止性规定，旨在强调对老年人继承权和接受赠与权的保护。这些侵权行为主要包括以下几种形式：（1）侵占。侵占，是指以非法占有为目的，将他人交给自己保管的财物、遗忘物或者埋藏物非法占为己有的行为。侵占老年人继承和接受赠与的财物数额较大且拒不退还的，可能构成侵占罪，依据《中华人民共和国刑法》第二百七十条进行处罚。（2）抢夺。抢夺是指以非法占有为目的，乘人不备，出其不意，公然对他人财物行使有形力，使之不及抗拒，而取得他人财物的行为。抢夺老年人继承和接受赠与的财产，依据数额大小和情节严重程度，可能构成相应的治安违法行为或抢夺罪，有关部门可依据《中华人民共和国治安管理处罚法》第四十九条和《中华人民共和国刑法》第二百六十七条的规定对其进行处罚。（3）转移、隐匿。是指将本该由老年人继承或接受赠与的财产进行转移和隐匿，使老年人对财产失去占有权，无法行使相应的民事权利。转移、隐匿应当由老年人继承或接受赠与的财产，触犯有关法律规定的，要承担相应的法律责任。（4）损毁。损毁是指通过一定的方式，对应由老年人继承或接受赠与的财产进行破坏性处理，包括拆解、销毁等情形。故意毁坏公私财物，数额较大的，可能触犯《中华人民共和国治安管理处罚法》第四十九条、《中华人民共和国刑法》第二百七十五条的规定，构成治安违法行为或犯罪。

应当指出的是，本法强调子女和其他亲属不得侵犯老年人继承和接受赠与的财产，主要是为了突出强调子女和其他亲属的责任。现实中，除子女和其他亲属外，与老年人没有亲属关系的人员也可能针对老年人的财产权益实施违法行为，这些违法行为也是法律所不允许的，实施违法行为的人员也要受到相应的法律处分。

三、老年人通过遗嘱处分财产应注意的事项

修订后的老年人权益保障法第二十二条第三款规定：“老年人以遗嘱处分财产，应当依法为老年配偶保留必要的份额。”本规定是对老年人的老年配偶权益保护的规定。老年配偶本身也是老年人，其合法权益受本法保护。

《中华人民共和国继承法》第十九条规定，遗嘱应当对缺乏劳动能力又没有生活来源的继承人保留必要的遗产份额，据此规定，对尚无劳动能力的未成年人和因年迈、疾病、伤残而丧失劳动能力的其他法定继承人，在其缺乏劳动能力又无生活来源的情况下，遗嘱人设立遗嘱时应当保留他们的必要的继承份额。这种必要的继承份额称为“必留份”。遗嘱如果违反必留份的规定，没有保留缺乏劳动能力又没有生活来源的继承人必要的遗产份额，那么这部分遗嘱内容是无效的。根据最高法院的有关规定，继承人是否缺乏劳动能力又没有生活来源，应按遗嘱生效时该继承人的具体情况确定，遗嘱人未保留缺乏劳动能力又没有生活来源的继承人的遗产份额，遗产处理时，应当为该继承人留下必要的遗产，所剩余的部分，才可参照遗嘱确定的分配原则处理。

本法对老年人通过遗嘱处分财产的行为进行了限定，但与继承法的规定有所区别，主要就是不强调老年配偶必须具备“缺乏劳动能力又没有生活来源”，之所以这样规定，主要是考虑到老年配偶作为老年人的法定继承人之一，其在年龄方面具有特殊性，通常在劳动能力和生活来源方面都存在困难，规定老年人在以遗嘱方式处分财产时，应当为他们的老年配偶保留必要的份额，有利于对这部分老年人权益的保护。

第八节　对老年人的扶养

一、老年人与配偶间的相互扶养义务

修订后的老年人权益保障法第二十三条第一款规定：“老年人与配偶有相互扶养的义务。”这一规定是对婚姻法夫妻间互相扶养义务的有机衔接。《中华人民共和国婚姻法》第二十条规定，夫妻有互相扶养的义务。一方不履行扶养义务时，需要扶养的一方，有要求对方付给扶养费的权利。除扶养费外，扶养还有多种形式，如向另一方提供居住场所、共同承担日常生活费

用等。夫妻间互相扶养既是权利又是义务，体现了权利义务的对等。根据本条规定，无论是老年人还是其配偶，有扶养能力的一方，对于有残疾、患有重病、经济困难的配偶，必须主动承担扶助供养责任。应当付给扶养费的一方拒绝付给的，需要扶养的另一方可以通过诉讼获得扶养费。如果一方患病或者没有独立生活能力，有扶养义务的配偶拒绝扶养，情节恶劣的，可能构成遗弃罪，要承担相应的刑事责任。

需要指出的是，夫妻间对于财产的约定不影响相互扶养义务的履行。根据《中华人民共和国婚姻法》第十九条的规定，夫妻可以约定婚姻关系存续期间所得的财产的归属，如将其中的某项财产或收入，确定归一方所有或双方分别所有。但是，约定财产不免除夫妻间法定的扶养义务。比如，夫妻约定收入分别所有、生活费用分别负担，但是当一方患有重病时，另一方仍有义务尽力照顾，并提供有关治疗费用。

二、成年弟、妹对年老无赡养人的兄、姐的扶养义务

修订后的老年人权益保障法第二十三条第二款规定："由兄、姐扶养的弟、妹成年后，有负担能力的，对年老无赡养人的兄、姐有扶养的义务。"本规定与《中华人民共和国婚姻法》第二十九条的规定精神一脉相承，根据该条规定，有负担能力的兄、姐，对于父母已经死亡或父母无力抚养的未成年的弟、妹，有扶养的义务。由兄、姐扶养长大的有负担能力的弟、妹，对于缺乏劳动能力又缺乏生活来源的兄、姐，有扶养的义务。

家庭是社会的基本单元，维护家庭功能的完整和延续，是国家、社会和家庭成员的共同责任，其中家庭成员之间的互助是实现这种目标的重要保障。实际生活中，兄、姐扶养、教育弟、妹的情况比较常见，许多兄、姐在扶养弟、妹过程中，节衣缩食、全力以赴，有的甚至牺牲了个人婚姻和就学的机会。按照权利、义务对等的原则，成年弟、妹理应回报已经履行了扶养义务的兄、姐。但现实中有的弟、妹在长大后，生活优越，对其兄、姐却没有回报的意识，对生活困难的兄、姐也没有承担相应的帮助义务。为避免这

种现象，婚姻法和老年人权益保障法作出了上述规定，这些规定肯定了尊老爱幼的社会主义家庭关系，符合我国近亲属间关系密切、相互扶助的传统道德，体现了权利义务相一致的法律精神，使得未成年人能够健康成长，也使得老年人生活有所保障。

根据修订后老年人权益保障法的规定，要求兄、姐扶养成人的弟、妹对其兄、姐承担义务需要具备一定条件：（1）弟、妹由兄、姐扶养成年。也就是说，因父母死亡或者其他原因，年长的兄、姐对弟、妹履行了扶养义务。（2）兄、姐年老且无赡养人。通常情况下，没有赡养人的老年兄、姐缺乏劳动能力又缺乏生活来源。如果老年兄、姐虽缺乏劳动能力但并不缺少经济来源，比如受到他人经济上的捐助或自己有可供生活的积蓄等，弟、妹可不承担扶养义务或者只承担部分扶养义务。（3）成年弟、妹有负担能力。首先是年龄条件，即由兄、姐扶养的弟、妹已经成年，通常是指年满十八周岁，具备承担扶养义务的相应的生理、心理等自然条件。其次是弟、妹有负担能力，主要是指经济、时间和精力上的负担能力，如果成年弟、妹本身因残疾等原因无劳动能力，或者因失业等原因无收入来源，本身也属于需要接受优抚、救助的对象，那就不宜要求他们对老年兄、姐承担扶养义务。

第九节 关于禁止对老年人实施家庭暴力

我国有关反家庭暴力的规定最早出现在地方性法规。2000年湖南省通过了《关于预防和制止家庭暴力行为的决定》，第一次将“家庭暴力”写入了地方性法规。2001年修订的婚姻法在法律层面明确禁止对妇女实施家庭暴力，同时规定了对家庭暴力的救助措施和对施暴者的行为处罚。2005年修订的妇女权益保障法增加了“禁止对妇女实施家庭暴力”的内容，并明确了多机构合作预防和制止家庭暴力的干预模式。2006年修订的未成年人保护法也对“禁止对未成年人实施家庭暴力”作出了规定。因此，从我国的立法看，禁止实施家庭暴力已成为对涉及婚姻家庭、特殊群体权益保护方面法律的重要内容。

目前司法实践中认定家庭暴力的标准是：行为人以殴打、捆绑、残害、强行限制人身自由或者其他手段，给其家庭成员的身体、精神等方面造成一定伤害后果的行为。我国家庭暴力的受害对象主要是妇女，包括老年妇女。近些年来，对男性老年人实施家庭暴力的情况也不断出现。因此，老年人已成为家庭暴力受害人中不容忽视的一个群体。家庭暴力是对公民人身权益的严重侵犯，对家庭暴力零容忍，已成为国际社会普遍认同的观念。本次修订老年人权益保障法时，根据各方面的意见和实践的需求，在本法第二十五条增加了禁止对老年人实施家庭暴力的规定，进一步完善了对老年人权益的保护。

对老年人实施家庭暴力的，受害人有权要求有关方面介入，居民委员会、村民委员会以及受害人所在单位应当予以劝阻、调解。2008年全国妇联、中央宣传部、最高人民检察院、公安部、民政部、司法部等部门印发了《关于预防和制止家庭暴力的若干意见》的通知，规定公安机关应当设立家庭暴力案件投诉点，将家庭暴力报警纳入“110”出警工作范围，并按照有关规定对家庭暴力求助投诉及时进行处理。目前各地公安机关已按照通知的精神对于家庭暴力求助做到了及时出警，对情节轻微的家庭暴力案件，对施暴者予以批评、训诫、告知其应承担的法律责任及相应的后果，防范和制止事态扩大；对违反治安管理规定的，依照治安管理处罚法予以处罚；对构成犯罪的依法立案侦查，做好调查取证工作，追究其刑事责任。

对于家庭暴力的施暴者，除了事后的惩治外，重点在于事前的预防。公安、民政、卫生、司法行政等部门以及城乡基层群众性自治组织、社会团体，应当在各自的职责范围内预防和制止家庭暴力，同时建立起预防家庭暴力的工作机制，不仅可以为受害者在生活、医疗、司法等方面提供系统化的救助，而且在惩治施暴者的同时，也要对施暴者进行心理等方面的必要的行为干预和帮助，防止其再出现家庭暴力行为，只有通过以上两方面的工作，才能从根本上消除家庭暴力，保证家庭和睦，社会安宁。本法第三条规定“禁止歧视、侮辱、虐待或者遗弃老年人”，第二十五条规定“禁止对老年人实施家庭暴力”。在实践中，家庭暴力和虐待虽然都发生在家庭成员内部，两者还是有一定的区别。家庭暴力概念的范围较宽，虐待属于家庭暴力中一种较严重的行为，正如最高人民法院关于婚姻法的司法解释的规定：“持续性、经常性的家庭暴力，构成虐待。”

第十节　关于老年人的监护

监护是指依照法律规定，对未成年人、无民事行为能力或限制民事行为能力的精神病人的人身、财产及其他合法权益进行监督和保护的法律制度。其目的是为了保护无行为能力人和限制行为能力人的合法权益，保护正常的社会经济秩序。

随着人口的老龄化，老年期失智发病率逐年上升，严重危害老年人的身心健康和生活质量，不仅给病人造成很大的痛苦，也给家庭和社会带来沉重的负担，目前已成为严重的社会问题。老年期失智是老年人常见的精神衰退性疾病，是老年人在意识清醒的状态下出现的持久的全面的智能减退，表现为记忆力、计算力、判断力、注意力、抽象思维能力、语言功能减退，情感和行为障碍，独立生活和工作能力丧失。2012年通过的精神卫生法，对“精神障碍”作出了界定，该法第八十三条规定：“本法所称精神障碍，是指由各种原因引起的感知、情感和思维等精神活动的紊乱或者异常，导致患者明显的心理痛苦或者社会适应等功能损害。本法所称严重精神障碍，是指疾病症状严重，导致患者社会适应等功能严重损害、对自身健康状况或者客观现实不能完整认识，或者不能处理自身事务的精神障碍。”老年人因为智力退化所发生的障碍，基本上可以归于上述规定的范畴。本次老年人权益保障法修订时增加了老年人监护的内容。修订后的老年人权益保障法第二十六条规定："具备完全民事行为能力的老年人，可以在近亲属或者其他与自己关系密切、愿意承担监护责任的个人、组织中协商确定自己的监护人。监护人自老年人丧失或者部分丧失民事行为能力时，依法承担监护责任。""老年人未事先确定监护人的，其丧失或者部分丧失民事行为能力时，依照有关法律的规定确定监护人。"

确定老年人为无民事行为能力或者限制行为能力要通过法定程序进行。根据我国民事诉讼法的规定，申请认定公民无民事行为能力或者限制民事行为能力，由其近亲属或者其他利害关系人向该公民住所地基层人民法院提出。人民法院依照特别程序对该案件进行审理。人民法院受理申请后，必要时应当对被请求认定为无民事行为能力或者限制民事行为能力的老年人进行鉴定。申请人已提供鉴定意见的，应当对鉴定意见进行审查。人民法院经审理认定申请有事实根据的，判决该老年人为无民事行为能力或者限制民事行为能力人；认定申请没有事实根据的，应当判决予以驳回。

对于无民事行为能力或者限制民事行为能力的老年人，按照以下原则来确定监护人：

一是按照法定顺位确定。法定的顺位主要包括：（1）配偶；（2）父母；（3）成年子女；（4）其他近亲属；（5）关系密切的其他亲属、朋友，愿意承担监护责任，经老年人的所在单位或者住所地的居民委员会、村民委员会同意的。监护人的监护能力，根据监护人的身体健康状况、经济条件以及与被监护人在生活上的联系状况等因素确定。二是通过指定确定。如果成年子女或者其他近亲属对担任监护人有争议的，由精神病人的所在单位或者住所地的居民委员会、村民委员会在近亲属中指定。监护人被指定后，不得自行变更。擅自变更的，由原被指定的监护人和变更后的监护人承担监护责任。有关组织指定监护人时，以书面或者口头通知了被指定人的，应当认定指定成立。被指定人不服的，应当在接到通知的次日起三十日内向人民法院起诉。逾期起诉的，就不能再要求人民法院撤销指定监护，如果对被指定仍有异议的，可以向人民法院起诉要求变更监护关系处理。未经指定而向人民法院起诉的，人民法院不予受理。三是由人民法院裁定。对于被指定为监护人不服的，可以向人民法院起诉，由人民法院裁决。人民法院按照配偶、父母、成年子女、其他近亲属、关系密切的其他亲属及朋友的先后顺序来确定监护人。前一顺序有监护资格的人无监护能力或者对被监护人明显不利的，人民法院可以根据对被监护人有利的原则从后一顺序有监护资格的人中择优确定。被监护人有识别能力的，应视情况征求被监护人的意见。被指定人对指定不服提起诉讼的，人民法院应当作出维持或者撤销指定监护人的判决。如果判决是撤销原指定的，可以同时另行指定监护人。在人民法院作出判决前的监护责任，一般应当按照指定监护人的顺序由有监护资格的人承担。监护人确定之后，监护人就应当履行监护职责。根据民法通则第十三条的规定，不能辨认自己行为的老年人是无民事行为能力人，由他的法定代理人代理民事活动。不能完全辨认自己行为的老年人是限制民事行为能力人，可以进行与他的精神健康状况相适应的民事活动；其他民事活动由他的法定代理人代理，或者征得他的法定代理人的同意。监护人的具体监护职责主要包括：保护被监护人的身体健康，照顾被监护人的生活，管理和保护被监护人的财产，代理被监护人进行民事活动，对被监护人进行管理和教育，在被监护人合法权益受到侵害或者与人发生争议时，代理其进行诉讼。监护人依法履行监护的权利，受法律保护。

监护人不履行监护职责，或者侵害了被监护人的合法权益，其他有监护资格的人或者单位向人民法院起诉要求监护人承担民事责任；给被监护人造成财产损失的，应当赔偿损失。人民法院可以根据有关人员或者有关单位的申请，撤销监护人的资格。

由于老年人的智力是逐渐衰减的过程，在老年人神志清醒的时候，应当尊重老年人的意愿，允许其为自己选择监护人。所以，本次老年人权益保障法修订时增加了相关的制度，规定老年人可以在近亲属或者其他与自己关系密切的个人或者组织中事先为自己选定监护人。但是，老年人选择监护人，必须得到被选择方的认可，即需双方协商一致，同时为了避免发生不必要的争议，以书面协议方式为宜。被选择的监护人自老年人丧失或者部分丧失民事行为能力时，依法承担监护责任。老年人事先选择监护人的制度也被称作“意定监护”，该项制度进一步完善了我国现行的监护制度。如果老年人未事先确定监护人，其丧失或者部分丧失民事行为能力时，依照有关法律的规定确定监护人。

第十一节　家庭养老支持政策

家庭养老支持政策，是指对照料老年人的家庭给予扶助和支持的法律法规和政策措施的总和，包括支持家庭养老的免税政策、津贴政策、弹性就业政策等等。家庭养老支持政策是家庭发展政策的重要组成部分。加强对家庭养老的支持力度，减轻家庭养老的负担，不仅可以有效缓解社会养老服务体系的压力，而且能够更好地发挥家庭养老的传统，提高老年人的生活质量。随着我国人口老龄化程度的加深，以及构建居家为基础、社区为依托、机构为支撑的社会养老服务体系思路的明确与清晰，对家庭养老的支持变得日益迫切和必要。

一、国外家庭养老支持的主要内容

随着全球人口老龄化的发展，重视家庭养老的重要性、对家庭养老给予政策支持已经成为世界各国应对人口老龄化的共识。联合国《世界人口老龄化的现状》、《老龄问题宣言》等文件中明确指出：“要制定公共政策扶助照料老年亲属的家庭”。在受儒家文化影响较深的东亚地区，特别是新加坡、韩国、日本等国家，已形成了一系列较成熟的家庭养老支持政策。英、美等西方国家也逐步认识到家庭在解决人口老龄化问题中的重要作用，并通过专项立法、舆论引导、服务提供等多方面加强对家庭养老的支持力度。

在新加坡，政府把儒家的“忠孝仁爱礼义廉耻”作为“治国之纲”，认为“孝道”是伦理道德的起点，可以稳固家庭、巩固国家。通过制定赡养法律，强化家庭成员的赡养责任。1994年制定了《赡养父母法》，依照该法，凡拒绝赡养和资助贫困年迈父母者，其父母可以向法院起诉，如被告子女确实未尽赡养义务，法院将判决对其进行罚款或判处一年有期徒刑。1996年6月，该国又设立了赡养父母仲裁法庭，仲裁庭由律师、社会工作者和公民组成，地方法官担任主审，对于调解不成的赡养案件，由仲裁法庭开庭审理并进行裁决。同时，政府制定优惠政策，鼓励子女与父母一同居住。在分配政府组屋时，对三代同堂家庭给予价格优惠和优先安排，同时规定单身青年不可租赁或购买组屋，除非愿意与父母同住，则可优先照顾；如果有子女愿意与丧偶父亲或母亲一起居住，则对父母遗留房屋可以给予遗产税减免优待。此外，政府还发放养老津贴，为赡养老年人家庭提供经济援助。为提高子女赡养老年人的积极性、减轻其家庭负担，政府推出了一系列津贴计划。自1993年以来，政府推出的12个“公积金填补计划”中，有4个是专门的“敬老保健金计划”。

在日本，社会养老保障制度的最大特点在于重视家庭的作用，强调国民的自立。对于需要护理的老年人，一般都以家庭和亲属的护理为前提，公共福利服务和市场化服务仅是补充。在与社会保障相关的法律中，许多内容都把家庭和家庭赡养关系作为前提条件，如《老年人福利法》、《老年人保健法》等。政府对同居型家庭养老方式采取支持和鼓励的态度，实行了一系列有利于推进家庭养老的社会保障措施。如果子女照顾70岁以上低收入老年人，可以享受减税；如果照顾老年人的子女要修建房子，使老年人有自己的活动空间，可以得到贷款；如果卧床老年人需要特殊设备，政府予以提供；提倡三代同堂，引导子女尽赡养义务；发展完善“养老护理在宅服务”，为护理老年人的家庭成员提供休整时空，以使家庭养老得以顺利进行。

在韩国，强调儒家文化价值观，坚持“家庭照顾第一，公共照顾第二”的养老政策。通过制定税收优惠政策鼓励和支持家庭养老。对于赡养老年人五年以上的三代同堂家庭，在继承遗产时给予税收额90%的减免；每赡养一个老年人即可扣除3000万韩元的遗产税；对于需要赡养60岁（女55岁）以上直系亲属的纳税人，每年可扣除48万韩元的所得税；对于子女和父母各自拥有住房，又选择在一起生活者，可以免除一方出租或出售住房的所得税；本人或其配偶与直系亲属老年人共同生活2年以上者，可以获得政府优惠贷款，用来购置、改造、新建住房。

在英国，早在1995年就出台了《照料者（认可和服务）法案》，此后又陆续出台了《照料者（平等机会）法案》、《工作与家庭法案》等，对家庭照料者给予政策支持：经济方面，主要是提供照料者津贴、税收减免、陪同老年人出行时的交通娱乐等方面的优惠；社会服务方面，照料者可以获得托管照料、家务帮助、心理辅导、照料者互助等支持性服务；就业和社会参与等方面，如根据家庭照料者的时间开设特别课程、进行远程教育或给予学费减免，另外在就业、假期等方面也可以获得特殊支持。

在美国，2000年通过的《美国老年法》第III—E修正议案——全国照料者支持项目，将为60岁以上老年人提供家庭照料的成年人作为受益人，明确为其提供信息服务、支持性服务、个人咨询服务、支持小组和培训服务、喘息照料以及补充性服务等项目，并可以提供住房、交通、法律和金融等多方面的照顾与优惠。美国还成立了许多专门保障家庭照料者权益的社会组织，如美国家庭照料者协会，在提高照料者自我照料和提升健康意识、解决照料者实际困难等方面发挥了很大作用。

二、我国家庭养老支持的实践

我国《社会保障“十二五”规划纲要》中提出，建立健全家庭养老支持政策。完善农村计划生育家庭奖励扶助制度和计划生育家庭特别扶助制度，完善和落实城镇独生子女父母老年奖励政策，建立奖励扶助金动态调整机制，鼓励有条件的地区在基本养老保险基础上，积极探索为独生子女父母、无子女和失能老人提供必要的养老服务补贴和老年护理补贴。《中国老龄事业发展“十二五”规划》也明确提出要“家庭养老与社会养老相结合，充分发挥家庭和社区功能，着力巩固家庭养老地位”，并首次将完善家庭养老支持政策作为老年家庭建设的重点内容之一。该规划在“老年家庭建设”任务中提出的主要内容是：（1）改善老年人居住条件。引导开发老年宜居住宅和代际亲情住宅，鼓励家庭成员与老年人共同生活或就近居住。推动和扶持老年人家庭无障碍改造。（2）完善家庭养老支持政策。完善老年人口户籍迁移管理政策，为老年人随赡养人迁徙提供条件。健全家庭养老保障和照料服务扶持政策，完善农村计划生育家庭奖励扶助制度和计划生育家庭特别扶助制度，落实城镇独生子女父母年老奖励政策，建立奖励扶助金动态调整机制。（3）弘扬孝亲敬老传统美德。强化尊老敬老道德建设，提倡亲情互助，营造温馨和谐的家庭氛围，发挥家庭养老的基础作用。努力建设老年温馨家庭，提高老年人居家养老的幸福指数。

近年来，我国探索实施了一些家庭养老支持政策，主要有：（1）建立计划生育家庭扶助制度。2004年起，针对农村只有一个子女或两个女孩的计划生育家庭，夫妇年满60岁以后，由中央或地方财政安排专项资金进行扶助。符合条件的农村计划生育夫妻，按人年均不低于600元的标准发放扶助金，直到亡故为止。扶助金由中央和地方财政确定合理比例共同负担，纳入专项资金预算。目前，有的地方在此基础上进一步扩大了扶助范围，对城市计划生育家庭给予扶助。（2）制定户籍随迁政策。目前，北京、深圳、广州、厦门、青岛、西安等许多地方有关于父母随子女迁移户口的规定，为父母与子女共同居住提供便利，但各地规定不尽相同。如，北京规定的老年人投靠子女入户的条件是：①无业老年人投靠子女入户条件：申请人男性超过60周岁，女性超过55周岁（夫妻需同时申请）；申请人外省市无子女；被投靠人为本市非农业户口；等等。②离、退休老年人投靠子女入户条件：夫妻均达到离、退休年龄（干部男满60周岁，女满55周岁；工人男满55周岁，女满50周岁），并已办理离、退休手续（夫妻需同时申请）；申请人外省市无子女；等等。深圳除设定了年龄、身边无子女、房产等条件外，还规定了

“就近不就远、就小不就大”，“受计划指标限制，按申请时间先后审批”等随迁原则。广州规定了父母随子女居住年限必须满2年、申请夫妻一方原具有广州户籍等条件。整体而言，大城市的要求较中小城市更为严格。（3）赡养人就业援助、发放护理津贴。对家庭养老的支持还体现在对特殊家庭的照顾方面，如天津市帮助包含“需赡养患重大疾病直系亲属的人员”在内的十类就业困难人群实现就业，并给予一系列特殊救助。上海市启动试点，对符合一定条件的老年人实行护理费用医保补贴，以减轻一些失能、失智老年人家庭的养老负担。

第三章　社会保障

我国宪法第四十五条规定："公民在年老、疾病或者丧失劳动能力的情况下，有从国家和社会获得物质帮助的权利。国家发展为公民享受这些权利所需要的社会保险、社会救济和医疗卫生事业。国家和社会保障残废军人的生活，抚恤烈士家属，优待军人家属。国家和社会帮助安排盲、聋、哑和其他有残疾的公民的劳动、生活和教育。"社会保障是保障人民生活、调节社会分配的一项基本制度，关系人民幸福安康和社会公平和谐。党的十六大以来的10年，党中央、国务院作出一系列重大决策部署，加快推进社会保障制度建设，加大政府财政补助力度，逐步妥善解决历史遗留的突出问题，社会保障制度改革取得突破性进展，成为我国社会保障事业加速发展的重要时期。党的十八大报告明确提出要统筹推进城乡社会保障体系建设。修订后的老年人权益保障法根据十多年来社会保障制度的发展情况，增加规定了老年人的社会保障权益。

第一节　基本养老保险

修订后的老年人权益保障法第二十八条规定："国家通过基本养老保险制度，保障老年人的基本生活。"此次修改将原法中的"国家建立养老保险制度"改为"国家通过基本养老保险制度"，体现了我国社会养老保障制度建设的重大进展。

基本养老保险是社会保险的主要险种。基本养老保险，是指缴费达到法定期限并且个人达到法定退休年龄后，国家和社会提供物质帮助以保证年老者稳定、可靠的生活来源的社会保险制度。我国的基本养老保险制度由三个部分组成：职工基本养老保险制度、新型农村社会养老保险制度、城镇居民社会养老保险制度。

生老病死是不可避免的客观事实，为老年人提供保障是文明社会的体现。目前，我国老龄化形势严峻，相比其他国家，总体上是“未富先老”，老龄化速度快、规模大。社会保险法颁布实施以来，基本养老保险制度从法律制度层面上实现了“覆盖城乡居民”，基本养老保险的目标就是“老有所养”，切实保障了我国老年人的基本权益。

我国的基本养老保险制度在实践中的保障覆盖面仍然较窄。为了扩大覆盖面，国家出台《国务院关于开展新型农村社会养老保险试点的指导意见》（国发〔2009〕32号），确立了农村社会养老保险制度，规定年满16周岁（不含在校学生）、未参加城镇职工基本养老保险的农村居民，可以在户籍地自愿参加新农保。根据《2011年度人力资源和社会保障事业发展统计公报》，截至2011年底，全国已有27个省、自治区的1914个县（市、区、旗）和4个直辖市部分区县开展国家新型农村社会养老保险试点，全国参保人数已达32643万人。

我国从2011年7月1日起启动城镇居民社会养老保险试点，将年满16周岁(不含在校学生)、不符合职工基本养老保险参保条件的城镇非从业居民，自愿参加户籍地城镇居民养老保险的人群纳入范围。根据《2011年度人力资源和社会保障事业发展统计公报》，截至2011年底，全国已有27个省、自治区的1902个县（市、区、旗）和4个直辖市部分区县及新疆生产建设兵团开展国家城镇居民社会养老保险试点，全国参保人数已达539万人。这是党中央、国务院为加快建设覆盖城乡居民社会保障体系作出的又一重大决策，标志着我国基本养老保险制度全覆盖，对于实现人人享有基本养老保险，促进社会和谐，具有重大意义。试点坚持保基本、广覆盖、有弹性、可持续的原则，实行社会统筹与个人账户相结合的制度模式，通过个人缴费与政府补贴相结合的方式筹集资金，与其他社会保障政策相配套，保障了城镇老年居民的基本生活。

在具体实践中，除了基本养老保险制度外，还有补充养老保险和商业保险制度作为我国养老保险制度的补充。补充养老保险是多层次养老保险制度中的组成部分，可以通过分散养老保险责任，实现养老保险水平与社会经济发展水平社会承受能力相适应，提高对老年人特别是退休职工的生活保障能力。用人单位补充养老保险是指由用人单位根据自身经济实力，在国家规定的实施政策和实施条件下为本单位职工所建立的一种辅助性的养老保险。它居于多层次的养老保险体系中的第二层次，由国家宏观指导、用人单位内部决策执行。商业养老保险是以获得养老金为主要目的的长期人身险，是社会养老保险体系的组成部分，有利于完善社会保障水平。商业养老保险能够满足人民群众不同层次的养老保障需求，减轻政府压力和财政负担，帮助转变政府职能，实现社会稳定和国家长治久安方面发挥着越来越重要的作用。

第二节 基本医疗保险

修订后的老年人权益保障法第二十九条规定：“国家通过基本医疗保险制度，保障老年人的基本医疗需要。享受最低生活保障的老年人和符合条件的低收入家庭中的老年人参加新型农村合作医疗和城镇居民基本医疗保险所需个人缴费部分，由政府给予补贴。”“有关部门制定医疗保险办法，应当对老年人给予照顾。”强调了国家实行基本医疗保险制度，新增加了对低保老年人和低收入老年人参加新型农村合作医疗和城镇居民基本医疗保险的政府补贴规定，加强了对老年人医疗保险权益的保障。

一、基本医疗保险制度

基本医疗保险制度，是指按照国家规定缴纳一定比例的医疗保险费，在参保人因患病和意外伤害发生医疗费用后，由医疗保险基金支付其医疗保险待遇的社会保险制度，其目标是实现“病有所医”。基本医疗保险制度由三部分组成，即职工基本医疗保险制度、新型农村合作医疗制度和城镇居民基本医疗保险制度，分别覆盖城镇就业人口、城镇非就业人口、农村人口和城乡困难人群。根据《2011年度人力资源和社会保障事业发展统计公报》，截至2011年底，全国参加城镇基本医疗保险的人数为47343万人。

（一）职工基本医疗保险制度

职工基本医疗保险是针对城镇所有用人单位和职工，以强制参保为原则的一项基本医疗保险制度。覆盖范围涉及企业、机关、事业单位、社会团体、民办非企业单位及其职工。筹资方式方面，基本医疗保险费由用人单位和职工双方共同负担，用人单位缴费比例控制在职工工资总额的6%左右，职工缴费比例一般为本人工资收入的2%。职工个人缴纳的基本医疗保险费，全部计入个人账户；用人单位缴纳的基本医疗保险费分为两部分，一部分用于建立统筹基金，一部分划入个人账户。灵活就业人员参保无雇工的个体工商户、未在用人单位参加职工基本医疗保险的非全日制从业人员以及其他灵活就业人员根据自愿原则，可以参加职工基本医疗保险的，由其个人缴纳基本医疗保险费。

（二）新型农村合作医疗制度

新型农村合作医疗制度是由政府组织、引导、支持，农民自愿参加，个人、集体和政府多方筹资，以大病统筹为主的农民医疗互助共济制度。农民以家庭为单位自愿参加新型农村合作医疗，按时足额缴纳合作医疗经费。在筹资标准上，实行个人缴费、集体扶持和政府资助相结合的筹资机制。目前，新型农村合作医疗的筹资水平约为年均55元，原则上农民个人每年的缴费标准不低于10元，经济条件好的地区可相应提高缴费标准，有条件的乡村集体经济组织应对本地新型农村合作医疗制度给予适当扶持。政府补贴上，政府对所有参加新型合作医疗的农民给予不低于40元的补贴，其中中央财政对中西部除市区以外参加新型农村合作医疗的农民每年每人补贴20元，地方财政的资助额要不低于20元。中央财政对东部省份也按中西部地区一定比例给予补贴。许多地方根据当地经济社会发展情况，适时提高补贴标准。该制度的建立，有效缓解了广大农民的“看病难、看病贵”、“因病返贫”等问题，减轻了农民医疗负担，为促进农村经济社会发展发挥了重要作用。

（三）城镇居民基本医疗保险制度

城镇居民基本医疗保险制度是以大病统筹为主，针对城镇非从业居民的一项基本医疗保险制度。参保范围，主要是城镇中不属于城镇职工基本医疗保险制度覆盖范围的中小学阶段的学生（包括职业高中、中专、技校学生）、少年儿童和其他非从业城镇居民，都可自愿参加城镇居民基本医疗保险。2008年，国务院办公厅发布了《关于将大学生纳入城镇居民基本医疗保险试点范围的指导意见》，将各类全日制普通高等学校（包括民办学校）、科研院所中接受普通高等学历教育的全日制本专科生、全日制研究生纳入城镇居民基本医疗保险试点范围，按照属地原则参加学校所在地城镇居民基本医疗保险。缴费方式上，实行个人缴费和政府补贴相结合，以个人缴费为主，政府给予适当补贴。对试点城市的参保居民，今年来，政府不断提高补贴标准，从每年按不低于人均40元补贴逐步提高到2010年的120元补贴。其中，中央财政通过专项转移支付，对中西部地区按人均20元的标准（2007年）提高到2010年的60元标准，对东部地区的补贴标准也在同比例提高。一些试点城市在国家统一规定的补贴标准的基础上，根据当地财政的情况，提高了对部分参保居民的补贴标准。如广州市政府2008年颁布了《广州市城镇居民基本医疗保险试行办法》，规定老年人参保的，每人每年政府补贴500元，从而提高了老年居民参保的积极性。

二、对困难老年人的特别保障

新修改的老年人权益保障法第二十九条规定：“享受最低生活保障的老年人和符合条件的低收入家庭中的老年人参加新型农村合作医疗和城镇居民

基本医疗保险所需个人缴费部分，由政府给予补贴。”突出体现了对困难老年人医疗保险权益的保障。

社会保险法第二十五条规定：“国家建立和完善城镇居民基本医疗保险制度。城镇居民基本医疗保险实行个人缴费和政府补贴相结合。享受最低生活保障的人、丧失劳动能力的残疾人、低收入家庭六十周岁以上的老年人和未成年人等所需个人缴费部分，由政府给予补贴。”明确了在城镇居民基本医疗保险制度中对困难老年人群参保给予特别保障。即在一般补助的基础上，对享受最低生活保障的老年人和低收入家庭六十周岁以上的老年人等困难居民参保所需个人缴费部分，政府每年再按不低于人均60元给予补贴。其中，中央财政对中西部地区按人均30元给予补贴。中央财政对东部地区参照新型农村合作医疗的补贴办法给予适当补贴。

新型农村合作医疗保险制度中，政府对所有参加新型合作医疗的农民给予不低于40元的补贴，其中包括了对享受最低生活保障的老年人和符合条件的低收入家庭中的老年人给予的保障。

实践中，主要通过城乡医疗救助制度，逐步建立以资助低保的老年人和符合条件的低收入家庭中的老年人参加医疗保险的救助体系，采取资助参保（合）与二次救助相结合的模式，对其难以负担的基本医疗自负费用给予补助，为困难老年人筑牢医疗保障底线。根据民政部发布的《2012年中国民政统计年鉴》显示，2011年全年累计医疗救助城市居民2222万人次，救助农村居民6297.1万人次，各级财政支出城市医疗救助资金67.6亿元，农村医疗救助资金120亿元。

三、制定医疗保险办法，对老年人给予照顾

老年人医疗保险制度是老年人社会保障制度的重要组成部分，对于促进经济发展、保持社会稳定，具有重要地位和特定的功能。与其他社会群体相比较，老年人更需要特殊的医疗服务保障，需要在就诊、吃药、护理、预防、卫生、保健等方面得到照顾。有关部门在制定医疗保险办法时，应当充

分考虑老年人的特殊情况，身心特点，对老年人给予特殊照顾，主要是在规定个人缴纳医疗保险费比例时，老年人少缴或者不缴，体现出照顾和优待，维护老年人的生存权和健康权，使老年人保持机体健康和身心愉悦。

第三节　长期护理保障

修订后的老年人权益保障法第三十条规定："国家逐步开展长期护理保障工作，保障老年人的护理需求。对生活长期不能自理、经济困难的老年人，地方各级人民政府应当根据其失能程度等情况给予护理补贴。"这是新增加的规定，体现了对老年人护理需求的重视，以及对失能老年人在资金和服务上的保障。

一、长期护理保障工作

对老年人的长期护理保障工作是指为那些因年老体衰导致生活不能自理、需要长期护理的特殊人群提供护理服务费用补偿的保障工作。我国社会老龄化形势要求逐步开展长期护理保障工作。随着我国人口老龄化进程的不断加快，家庭结构小型化、女性普遍走出家门就业的情况与老年人口高龄化、老年慢性病盛行以及重残老年人剧增的状况构成了一对矛盾，老年人的长期护理已经由过去的家庭责任逐步演变为现实的社会问题。失能老年人剧增、长期护理成本居高不下、长期护理服务供需严重失衡、以及老年人因缺少照料服务自杀等问题日益显现出来，到了政府和社会必须认真对待、加以解决的时候。为应对这一问题，修订后的老年人权益保障法明确规定国家逐步开展长期护理保障工作，以保障老年人的护理需求。

二、护理补贴

（一）失能

按照国际通行标准，吃饭、穿衣、上下床、上厕所、室内走动、洗澡六项活动中，一至两项做不了的，定义为轻度失能；三至四项做不了的，定义为中度失能；五到六项做不了的，定义为重度失能。

（二）失能老人的数量情况

随着老龄化发展趋势，丧失生活自理能力的老人（即失能老人）数量在不断增长，全国老龄办相关调查显示，截至2010年末，全国城乡失能和完全失能老年人约3300万人，占老年人口的19%。失能老人的照料普遍存在着家庭负担过重、照料资金不足、护理机构和人员短缺、无处可以照料及无人照料等五个方面问题，需要引起足够重视。现在失能老人护理大部分还是靠家庭解决，而随着独生子女的父母进入老年空巢，靠独生子女解决失能老人护理问题越来越难，因此，开展失能老人长期护理保障工作，逐步建立相关制度十分必要。

（三）护理补贴

针对生活长期不能自理并且经济困难的老年人，地方政府应提高社会保障水平，根据其失能程度给予护理补贴，以解决其长期护理的基本费用问题，提高其生活质量，减轻其家人的经济负担，健全特殊老年人群体的社会保障体系，创新老年福利制度模式。在推进养老服务社会化过程中，许多地区特别是东部沿海发达地区适应人口老龄化的形势，加大财政投入，积极探索开展长期护理保障工作。对生活长期不能自理并且经济困难的老年人全面发放护理补贴，符合政府承担底线社会保障责任的国际惯例。

第四节　对老年人的社会救助

新修改的老年人权益保障法第三十一条除了规定无劳动能力、无生活来源、无赡养人和扶养人，或者其赡养人和扶养人确无赡养能力或者扶养能力的“三无老年人”由地方各级人民政府依照有关规定给予供养或者救助外，还明确规定了“国家对经济困难的老年人给予基本生活、医疗、居住或者其他救助。”并特别强调了“对流浪乞讨、遭受遗弃等生活无着的老年人，由地方各级人民政府依照有关规定给予救助。”

一、社会救助制度

社会救助是社会保障的组成部分，是指国家和社会组织对于遭受自然灾害、失去劳动能力或者其他低收入公民给予物质帮助或者精神救助，以维持其基本生活需求，保障其最低生活水平的各种措施。社会救助主要包括以下几种：一是经常性社会救助工作，包括城乡最低生活保障、农村五保供养、农村特困户生活救助以及城乡医疗救助等专项制度。二是紧急救助制度，主要是在发生自然灾害情况下对灾民的紧急救助和应急救助活动，还有对灾民延续一段困难生活的救助和民房倒房重建与修复工作的救助。三是临时性救助，主要是对低收入人群的救助工作和对城市生活无着的流浪乞讨人员，包括流浪儿童的救助。四是支持倡导开展社会互助活动，通过支持慈善事业的发展、培育和发展公益性的民间组织，以及倡导开展群众之间经常性的互助互济活动，来达到社会救助、对困难群众起到帮扶作用。

二、对经济困难老年人的救助

（一）生活救助

国家主要通过覆盖城乡的最低生活保障制度对经济困难的老年人给予生活救助。国务院于1999年、2007年先后颁布出台《城市居民最低生活保障条例》（国务院令第271号）和《关于在全国建立农村最低生活保障制度的通知》（国发〔2007〕19号），部署在全国范围建立最低生活保障制度，将符合条件的贫困人口全部纳入保障范围，稳定、持久、有效地解决他们的温饱问题。近年来，各地贯彻落实中央文件精神，及时将家庭年人均收入低于当地低保标准的老年人纳入保障范围，基本实现应保尽保。考虑到贫困老年人比一般的贫困成年人在医疗、保健、照顾等方面存在着特殊需求，民政部门对低保家庭中的老年人采取了“分类施保”政策，对其给予重点照顾。主要有四种做法：一是按当地低保标准全额享受救助；二是在原享受低保救助金基础上，再根据当地低保标准增发10%~30%不等的救助金；三是在原享受低保救助金的基础上，每月再增发10元~50元不等的救助金；四是在核算收入时豁免一部分家庭收入，从而达到增发低保金的目的。无论那种方式，都能使低保家庭中的老年人获得的救助金多于一般的低保对象，从而使他们得到更多的照顾。

截至2012年第3季度，全国共保障城市低保对象2134万人，占非农人口4.5%，其中，60岁以上的老年人334.5万人，占城市低保对象15.7%，全国平均城市低保标准为每人每月318元，月人均补助234元；全国共保障农村低保对象5251.4万人，占农业人口5.9%，其中，60岁以上老年人1965.9万人，占农村低保对象37.4%，全国平均农村低保标准为每人每年1978元，月人均补助105元。在实际操作中，各地积极推进分类施保，适当提高了老年人等重点对象的实际补助水平。

（二）医疗救助

2009年4月，《中共中央、国务院关于深化医药卫生体制改革的意见》（中发〔2009〕6号）和《国务院关于印发医药卫生体制改革近期重点实施方案（2009－2011年）的通知》(国发〔2009〕12号)等文件的下发，明确了医疗救助制度的目标和任务。2009年6月，民政部会同财政、卫生、人力资源社会保障等相关部门，出台了《关于进一步完善城乡医疗救助制度的意见》（民发〔2009〕81号），就如何进一步完善医疗救助制度进行了全面部署，提出了新的措施和要求。2012年1月，民政部联合财政、卫生、人力资源社会保障等相关部门下发了《关于开展重特大疾病医疗救助试点工作的意见》（民发〔2012〕21号），在全国开展重特大疾病医疗救助试点工作，将低保、五保对象中的老年人，以及低收入老年人纳入救助范围。

近年来，各地医疗救助制度逐步完善，救助对象覆盖了所有低保对象和五保对象，并不断扩大到生活困难老年人等特殊困难群体。为了使困难群众能够享有基本医疗保障，各地通过医疗救助制度资助符合条件的贫困群众参加城镇医疗保险和新型农村合作医疗；并对享受医保和新农合后个人难以负担的费用，再给予一定额度的补助。此外，各地还引导社会组织和个人对困难群众实施慈善医疗援助，重点针对因患大病无力承担医疗费用的困难群众。截至2012年3季度，全国共有6275万人获得医疗救助，与去年同期基本持平；其中，直接救助1431万人，比上年增长19%。累计支出资金141亿元，比上年同期增长22%；其中，直接救助支出113亿元，比上年增长20%。人次均住院救助、门诊救助和资助参保参合水平分别达到1624元、182元和57元，政策范围内住院自付费用救助比例超过了50%。

目前，民政部正指导地方重点做好以下工作：一是积极争取中央及地方各级财政加大医疗救助资金投入，不断提高医疗救助水平，政策范围内住院自付费用救助比例原则上不低于50%。二是根据国务院医改办2012年工作任务要求，积极协调有关部门，力争早日出台有关重特大疾病医疗救助的政策文件，指导地方推动重特大疾病医疗救助工作开展，最大程度帮助包括低收入老年人在内的特困群众解决实际问题。三是进一步简化医疗救助的申请、审批和资金结算程序，大力推行医疗救助与新农合费用“一站式”结算服务，方便困难群众。

（三）住房救助

住房保障制度是指国家依法实施的、由政府提供廉租住房并以较低租金向城市低收入住房困难家庭出租，或者以货币补贴的形式帮助城市低收入住房困难家庭自行租房，以及政府采取以货币补贴为主的方式，帮助农村住房特殊困难家庭解决住房困难的一项制度。“住有所居”是党的十七大报告提出的改善民生的重要目标之一。目前，以廉租住房、经济适用住房、公共租赁住房为主要形式的住房保障制度初步形成，城市低收入住房困难群体已被纳入住房保障体系。

修订后的老年人权益保障法第三十二条规定：“地方各级人民政府在实施廉租住房、公共租赁住房等住房保障制度或者进行危旧房屋改造时，应当优先照顾符合条件的老年人。”

在住房保障制度上，应当对符合条件的老年人给予适当照顾，实行倾斜保护。全国老龄办等21部门联合制定的《关于加强老年人优待工作的意见》（全国老龄办发〔2005〕46号）就保障老年人“住有所居”做了原则性规定。明确了两方面的优先照顾，一是老年人在其产权或承租住房拆迁安置中，享受优先选择楼层的待遇。二是贫困纯老年人户优先纳入廉租房保障范围。

同时，建设部近期出台的部门规章也体现出优先照顾老年人的精神。一是《公共租赁住房管理办法》第十五条规定，复审通过的轮候对象中享受国家定期抚恤补助的优抚对象、孤老病残人员等，可以优先安排公共租赁住房。二是《廉租住房保障办法》对城市低收入住房困难家庭通过发放租赁补贴和实物配租，增强其承租住房的能力，实现住房救助。其十九条规定，实物配租应当优先面向已经登记为廉租住房保障对象的孤、老、病、残等特殊困难家庭，城市居民最低生活保障家庭以及其他急需救助的家庭。新修改的老年人权益保障法根据中央有关文件要求，将现在实际中的经验和做法上升为法律，有利于充分保障老年人的住房权益。此外，为了给住房困难的农村老年人提供住房保障，还新增了危旧房屋改造的内容。

（四）其他救助

经济困难的老年人可以根据相关规定申请获得司法救助（诉讼费用减免）和法律援助（无偿法律援助）。

《中国老龄事业发展“十二五”规划》特别强调：要“加大老年社会救助力度。完善城乡最低生活保障制度，将符合条件的老年人全部纳入最低生活保障范围。根据经济社会发展水平，适时调整最低生活保障和农村五保供养标准。完善城乡医疗救助制度，着力解决贫困老年人的基本医疗保障问题。完善临时救助制度，保障因灾因病等支出性生活困难老年人的基本生活。”

三、对“三无”老年人的供养或者救助

没有劳动能力、没有收入来源、没有法定赡养人或扶养人的社会成员，通常被称为“三无对象”或者“三无人员”，是最困难、自救能力最差的社会群体。特别是其中的老年人群体，需要依靠国家和集体给予救助或救济。

近来年，为了保障经济困难群众包括困难老年人的基本生活，国家发布了一系列法律、法规、政策给予生活、医疗、居住或者其他救助。《城市最低生活保障条例》在行政法规层面建立了城市最低生活保障制度，明确对无生活来源、无劳动能力又无法定赡养人、扶养人的城市居民，按照当地城市居民最低生活保障标准全额享受。《关于进一步加强和规范城市居民最低生活保障工作的通知》（民办函〔2004〕60号）则指出，低保家庭的困难程度各不相同，对“三无对象”、残疾人、重病人及老年人家庭等特殊困难家庭，应该给予更多的关心和照顾。

按照《农村五保供养工作条例》（2006年）的规定，老年村民，无劳动能力、无生活来源又无法定赡养、扶养义务人，或者其法定赡养、扶养义务人无赡养、扶养能力的，享受农村五保供养待遇，可以在当地的农村五保供养服务机构集中供养，也可以在家分散供养。国务院印发《关于在全国建立农村最低生活保障制度的通知》（国发〔2007〕19号），标志着农村最低生活保障已完成了试点探索过程，进入了全面推进的新阶段，明确农村最低生活保障对象是家庭年人均收入低于当地最低生活保障标准的农村居民，主要是因病残、年老体弱、丧失劳动能力以及生存条件恶劣等原因造成生活常年困难的农村居民。《国务院关于进一步加强和改进最低生活保障工作的意见》（国发〔2012〕45号）明确提出：“对最低生活保障家庭中的老年人、未成年人、重度残疾人、重病患者等重点救助对象，要采取多种措施提高其救助水平”的要求。

截至2012年第3季度，全国共有67.2万城市“三无”老年人纳入城市低保，占全国城市低保对象3.1%，均通过分类施保使之享受所在地全额低保待遇；对于无生活来源、无劳动能力又无法定赡养人的“三无”老人，按当地城市低保标准全额发放低保金。全国543.9万农村五保供养对象中有60岁以上老年人468.1万，占86.1%，其中，363.3万分散供养对象中有60岁以上老年人307.3万人，占84.6%，180.6万集中供养对象中有60岁以上老年人160.8万人，占89%；全国平均供养标准为集中供养年人均3870元、分散供养年人均2849元；全国共有农村五保供养服务机构3.2万所，232.6万张床位，职工15.2万人，新型农村五保供养服务机构网络初步形成。

下一步，国务院有关部门将进一步加大工作力度，提高五保供养水平。一是理顺和规范五保供养资金渠道。积极推动转变中央财政补助主要从农村税费改革转移支付"村级三项"经费中列支的做法，明确中央和地方五保供养资金的分担比例，中央财政设立农村五保供养专项资金，对财政困难地区给予补助，确保五保供养标准达到政策规定的农村居民平均生活水平，并随着经济发展水平稳步提高。二是加大五保供养服务机构建设投入。推动部署实施"基本养老服务体系建设规划"，加大对农村养老服务机构建设的投入力度；继续实施"农村五保供养服务设施霞光计划"，利用中央集中的部分彩票公益金，支持地方农村五保供养服务机构建设。三是加强机构内部管理。指导各地健全落实院长负责制、岗位责任制和院务管理委员会制度，推行服务标准化，落实院务公开，开展民主管理，不断提高供养机构管理服务水平。

四、对生活无着老年人的救助

针对流浪乞讨和遭受遗弃等生活无着的老年人，新修改的老年人权益保障法规定由地方各级人民政府依照有关规定给予救助。《城市生活无着的流浪乞讨人员救助管理办法》对流浪乞讨和遭受遗弃等生活无着的老年人作了专门规定。按照其规定，公安机关和其他有关行政人员在执行职务时发现流浪乞讨人员的，应当告知其向救助站求助；对其中的老年人应当引导、护送到救助站。救助站对受助的老年人应当给予照顾。此外，受助人员住所地的县级人民政府应当采取措施，帮助受助人员解决生产、生活困难，教育遗弃老年人的近亲属或者其他监护人履行赡养义务。有的地方还专门针对流浪乞讨中的老年人等特殊困难救助对象规定了特殊的返乡工作程序。如江苏省民政厅专门下发了《关于特殊困难救助对象跨省返乡工作实施意见》（苏民福〔2005〕56号），对于老年人群体给予特殊关注和照顾。

第五节　老年人社会福利制度

新修订的老年人权益保障法第三十三条规定："国家建立和完善老年人福利制度，根据经济社会发展水平和老年人的实际需要，增加老年人的社会福利。国家鼓励地方建立八十周岁以上低收入老年人高龄津贴制度。国家建立和完善计划生育家庭老年人扶助制度。农村可以将未承包的集体所有的部分土地、山林、水面、滩涂等作为养老基地，收益供老年人养老。"

一、老年人社会福利的概念和内容

（一）概念

老年人社会福利是指在政府的领导下，在社会各方面力量的参与下，根据老年人特殊需要和老年人自身特点，提供给老年人的养护、医疗、康复和娱乐等方面的物质和服务。

党和政府历来高度重视老年人群体的社会福利。新中国成立以来，特别是改革开放以来，在各级政府的关心和支持下，在各级民政部门的努力和推动下，我国的老年人社会福利坚持以邓小平理论和"三个代表"重要思想为指导，从我国社会主义初级阶段基本国情出发，全面落实科学发展观，始终坚持与国家经济、社会协调并进，初步形成了以居家养老为基础、社区服务为依托、机构养老为支撑的具有中国特色的老年人社会福利服务体系，为应对人口老龄化的挑战，满足老年群体的福利服务要求，维护社会和谐稳定，发挥了积极作用。

但是，受经济发展水平和传统观念的制约，我国老年人社会福利制度一度只是以保障"无劳动能力、无生活来源、无法定赡养人或扶养人"的"三无”对象基本生活权益为主的补缺性福利。随着经济社会的发展，目前我国老年人社会福利的惠及面正在逐步由传统的“三无”对象向全社会有需要的老年人拓展，由补缺型福利向适度普惠型福利转变。

（二）内容

从目前来看，我国老年人社会福利的内容主要为三个方面：一是老年人生活收入性福利。包括退休养老金、与退休前工资有关的津贴和社会保险金，对低收入老年人的救助金，以及普惠性质的老年津贴。二是老年人社会福利服务。包括居家养老服务、社区养老服务和机构养老服务。三是其他老年人社会福利，主要包括老年人优待、医疗保健优待、生活服务优待、维权服务优待、文体休闲优待等内容。

全社会对老年福利的认知并不一致。修订后的老年人权益保障法第三十三条主要规定了80周岁以上低收入老年人应当享有的高龄津贴制度、计划生育家庭老年人扶助制度和农村老年人生活补贴制度。国家有责任建立和完善老年人福利制度，并根据经济社会的发展水平和老年人的实际需要，逐步增加老年人的社会福利项目和水平，努力实现老年人群体“老有所养”。

《国民经济和社会发展第十二个五年规划纲要》第三十三章第三节要求“以扶老、助残、救孤、济困为重点，逐步拓展社会福利的保障范围，推动社会福利由补缺型向适度普惠型转变，逐步提高国民福利水平。”党的十八大报告提出“健全社会福利制度”、“积极应对人口老龄化，大力发展老龄服务事业和产业。”

二、高龄津贴制度

高龄津贴是老年津贴的一种，是针对高龄老年人（通常是指80周岁以上的老年人）发放的具有褒扬性质的福利项目，旨在提高高龄老人的生活质量，倡导敬老尊老的社会风气。建立高龄津贴制度，体现了保障高龄老人生活的政府责任，有利于维护高龄老人获得物质帮助的权利。此外，建立高龄津贴制度对于建立资金保障与服务提供相结合的社会养老服务体系，推动社会福利由补缺型向适度普惠型转变，具有重要意义。

自20世纪80年代开始，我国部分地区开始向百岁以上老年人发放高龄津贴，后来逐步扩大到80岁以上老年人。随着老龄社会的到来，各地政府更加重视高龄津贴发放工作。民政部也在2009、2010年分别下发《民政部办公厅关于转发宁夏建立高龄老人津贴制度有关政策的通知》（民办函〔2009〕151号）和《民政部关于建立高龄津（补）贴制度先行地区的通报》（民函〔2010〕111号），要求各地结合当地实际，学习借鉴并加快制定有关政策措施，尽快探索建立高龄老人津贴制度保证老年人共享改革发展的成果。

为贯彻落实民政部文件和有关会议精神，各地紧密结合当地实际，陆续出台了一系列高龄津贴政策。目前，全国已有18个省（自治区、直辖市）颁布实施省级政策文件或出台相关规定，在全省范围内建立了高龄老人津贴制度。其余省份也在市、县层级制定政策文件，积极推动高龄津贴制度的建立。已经颁布实施的省（自治区、直辖市）文件，在适用对象、津贴标准、资金来源、制度名称和发文主体五个方面各不相同（部分省具体情况见附件），迫切需要统一的法律规定统领。适用对象上，普遍要求具有本省户籍，划分年龄档次，实行不同的津贴标准，部分资格条件与收入情况挂钩。津贴标准上，平均每月从几十元到上千元不等。资金来源上，渠道有限，分级负责。制度名称上，大部分以高龄、老（年）人、津贴或补贴中的两个以上词语作为制度名称的关键词，有的更强调生活补助、生活津贴或基本生活津贴的性质，还有的叫尊老金和健康补贴等等。高龄津贴制度取得了良好的社会效果。截至2011年底，全国共有1000多万高龄老人领取高龄津贴，人民群众得到了实惠。

高龄津贴制度在我国的发展实践不长，各地情况千差万别，需要制度设计灵活原则。修订后的老年人权益保障法规定，“国家鼓励地方建立八十周岁以上低收入老年人高龄津贴制度”，显示出国家对于建立高龄津贴制度的倡导性态度，虽然规定了“八十周岁以上”和“低收入”两个条件，但不作为强制性义务，不影响财政状况较好的地方扩大受惠人群范围，或者实行普惠性高龄津贴。

三、计划生育家庭老年人扶助制度

修订后的老年人权益保障法第三十三条规定："国家建立和完善计划生育家庭老年人扶助制度。"作出这样的规定主要是基于以下考虑：一是当前我国实行居家养老为基础的养老政策，实行计划生育后，一些家庭养老能力受到削弱，国家应当为其提供一定保障。二是目前我国已经开始实施一些相关的政策。例如，建立了农村计划生育家庭奖励扶助制度，对农村年满60周岁以上的独生子女父母和只生两个女儿的父母发放补贴（每人每月80元）。针对独生子女死亡、伤残家庭养老保障存在的困难和问题建立了特别补助制度（独生子女死亡、年满49周岁的父母每人每月110元）。

四、农村老年人养老基地和生活补贴制度

修订后的老年人权益保障法规定了农村的养老基地和生活补贴制度。养老基地是指农村群众自治组织和集体经济组织通过将一部分未承包出去的土地、山林、水面、滩涂等，由专人或者老年人经营管理，其收益除支付劳动报酬外，全部用于老年人的养老。这一规定，是部分农村实践经验的总结。实行养老基地的地方，多是集体经济实力不强，土地、山林等较多，农民家庭生活也不够富裕的地方，老年人生活水平低、养老保障有困难。因此，创办养老基地对贫困地区保障和改善老年人的生活有积极意义。

建立养老基地一是可以减轻家庭和社会养老的负担，提高集体养老能力。二是有利于帮助老年人直接解决养老困难，解除后顾之忧。

建立养老基地，必须注意以下几个方面：

一是建立养老基地要因地制宜，从农村的实际情况出发，注意发挥本地自然资源优势。

二是本条规定在农村建立养老基地，不是强制性规定，从本条的立法精神来讲，是鼓励有条件的农村建立养老基地，以减轻家庭和社会养老的负

担，走出一条农村养老的新路子。在有条件的农村建立养老基地所用的土地、山林、水面、滩涂等必须是集体所有的且没有承包出去的资源，如果已经承包给农户经营的，不能强行收回建立养老基地。

三是收益归老年人养老，是建立养老基地的根本目的。养老基地的收益，必须供老年人养老，改善老年人的生活。

第六节　老年人养老金、医疗等待遇的保障

修订后的老年人权益保障法第三十四条规定："老年人依法享有的养老金、医疗待遇和其他待遇应当得到保障，有关机构必须按时足额支付，不得克扣、拖欠或者挪用。国家根据经济发展以及职工平均工资增长、物价上涨等情况，适时提高养老保障水平。"

一、关于养老金和医疗保障等待遇的足额支付

养老金也称退休金、退休费，是一种最主要的养老保险待遇。即指劳动者缴费达到法定期限并且个人达到法定退休年龄后，国家和社会提供物质帮助以保证年老者稳定、可靠的生活来源，按月或一次性以货币形式支付的保险待遇。医疗待遇是指企业、事业、国家机关等单位的工人职员患病或负伤后在医疗机构诊治时按规定所享有的待遇。目前的医疗待遇主要是：职工的医疗费用由国家、单位与个人分担，国家单位支付大部分费用，个人支付小部分费用；工龄长的职工支付的相对较少，工龄短的职工支付的相对较多，重病、绝症、住院等个人支付相对较少（乃至不出），一般疾病支付相对较多等。参加职工基本医疗保险、新型农村合作医疗和城镇居民基本医疗保险的 待遇标准按照国家规定享受。"其他待遇"是指除享受养老金待遇、医疗待遇之外的待遇，如离退休人员应享受的各项离退休政治待遇和福利待遇、原单位现行的职工福利、住房待遇等。老年人依法享有的养老金和其他待遇应当得到保障，任何组织和个人不得剥夺或者借故不予支付。"有关机构"

指老年人所在组织（如原工作单位）、劳动人事部门等负责养老保险的机构。“按时足额”是要求在规定的时间内，按规定的养老金数额发放给应享有的人，不能无故拖欠和部分支付，除国家允许的严重亏损的企业不能按时足额发放养老金外，其他任何理由，都不能成立，只能被视作无故拖欠。能不能按时足额发放养老金，关系到老年人的基本生活，关系到经济发展和社会的稳定，因此，养老金必须专款专用，任何单位和个人不得以任何借口、任何方式、任何手段挪作他用。

二、适时提高养老保障水平

养老保障水平不仅取决于每位老年人的养老保险缴费基数和缴费年限，还取决于退休养老期间的三个社会因素。一是经济发展水平。养老保障标准应当随着经济发展逐步提高，让退休老年人也能享受经济发展成果。随着人口平均预期寿命的延长，退休后老年人可能生活二十年甚至更长时间，在此期间，如果发生通货膨胀，同样数量的养老金，购买力会下降，如果不及时进行调整，老年人的实际养老保障待遇是在下降的。因此，需要随着经济发展，建立基本养老金正常调整机制，尽可能确保老年人分享经济发展的成果，保障老年人养老保障水平不降低。2005年国务院制定的《关于完善企业职工基本养老保相制度的决定》就明确规定，建立基本养老金正常调整机制。二是职工平均工资增长情况。工资是劳动者参与社会财富分配的主要形式，职工平均工资增长情况反映了劳动者分配的社会财富增长水平。建立基本养老保险，实施养老保障制度，就是让退休人员与在职职工一样也能够参与社会财富分配，分享经济发展成果。因此，职工平均工资增长情况是调整基本养老金标准的重要依据之一。改革开放以来，我国职工平均工资增长幅度较大，从1978年到2007年，我国职工工资年均增长13.62%，2008年、2009年职工平均工资增长幅度都超过两位数，广大劳动者在创造我国经济持续快速增长奇迹的同时，也享受到经济发展的成果。随着在岗职工平均工资的增长，退休人员的基本养老金也应当相应增长，从2005年开始，国家连续8年调整退休人员养老金标准，养老金水平有了大幅度提高，保证了广大退休人员的生活。调整后月人均养老金为1700元左右。三是物价上涨情况。物价上涨情况是调整基本养老金的另一个重要因素，因为物价上涨尤其是居民生活消费品的价格上涨直接影响养老金的购买力，进而影响退休人员的生活水平。数据显示，近年来居民消费品价格一直呈上涨趋势，除2009年消费者物价指数（CPI）为-0.9%外，从2007年开始持续走高，2010年上半年为2.6%，2012年6月份为2.2%。物价上涨，要保证养老金的购买力不下降，保证退休人员生活水平不下降，就要相应地调整基本养老金标准，保证老年人的退休生活水平。

第七节 发展老龄慈善事业

修订后的老年人权益保障法第三十五条规定："国家鼓励慈善组织以及其他组织和个人为老年人提供物质帮助。"这一规定是新增加的内容。调动社会力量，挖掘民间资源，为老年人提供物质帮助、志愿服务、第三产业服务等，将极大地推动老龄事业的发展。

党中央、国务院明确提出要支持社会慈善、社会捐赠、群众互助等社会扶助活动。《中国老龄事业发展"十二五"规划》也提出要"大力发展老龄慈善事业"。鼓励和动员社会力量参与和支持老龄慈善事业发展，不仅可以为提高老年人生命生活质量做出积极贡献，而且可以减轻政府负担，这也是贯彻"党政主导、社会参与、全民关怀"老龄工作方针的具体体现。在实践工作中，应当坚持两个基点：一是主体多元化，即应充分发挥市场机制的基础性作用，积极引导和鼓励企业、慈善组织、社会组织以及公民个人等社会力量参与到为老服务的行列中来。二是形式多样化，既可以为老年人提供捐赠、救助、物质帮助，也可以提供其他第三产业服务，为老年人的吃、穿、住、行提供实实在在的便利，在全社会营造尊老、敬老、爱老的社会风气。

第八节 遗赠扶养协议和扶助协议

修订后的老年人权益保障法第三十六条规定：“老年人可以与集体经济组织、基层群众性自治组织、养老机构等组织或者个人签订遗赠扶养协议或者其他扶助协议。负有扶养义务的组织或者个人按照遗赠扶养协议，承担该老年人生养死葬的义务，享有受遗赠的权利。”

扶养，是亲属法上的概念，是指特定亲属间一方须对他方承担生活供养责任的法律关系。扶养关系发生于有扶养必要及有扶养能力的特定亲属间，源于特定的身份关系，是亲属权的一种，有法定的成立要件。非亲属间以及亲属间基于遗嘱、契约等民事行为而非身份关系，也能发生扶养关系，但属于一般的债权债务关系。

遗赠扶养协议和扶助协议即属此种。遗赠扶养协议，是指遗赠人（即被遗赠人，通常为老年人）与扶养人签订的，由扶养人承担遗赠人生养死葬的义务，并于遗赠人死后享有按照协议接受遗赠的权利的协议。遗赠扶养协议有两种，一种是公民与自然人签订的遗赠扶养协议，一种是公民与集体经济组织和基层群众性自治组织签订的遗赠扶养协议。

继承法第三十一条规定，公民可以与扶养人签订遗赠扶养协议。按照协议，扶养人承担该公民生养死葬的义务，享有受遗赠的权利。公民可以与集体所有制组织签订遗赠扶养协议。按照协议，集体所有制组织承担该公民生养死葬的义务，享有受遗赠的权利。修订后的老年人权益保障法第三十六条的规定与继承法第三十一条规定的精神基本一致，但在签订遗赠扶养协议的范围上有所突破。

集体经济组织、基层群众性自治组织、养老机构或者个人可以与老年人签订遗赠扶养协议或者其他扶助协议。一旦双方达成一致意见，签订协议，便产生了法律效力。组织或者个人承担扶养、帮助老年人的义务，享有受遗赠的权利。签订遗赠扶养协议或者其他扶助协议，符合我国的实际情况，有利于对老年人的照顾、扶养、帮助，对老年人安度晚年意义重大。同时，尊敬、扶助、照顾老年人是我国的好传统，应当予以发扬。

第四章　社会服务

社会服务在老年人权益保障中具有重要意义。新修改的老年人权益保障法第五条明确规定：“国家建立和完善以居家为基础、社区为依托、机构为支撑的社会养老服务体系。”按照《社会养老服务体系建设规划（2011-2015年）》的规定，今后一个时期，推进社会养老服务体系建设的指导思想是：以邓小平理论和“三个代表”重要思想为指导，深入贯彻落实科学发展观，坚持政府主导、政策扶持、多方参与、统筹规划，积极应对人口老龄化，以贯彻落实《社会养老服务体系建设规划（2011-2015年）》为目标，以开展“社会养老服务体系建设推进年”活动为载体，以实施“敬老爱老助老工程”为抓手，在“十二五”期间，推动社会养老服务体系建设在规划布局、增量扩面、政策创制、机制创新、行业管理等方面取得明显进展，不断满足人民群众日益增长的养老服务需求，加快建立适度普惠型的社会养老服务体系，为建设全面小康社会作出贡献。

今后五年推进社会养老服务体系建设的总体目标是：到2015年，在我国基本建立起制度完善、组织健全、规模适度、运营良好、服务优良、监管到位、可持续发展，与人口老龄化进程相适应，与经济社会发展水平相协调，以居家为基础、社区为依托、机构为支撑的社会养老服务体系。

第一节　居家养老服务

现代意义上的居家养老不同于传统的家庭养老，主要是立足家庭、以社会服务进家庭为标志，为老年人提供情感交流、精神慰藉和照料服务，是绝大多数老年人的意愿和实际选择，也是世界各国通行的主要养老方式。

一、政府责任

根据新修订的老年人权益保障法第三十七条，在老年人的居家养老服务中，地方各级人民政府和有关部门的责任是通过采取出台专门政策等手段措施，鼓励和支持有能力为居家老年人提供专业服务的机构和组织提供多种形式的服务。民政部门要指导、支持社区自治组织和服务机构，依靠社会养老服务实体，运用市场机制和非营利服务方式，大力开展居家养老服务和社区照料。要采取政府补助困难老人、购买服务、协调指导、评估监管等方式，鼓励各类服务实体进入居家养老服务领域。要拓展服务内容，在继续发展生活照料、家政服务、精神慰藉等传统服务项目的同时，拓展康复护理、无障碍设施改造、紧急呼叫、安全援助和社会参与等服务，满足绝大多数老年人的居家养老服务需求。

二、居家养老服务内容

为老年人提供居家养老服务的内容主要包括满足老年人基本生存需要的生活照料，满足老年人处于急性病突发和生命遇险时延续生命需求的紧急救援，满足老年人日常疾病治疗照护需求的医疗护理，解决老年人精神空虚孤独问题的精神慰藉和心理咨询等等。除上述服务外，《社会养老服务体系建设规划（2011-2015）年》还提出居家养老以上门服务为主要形式，对身体状况较好、生活基本能自理的老年人提供家庭服务、老年食堂、法律服务等；对生活不能自理的高龄、独居、失能等老年人提供家务劳动、家庭保健、辅具配置、送饭上门、无障碍改造、紧急呼叫和安全援助等服务。

三、养老服务补贴

推广建立养老服务补贴制度，对经济困难老年人的养老服务实行资金补贴，是发展适度普惠型社会福利制度的重要组成部分，是建设社会养老服务体系的重要内容。实践中，各地逐步探索建立这项补贴制度，对经济困难的高龄、独居、失能等老年人入住养老机构或接受社区、居家养老服务提供资金支持。有的地方建立了标准，区别不同老年人，根据不同的经济状况和服务需求，实施不同的养老服务补贴。

新修改的老年人权益保障法第三十七条明确提出“对经济困难的老年人，地方各级人民政府应当逐步给予养老服务补贴。”目前，北京、上海、浙江、江苏等经济较为发达的省份和地区已经开始发放养老服务补贴，取得了很好的社会效果，老年人获得了专项补贴，可以用来配置必要的康复辅具，提高生活自理能力和生活质量。

第二节　社区养老服务

随着人口老龄化的发展，我国的家庭结构日趋小型化，空巢家庭增多，传统的家庭养老服务功能逐渐弱化，居家养老需要得到社区的支持。必须大力发展社区养老的依托作用和发展社区日间照料服务。

新修订的老年人权益保障法第三十八条规定：“地方各级人民政府和有关部门、基层群众性自治组织，应当将养老服务设施纳入城乡社区配套设施建设规划，建立适应老年人需要的生活服务、文化体育活动、日间照料、疾病护理与康复等服务设施和网点，就近为老年人提供服务。发扬邻里互助的传统，提倡邻里间关心、帮助有困难的老年人。鼓励慈善组织、志愿者为老年人服务，倡导老年人互助服务。”

一、发展社区养老服务

社区，是指聚居在某一地域内的居民按一定的制度和关系组织起来的，有统一管理组织和管理措施的区域。

（一）社区服务

社区服务是指以社区为基本单元，以各类社区服务设施为依托，以社区全体居民、驻社区单位为对象，以公共服务、志愿服务、便民利民服务为内容，以满足社区居民生活需求、提高社区居民生活质量为目标，党委统一领导、政府主导支持、社会多元参与的网络化服务。

（二）社区养老服务

社区养老服务是指通过加强社区养老服务设施、服务队伍和信息网络建设，为居家的老年人及时提供日间照料、家政、情感慰藉等多样化的服务。社区养老在我国老年福利服务体系中具有依托作用。

（三）社区养老服务工作情况

早在1993年，民政部、财政部等14部门就联合下发了《关于加快发展社区服务业的意见》，2000年，中办、国办转发了《关于在全国推进城市社区建设的意见》（中办发［2000］23号），2006年，国务院下发了《关于加强和改进社区服务工作的意见》（国发［2006］14号），要求各地采取积极措施，加大投入力度，加强社区建设与服务工作，为包括广大老年人在内的社区居民提供多种便民利民服务，并制定优惠政策，促进社区老年人福利服务业的发展，使其朝着行业化、规范化的方向迈进。

新修订的老年人权益保障法第三十八条明确了地方各级人民政府和有关部门、基层群众性自治组织是发展社区为老服务的主体，强调要把社区养老服务设施纳入社区配套建设规划，逐步建立适应老年人需要的生活服务、文化体育活动、疾病护理与康复等服务设施和网点，就近为老年人提供服务。《社会养老服务体系建设规划（2011－2015年）》规定国家通过新建、扩建、改建、购置等方式，因地制宜建设养老服务设施。新建小区要统筹规划，将养老服务设施建设纳入公建配套实施方案。同时，还规定国家鼓励通过整合、置换或转变用途等方式，将闲置的医院、企业、农村集体闲置房屋以及各类公办培训中心、活动中心、疗养院、小旅馆、小招待所等设施资源改造用于养老服务。

二、邻里互助

邻里之间互帮互助是中华民族的传统美德。老年人是社会的弱者，需要国家、社会、家庭和公民从不同方面给予关心和帮助，从而身心愉悦地度过晚年生活。俗语说，远亲不如近邻，邻里之间来往便利，关照方便。在邻里之间开展互帮互助，对有困难的老年人在衣、食、住、行方面进行关心，照顾，既解决了老年的困难，又能传承光大中华传统美德，值得倡导。

三、慈善、志愿和互助服务

随着人口老龄化. 家庭小型化以及老年人预期寿命的延长，老年人的疾病医护、生活服务、精神慰藉、文化体育、社会参与等生活需求日益增多，这些为老年志愿服务的发展提供了广阔的空间。志愿服务是一种不计报酬、奉献爱心的社会公益服务活动，对于促进平等和谐人际关系的形成，满足老年人的特殊需要，意义重大。特别在当前，社会方方面面对社会服务的需求更加复杂多样，这些社会服务不可能完全依赖于政府部门，也无法完全依靠市场交换的方式获得。因此，需要志愿者提供政府和市场无法提供的服务。老年人相对于其他社会群体，具有自身特殊的需要，除获得必要的物质保障外，还需要在医疗保健、家庭生活等方面，获得形式多样的服务。志愿者在这方面具有特殊优势。

老年人之间互助的新规定是从实践中总结出来的。“年轻的”老人关心帮助“年长的”老人，身体好的老人关心帮助身体差的老人，有家有口的老人关心帮助“空巢老人”等，老年人之间的互帮互助，老人帮老人，双方都有时间，有共同语言，容易沟通，这种形式非常受老人们的欢迎。通过老年人互助，“空巢老人”得以排遣孤独，他们的实际生活困难在互助中也可以得到解决。而且，老年人互助在解决一部分老年人的困难的同时，也丰富了老年人的生活，让一部分老年人实现了“老有所为”，满足了他们继续奉献社会、体现自身价值的愿望和热情。这种新经验上升为法律，作为提倡的新制度固化下来。

第三节 机构养老服务

机构养老是指国家、社会组织和个人通过举办养老机构，为老年人提供养护、康复、托管等服务。机构养老是专业化和规范化的养老服务，它面向的主要对象：一是需由政府供养的孤寡老人，二是空巢老人，三是家庭无力照顾的生活不能自理或半自理老人，四是有经济支付能力愿意到机构接受照料的老人。

社会养老服务应当以机构为支撑，机构养老服务具有一定的优势。养老机构能够满足有需要的老年人的集中服务需求，尤其是为失能、半失能老年人提供专业化照料。同时，养老机构可以利用设施、人员和技术等方面的优势，辐射周边社区，支持居家养老和社区照料服务，提高整个社会养老服务的专业化水平。应当积极发展机构养老服务。

一、增加养老服务投入

我国目前的养老服务存在政府投入不足的难题，主要表现为一些地方和部门对人口老龄化的严峻形势估计不足，对政府履行基本公共服务职能的认识不到位，对养老服务的财政投入比较少，对养老服务政策落实不到位。在福利彩票公益金的分配使用上，有些地方没有重点用于社会养老服务体系建设。

随着国民经济的不断发展，特别是老年人服务需求的不断增加，应当逐步加大资金投入力度，以提高老年人的生活质量，使老年人共享经济发展的成果。新修订的老年人权益保障法第三十九条第一款规定，“各级人民政府应当根据经济发展水平和老年人服务需求，逐步增加对养老服务的投入。”概括性地规定了各级人民政府增加养老服务投入的责任，为有关部门出台具体政策提供了依据。国家和地方应当根据法律的规定，逐步增加对养老服务的投入，支持社会养老服务体系建设。要通过优惠政策推动、市场机制带动，引导和吸引社会资本投入，鼓励金融机构创新金融产品和服务方式，改进和完善对社会养老服务产业的金融服务和信贷投入。各级民政部门要广泛进行社会动员，多渠道筹措资金，建立投资主体多元化、政府投入、彩票公益金投入与社会力量投入相结合的格局，持续加大对社会养老服务体系建设的投入。要积极争取将社会养老服务体系建设所需资金纳入财政预算并建立动态保障机制。民政部和地方要将福利彩票公益金每年留存部分按不低于50%的比例用于社会养老服务体系建设；对不能达到这一比例的省份，民政部将不予资助。要改变福利彩票公益金资助方式，将以往的按项目资助改为“以奖代补”，在充分考虑区位因素、老年人口因素的基础上，对在社会养老服务体系建设中出台法规、政策、标准，推进制度、体制、机制创新，增加地方投入和配套资金，在设施、队伍、能力建设等方面工作优异，尤其是养老床位增加较快且使用率高、社区日间照料设施和居家养老覆盖社区比例高、服务人数多的地方，要加大支持力度。要大力推动慈善事业发展，吸引更多的慈善机构、社会捐赠资金和志愿服务参与社会养老服务体系建设。

二、支持兴办养老服务设施

国家为了扶持社会力量兴办养老机构或者参与养老服务事业发展，在土地供应、资金补助、税费减免等方面出台了一系列优惠政策，但由于一些地方未将国家政策具体化，缺少相应的配套实施机制，还存在城市规划滞后、用地落实困难、税费优惠落实不到位等突出问题，未能充分发挥优惠政策对社会力量参与的激励扶持作用。

为了明确和强调国家对兴办养老服务设施的鼓励态度，新修订的老年人权益保障法第三十九条规定：“各级人民政府和有关部门在财政、税费、土地、融资等方面采取措施，鼓励、扶持企业事业单位、社会组织或者个人兴办、运营养老、老年人日间照料、老年文化体育活动等设施。”既体现了鼓励扶持措施的多样性，也体现了兴办方式的多样性。《社会养老服务体系建设规划（2011-2015年）》提出，要充分发挥市场机制的基础性作用，通过用地保障、信贷支持、补助贴息和政府采购等多种形式，积极引导和鼓励企业、公益慈善组织及其他社会力量兴办养老服务设施。

在兴办运营方式上，也应积极拓展新方式。要大力实施民办公助，对社会办养老服务设施，要根据投资额、建设规模、入住率等，给予一定的建设补贴或运营补贴。要积极稳妥地推进公建民营，允许社会力量通过总体承包、功能承包、委托运营、合资合作等方式，参与政府办养老服务设施的管理和经营。要采取政府购买服务的方式，支持民间资本在为孤老优抚对象、“三无”、五保及低收入的高龄、独居、失能等困难老年人提供的基本养老服务中，发挥积极作用。同时在适当新建的同时，还要注意以改扩建、租赁等多种方式整合现有资源，盘活各种闲置资源，实现资源利用的最大化。

需要提供和落实的税收优惠政策主要包括：对养老机构提供的养护服务免征营业税；对符合条件的非营利性养老机构自用房产、土地免征房产税、城镇土地使用税，其收入为企业所得税免税收入；落实各项鼓励社会力量捐赠养老事业发展的企业所得税、个人所得税政策。对各类养老机构生活用电、用水、用气、用热实现与居民用电、用水、用气、用热基本同价，电价按居民合表用户电价执行。

融资优惠措施主要包括鼓励和引导金融机构在风险可控和商业可持续的前提下，创新金融产品和服务方式，改进和完善对社会养老服务产业的金融服务，增加对养老服务企业及其建设项目的信贷投入。积极探索拓展社会养老服务产业市场化融资渠道。积极探索采取直接补助或贴息的方式，支持民间资本投资建设专业化的养老服务设施。

三、养老服务设施用地保障

用地保障是一种物化的有形的保障，是养老服务设施建设不可缺少的最基本的条件保障。用地问题是制约养老服务发展最突出的难题之一。

新修订的老年人权益保障法第四十条规定："地方各级人民政府和有关部门应当按照老年人口比例及分布情况，将养老服务设施建设纳入城乡规划和土地利用总体规划，统筹安排养老服务设施建设用地及所需物资。非营利性养老服务设施用地，可以依法使用国有划拨土地或者农民集体所有的土地。养老服务设施用地，非经法定程序不得改变用途。"总结了地方实践的成功做法，从规划预留用地、取得方式和用途管制三个层次对养老服务用地保障做出了规定。

（一）规划预留用地

养老服务设施的基本建设是养老服务发展的先决条件。改革开放以来，养老服务设施建设取得了一定的成就，设施规模不断扩大，服务条件不断改善。但由于各方面的因素的制约，我国的养老服务设施建设还存在不少问题，如：养老服务设施建设速度未能适应老龄人口增长的速度，不能满足社会养老服务的基本需求；由于历史和现实的原因，养老服务设施建设缺乏统一规划，导致部分老年人口密集的地方极度缺乏服务设施。为此，地方各级人民政府和有关部门应当按照老年人口比例及分布情况，将养老服务设施建设纳入城乡规划，统筹安排养老服务设施建设用地及所需物资。还应同步纳入经济社会发展规划、土地利用规划和年度土地利用计划，合理安排用地需求。

（二）使用划拨用地

按照国土资源部发布的《划拨用地目录》，综合性社会福利设施、老年人社会福利设施等非营利性社会福利设施用地可以采取划拨方式供地。另外，农村养老服务设施用地，可以依法使用农民集体所有的土地。民间资本举办的非营利性养老机构享受与政府兴办养老机构相同的土地使用政策。

（三）用途管制

为了保证养老服务设施用地的公益性质，防止变相用于商品住房等房地产开发，确保服务供给数量，修订后的老年人权益保障法规定："养老服务设施用地，非经法定程序不得改变用途。”擅自改变用途的，依照相关法律规定处理。比如《中华人民共和国土地管理法》第八十条规定：“不按照批准的用途使用国有土地的，由县级以上人民政府土地行政主管部门责令交还土地，处以罚款。”

四、养老服务机构优先保障人群

修订后的老年人权益保障法第四十一条规定：“政府投资兴办的养老机构，应当优先保障经济困难的孤寡、失能、高龄等老年人的服务需求。”这是根据政府公共服务的性质和机构养老现状作出的新规定。我国养老机构面临总量不足和结构失衡的双重矛盾。其中，结构失衡的一个突出表现，就是有不少养老机构过于强调市场化和高档化，因超出老年人消费能力而出现床位闲置现象，而另一方面那些可以提供长期护理服务，主要面向失能、孤寡、高龄等经济困难老年人服务的机构则严重不足，一床难求的现象十分突出。为此，本条对政府办养老机构，作出优先保障经济困难老年人的规定。由于公办养老机构由国家出资，具有强烈的再分配功能，在服务对象上理应向最需要服务而又困难的特殊老年群体倾斜。《社会养老服务体系建设规划（2011-2015年）》也明确要求，在兼顾全体老年人改善和提高养老服务要求的基础上，应当优先满足孤老优抚对象及低收入的高龄、独居、失能等困难老年人的服务需求。至于民办养老机构，虽然国家仍然鼓励其向最需要服务的特殊困难群体优先提供服务，但不宜强制要求，而主要是通过市场机制去调节。

第四节 对养老服务的管理

制约养老服务发展的因素很多，养老服务行业监管力度不够是重要因素之一。目前，国家虽然已经出台了一些规范和标准，但总的来看，还存在诸多空白领域，亟需尽快健全相关的规范和标准，才能使养老服务健康发展

"有法可依"。新修订的老年人权益保障法第四十二条规定："国务院有关部门制定养老服务设施建设、养老服务质量和养老服务职业等标准，建立健全养老机构分类管理和养老服务评估制度。"原则性规定了国务院有关部门制定相关标准和规范的责任，主要涉及硬件设施标准、服务质量标准以及服务人员职业标准等内容。

一、养老服务设施建设标准

建设部和民政部1999年联合发布了强制性行业标准《老年人建筑设计规范》（编号为JGJ122－99）。该规范自1999年10月1日起施行，对老年人建筑设计规定了明确的标准。成为实践中养老服务设施的建设标准。

养老机构建设管理中应该避免三个倾向：第一，避免脱离实际盲目而上的倾向。养老机构建设要按照布局合理、种类齐全、功能多样的要求，科学组织实施，不能搞一哄而上、盲目发展。避免出现"一床难求而又大量床位闲置"的不平衡、不协调和资源浪费现象。要从本地实际需要出发，坚持以需求为导向，认真做好项目的可行性研究和科学论证工作，多建设一些国家鼓励、地方支持、老百姓欢迎的项目，不能互相攀比，更不能将养老机构建成政府的形象工程、政绩工程、面子工程。第二，避免规模至上追求档次的倾向。养老机构建设规模应根据所在地常住老年人口数，并结合当地经济社会发展水平和机构养老服务需求等因素综合确定。要按照实际实用的原则，推行中、小型化、社区化，重点支持建设供养型和养护型养老机构，防止片面追求大规模、高档次，不能超越当地实际需要和管理能力。第三，避免重硬件轻软件建设的倾向。要坚持硬件和软件同等重要，同步推进的原则，防止将工作重心放到跑项目、争投资、铺摊子上，却不致力于推动养老服务上水平、上质量、上实效，为今后的可持续发展留下后患。为此，必须改变工作方式，克服两眼盯着项目转的做法，在加强硬件建设的同时，将更多的精力放在研究制定政策法规、改革创新体制机制、提升改善服务管理等软件建设上，做好制度设计，规划引领，避免走弯路，促进长期、健康、可持续发展。

二、养老服务职业标准

应当建立职业资格制度。对各类养老服务从业人员，要按照国家有关规定实行职业资格证书制度，积极开展养老护理员职业技能培训鉴定工作，大力推行养老机构院长资质培训和养老护理员持证上岗制度，使养老机构院长资质培训率达到100%，养老护理员持证上岗率达到较高幅度。

三、养老服务机构分类管理制度

目前，我国营利性和非营利性养老机构并存。对于这两类民办养老机构，要按照国家政策规定，实行分类扶持。对非营利性民办养老机构提供集中养老、居家养老和社区养老服务，要根据其投资额、建设规模、床位数、入住率和覆盖社区数、入户服务老人数等因素，给予一定的建设补贴或运营补贴。对于营利性民办养老机构，要支持其根据市场需求，丰富服务形式和服务内容，为老年人提供多样化的选择性服务。要鼓励民办养老机构接收安置政府供养对象，政府按规定标准将生活、医疗、照料等费用转入民办养老机构。

四、养老服务质量及评估制度

各地逐步摸索建立了养老服务评估制度。重点在实行资格评估和需求评估上做文章。资格评估重在考量老年人的经济收入状况，以确定其是否可以享受养老服务补贴。当前，要优先将经济困难老年人纳入补贴范围，有条件的地区，要逐步扩大受益面。需求评估重在考量老年人的身体状况，以确定其养老服务方式和补贴标准。要以老年人的自理能力、精神状况、疾病特征、生活环境等作为依据，进行分级分类。对于评估确定为失能失智的，要根据老年人及其家庭意愿，优先保证其进入机构养老，并根据失能失智程度，发放养老服务补贴或者护理补贴。对于评估确定为生活自理的，要引导其选择居家养老或者社区养老。要加强评估机构建设，既可以依托专业机构（包括养老机构）进行评估，也可以委托第三方社会组织开展评估,还可以在社区公共服务平台建立评估站点，与医院、养老机构等评估机构相连接，开展服务评估工作，有条件的地方还可以建立专门的评估机构。要制定评估办法和标准，完善评估程序，促进养老服务评估制度的规范化、专业化和公平公正。同时，要结合对养老机构的监管，加强质量评估工作。

2005年，上海市经过一年多的探索试点，创新开发出符合市情、较为规范的上海养老服务需求评估标准，并逐步在全市推广实施。北京市东城区建立居家养老服务评估体系，对申请人的补贴资格和居家养老服务人员的服务质量进行评估，不断提高老年人对服务需求的满意度，保障政府购买服务的有效落实。天津市统一制定了居家养老服务需求评估标准，统一组织评估人员培训，印发了《天津市居家养老服务需求评估表》，由各区县民政部门负责组织对符合条件的老年人进行照料等级评估工作。上海浦东新区采取通过整合资源，招募具有医学、康复、护理专业的人员，建立起了一支24人的专业、职业化的养老服务需求评估员队伍，形成了“区级+街镇”的两级评估网络，已10家养老机构试点开展了机构养老服务需求评估工作，为制定相关制度奠定了实践基础。

五、养老服务收费项目和标准

修订后的老年人权益保障法第四十二条第二款规定：“各级人民政府应当规范养老服务收费项目和标准，加强监督和管理。”在实践中，特别要注意建立科学合理的价格形成机制：非营利性养老机构提供的养老服务，其价格实行政府指导价。营利性养老机构提供的服务，根据其提供服务的质量，实行自主定价。

第五节　对养老机构的监管

为了加强对养老机构的监督管理，修订后的老年人权益保障法建立了养老机构准入退出制度和监管机制。

一、养老机构准入制度

（一）设置准入制度的必要性和可行性

养老机构承担着为老年人提供住宿照料服务的任务，在我国社会养老服务体系中发挥着重要支撑作用。近年来，随着生活水平的不断提高、人口寿命的不断延长和传统观念的逐步转变，越来越多的老年人选择机构养老。同时，随着养老机构的发展，出现了一些机构在设施设备不合格以及消防、建设、卫生、服务等条件不达标的情况下，未经主管部门批准擅自设立，无照经营，导致发生火灾、虐老等问题；出现了一些养老机构长期游离于政府监管范围之外，扰乱正常养老市场秩序的现象；出现了一些投资人在缺乏了解的情况下筹备开展养老业务，由于建设、服务和管理不规范导致老年人意外伤害、走失的现象，严重影响到老年人的合法权益，亟需从法律制度上确立养老机构的设立许可制度。

从法律制度上确立养老机构设立许可制度在现实中已经具备一定的基础。行政许可法规定，直接关系人身健康、生命财产安全等特定活动，需要按照法定条件予以批准的事项等，可以设立行政许可。养老机构与教育机构、医疗机构同属公共服务机构，目前，教育部门、医疗部门都对教育机构、医疗机构实施前置设立许可。养老机构是为老年人提供住宿照料服务的机构，服务内容包括老年人的饮食、住宿、养护、康复等多方面，直接关系老年人的人身健康、生命财产安全，可以参照教育机构、医疗机构行业管理的模式，通过法律法规设定，进行事前监管即依法实施设立许可，全方位实现对养老机构的监督管理。实践中，我国广东、北京、天津、上海、山东等地针对养老机构的管理问题，陆续出台了一些规章制度，涉及了养老机构筹备、审查、建立等程序和规定，对于建立统一的养老机构行业管理制度是有益的探索和尝试，为在法律中规定养老机构设立许可提供了实践经验。从国际经验看，对养老机构实施行政许可也是西方发达国家的普遍做法。

民政部1999年发布的《社会福利机构管理暂行办法》对老年人社会福利

机构的设置做了明确的许可规定，但行政许可法颁布实施后，该规章由于缺乏上位法依据而失去效力。在前期征求意见过程中，社会各界、主管部门以及养老机构都迫切希望在此次修订中明确规定对养老机构实施行政许可。建立养老机构设置许可制度，对养老机构的设立条件、许可程序、变更退出程序和监督管理作出明确规定，将所有类型的养老机构统一纳入行业规范管理的范围，有利于引导社会力量理性兴办养老机构，有利于养老机构依法依规运营，防范和规避风险，有利于保护投资人利益，促进养老机构可持续发展。

（二）设立条件

修订后的老年人权益保障法第四十三条规定："设立养老机构，应当符合下列条件：（一）有自己的名称、住所和章程；（二）有与服务内容和规模相适应的资金；（三）有符合相关资格条件的管理人员、专业技术人员和服务人员；（四）有基本的生活用房、设施设备和活动场地；（五）法律、法规规定的其他条件。"按照上述规定，设立养老机构必须具备五项条件：

一是具备主体基本条件。即有名称，设立养老机构应当依法依规确定机构名称。有住所，养老机构住所是指养老机构设立登记事项中所明确的养老机构主要办事机构所在地，它对于确定养老机构的设立许可机关和管理部门以及养老机构在民事诉讼中的地域管辖和法律适用有着重要作用，是养老机构设立的重要条件。有章程，养老机构章程是养老机构的举办者依据国家法律、法规以及规章制定的，依法自主提供养老服务的自律性文件。各类养老机构的登记形式和特色有很大的差异，因此，不同养老机构的具体内容会有一定区别。比如登记为民办非企业单位的养老机构章程，可以参照《民办非企业单位（法人）章程示范文本》的内容，结合自身实际制定。

二是具备资金条件。资金是养老机构设立后开展业务活动的物质条件，也是养老机构对外承担民事责任的保证。资金的数额应当与服务内容和规模相适应。由于各地情况差异较大，养老机构的组织形态又有不同，修订后的老年人权益保障法没有规定具体的资金设立数额，地方可以根据具体情况，结合实际，确定在设立许可登记实践中的掌握标准。

三是具有工作人员。由于养老机构主要是提供养老服务的机构，管理人员、专业技术人员和服务人员应当符合相关的资格条件。其管理人员，特别是养老机构院长必须符合一定的资质；其专业技术人员，如医生、护士、养老护理员等，应当具有相应的职业资格证明文件；其服务人员应当参加一定的职业培训。同时，上述三种人员还应当按照相关规定符合一定的配比要求。

四是具有场地。主要是具备基本的生活用房、设施设备和活动场地。场地必须符合养老机构建筑设计规范和技术标准，符合国家消防安全、卫生防疫等标准。

五是符合兜底条款。为了保证逻辑的周严性，明确设立养老机构，要符合法律、法规规定的其他条件。

上述条件是在继承《社会福利机构管理暂行办法》的有关规定，吸收借鉴北京、天津、上海、陕西、吉林、新疆、黑龙江等地地方立法的条件设置表述基础上高度概括而成，如此规定可为地方细化规定留足制度设计空间。需要指出的是，修订后的老年人权益保障法规定的养老机构是指为老年人提供住宿照料服务的机构，与为老年人提供医疗康复护理服务、在实践中多被作为医疗机构对待的医疗护理型养老机构有所不同，后者已有医疗机构管理条例等行政法规和规章规范管理。

（三）准入程序

修订后的老年人权益保障法第四十四条规定："设立养老机构应当向县级以上人民政府民政部门申请行政许可；经许可的，依法办理相应的登记。"

此条款明确了三个问题：一是许可主体是民政部门。设立养老机构时，必须经过行政许可，由民政部门负责行政审批。也就是实行统一许可制度，即明确由县级以上人民政府民政部门统一行使设立许可权。二是获得民政部门业务许可后，依法进行登记。即按照《民办非企业单位登记管理暂行条例》、《事业单位登记管理暂行条例》以及工商登记相关法律法规的规定，进行主体资格登记。三是县级以上民政部门均有许可权。具体的许可权限范围没有明确，为行政法规、地方性法规以及部门规章留下了空间。

（四）过渡期措施设计

设置养老机构准入门槛后，部分之前成立的为老年人提供住宿照料服务的组织可能不符合设立条件。对此，修订后的老年人权益保障法第八十四条规定："本法施行前设立的养老机构不符合本法规定条件的，应当限期整改。具体办法由国务院民政部门制定。"关于过渡措施的规定，主要借鉴了我国香港特别行政区《安老院条例》和台湾省《老人福利法》中的有关规定。

目前，考虑到养老机构的组织形式存在多样性特点，实际情形较为复杂，经过初步论证，暂定两年的整改期。但具体的程序和过渡期规定，有待在民政部的配套规定中进一步明确。

二、养老机构变更、退出制度

修订后的老年人权益保障法第四十五条规定："养老机构变更或者终止的，应当妥善安置收住的老年人，并依照规定到有关部门办理手续。有关部门应当为养老机构妥善安置老年人提供帮助。"本条对养老机构的变更、终止等问题作了原则规定，其具体的变更、终止的条件标准，申请、受理、审查、决定的程序和期限，乃至变更、终止的具体事项和内容等细节问题，留待今后制定专门的养老机构行政法规或部门规章时，与许可的操作性程序一并详细规定。

养老机构变更或者终止，首先要妥善安置收住的老年人。鉴于养老机构服务对象和服务性质的特殊性，为防止因养老机构发生变故而侵害收住的老年人权益，法律规定任何养老机构变更或者终止时，都应当妥善安置收住的老年人。其次要到有关部门办理手续。一是到养老服务业务的许可部门即民政部门办理相关的变更或者终止登记；二是依据养老机构的组织性质，到负责营利性组织工商登记的工商部门，或者负责事业单位法人登记的编制部门，或者负责非营利性组织主体资格登记的民政部门办理变更或者终止登记手续。另外，从维护老年人合法权益、促进社会和谐稳定的角度，还明确规定有关部门应当监督和协助养老机构妥善安置老年人。

三、多部门共同监管

修订后的老年人权益保障法第四十四条规定："县级以上人民政府民政部门负责养老机构的指导、监督和管理，其他有关部门依照职责分工对养老机构实施监督。"由于养老机构的管理涉及多个政府职能部门，故在明确民政部门职责时，同时规定其他相关职能部门在各自职责范围内对养老机构进行监督。民政部门负责对养老机构进行指导、监督和管理，主要还是从养老服务业务的角度进行业务指导、行业监督和行政管理。政府其他部门则分别按照各自职责范围，对养老机构实施监督。物价部门进行养老服务收费价格监管。公安消防部门负责对养老机构的消防安全开展定期检查，普及消防常识，落实消防安全责任制。卫生部门负责对养老机构开展医疗服务进行支持和指导，对食品安全进行监管，对老年人健康检查有关政策的落实情况进行监督检查。人力资源和社会保障部门负责对养老机构招用人员的就业、社保、职业培训鉴定等情况进行监督。

第六节　养老服务人才队伍建设

修订后的老年人权益保障法第四十六条规定："国家建立健全养老服务人才培养、使用、评价和激励制度，依法规范用工，促进从业人员劳动报酬合理增长，发展专职、兼职和志愿者相结合的养老服务队伍。国家鼓励高等学校、中等职业学校和职业培训机构设置相关专业或者培训项目，培养养老服务专业人才。"这一条是对养老服务人才队伍建设的规定。

一、养老服务人才队伍建设上存在的问题

养老服务人才队伍建设的情况，直接关系着社会养老服务的发展质量，关系着老年人的切身利益。

目前，我国养老服务人才队伍建设存在两个突出问题：一是养老服务专业人才培养起步较晚，目前，虽然有一些院校已经开设了养老专业，开始培养养老专业人才，但是专业技术人员总体上还是很缺乏。每年取得养老护理员国家职业资格证书的只有2万人，全国从业人员不足百万。大部分养老护理员缺乏基本的护理知识、经验和技能，专业化程度较低。养老机构中的医生、护士、营养师、康复师、心理咨询师、社会工作师等专业人才缺乏。二是培养出来的专业人员不能学以致用，人才培养与现实需求之间存在差距，养老服务人员工资待遇低，发展空间受限，加上伺候人行业的世俗偏见，导致养老服务人才流失严重。应当着力解决数量不足、结构不合理、专业化水平低等突出问题，大力推进养老服务队伍建设，为养老服务事业发展提供有力的人才支撑。

二、推动养老服务人才队伍建设的重点

《社会养老服务体系建设规划（2011-2015年）》明确提出，要加快人才培养，提升服务质量，加强养老服务职业教育培训，有计划地在高等院校和中等职业学校增设养老服务相关专业和课程，开辟养老服务培训基地，加快培养老年医学、护理、营养和心理等方面的专业人才，提高养老服务从业人员的职业道德、业务技能和服务水平。推行养老护理员职业资格考试认证制度，五年内全面实现持证上岗。完善培训政策和方法，加强养老护理员职业技能培训。支持养老机构吸纳就业困难群体就业。加快培育从事养老服务的志愿者队伍，实行志愿者注册制度，形成专业人员引领志愿者的联动工作机制。

下一步，应当在实践中抓好以下四方面工作：

一是逐步扩大以养老护理员为重点的养老服务队伍。推进养老服务队伍建设，制定从业人员职业技术等级评定制度，实行各类养老机构从业人员的职业资格认证和持证上岗制度，逐步实现养老服务人员的职业化、专业化。

二是加强养老服务从业人员的职业技能培训，提高职业道德、业务技能和服务水平。要完善养老服务教材体系、培训政策和培训方法，强化师资队伍建设。要制定养老服务培训规划，出台培训扶持政策，建立分级培训机制。民政部将继续依托北京社会管理职业学院、社会福利中心和社会福利协会，培训养老服务管理人员、鉴定人员、师资和高级以上养老护理员。省级民政部门要负责养老服务管理人员、中高级养老护理员的培训，并可根据需要建立或者依托现有养老机构设立培训实训基地。市县级民政部门要普遍搞好初级养老护理员的培训。

三是推行专业学历教育。要鼓励在高、中等职业教育和高等教育中有计划地增设相关专业和课程，并依托民政相关院校，开辟养老服务培训基地，开展养老服务学历教育，加快培养老年服务管理、医疗保健、护理康复、营养调配、心理咨询等方面的专业人才。要开展养老服务方面专业社会工作的学历教育和资格认证。如养老机构具有医疗资质，可以纳入护理类专业实习基地范围，鼓励大专院校学生到各类养老机构实习和就业。

四是多途径扩大养老服务人才队伍的数量。发展专职、兼职和志愿者相结合的养老服务队伍。通过购买服务、政府补贴等多种形式，支持养老机构吸纳就业困难群体就业。建立志愿服务平台，吸纳更多的志愿者，通过兼职提供志愿服务，补充到养老服务人才队伍中来。

第七节 养老机构服务风险防范

修订后的老年人权益保障法第四十七条第一款规定：“养老机构应当与接受服务的老年人或者其代理人签订服务协议，明确双方的权利、义务。”第四十八条规定：“国家鼓励养老机构投保责任保险，鼓励保险公司承保责任保险。”加强了对养老机构运营中的纠纷处理和风险防范。

一、签订养老服务协议

随着老年人入住养老机构养老人数的增多，养老机构自我管理能力有待增强，每年都有数起意外事故发生，导致机构与老人之间纠纷越来越多。为减少和避免老人在机构发生意外后纠纷难解的问题，保障入住老人和家属的正常生活，维护各方的合法权益，修改后的法律明确规定："养老机构应当与接受服务的老年人或者其代理人签订服务协议，明确双方的权利、义务。"

双方在签订服务协议时，应当注意以下几个问题：一是为了保证机构在协议履行过程中保护老年人的合法权益，老年人及亲属在签约时，应对机构的资质等情况进行实地考察，满意后才可签订，对服务协议要有所了解。二是服务协议标的是服务行为，应在协议中明确。即根据法律规定或当事人的约定，由机构向老人提供的生活和医疗服务，具体表现为进行一定的行为和完成一定的工作。所以在协议的开始要先将标的即服务标准确定下来。三是机构的应尽义务。包括维护住养人的合法权益，为住养人建立健康档案，按照住养人的护理等级和约定提供相应标准的服务，定期为住养人检查身体（如果住养人身体发生变化，养老机构应当协助进行治疗），经常与住养人进行必要的感情交流，保证院内设施的安全，为住养人提供安全、舒适的生活条件，对因工作人员失职造成的责任事故负责，重视住养人的生活习惯和合理要求，随时为自愿出院的老年人办理出院手续。四是住养人的权利和义务。包括有权对入住机构的服务质量和服务态度提出意见、批评或向上级主管部门投诉，遵守机构里的规章制度，配合机构的生活安排，与其他的住养人和睦相处。有权根据自身的情况要求机构提供购物、联系亲友和家人、饮食、医疗条件的服务。有权提出改善生活、饮食、医疗条件的要求，但对超出原标准的服务应当承担相应的费用。严格遵守出入院登记制度外出，并对自己的行为承担责任。应当及时交纳费用。五是协议中还应当包括机构和住养人的名称和住所、收费标准及交款方式、履行方式和地点、违约责任、解决争议的方法等项目。

二、投保责任保险

根据保险法第五十条、五十一条的规定，责任保险是指以被保险人对第三者依法应负的赔偿责任为保险标的的保险。保险人对责任保险的被保险人给第三者造成的损害，可以依照法律的规定或者合同的约定，直接向该第三者赔偿保险金。责任保险的被保险人给第三者造成损害，被保险人对第三者应负的赔偿责任确定的，根据被保险人的请求，保险人应当直接向该第三者赔偿保险金。被保险人怠于请求的，第三者有权就其应获赔偿部分直接向保险人请求赔偿保险金。责任保险的被保险人因给第三者造成损害的保险事故而被提起仲裁或者诉讼的，被保险人支付的仲裁或者诉讼费用以及其他必要的、合理的费用，除合同另有约定外，由保险人承担。

责任险主要承保被保险人在其经营的地域范围内依法从事生产经营或其他活动时，因发生意外事故而造成他人（第三者）人身伤亡和财产损失，依法应由被保险人承担的经济赔偿责任，具有广泛的适用性。由于服务对象的特殊性，机构养老服务是一个风险较高的行业。调查发现，一旦住养老人发生意外伤亡事故，将会给养老机构带来沉重的赔偿负担，有的甚至因此而难以为继。因此，需要建立有效的风险分担机制。为了推行上述制度，修订后的老年人权益保障法第四十八条规定："国家鼓励养老机构投保责任保险，鼓励保险公司承保责任保险。"

第八节　医疗卫生服务

修订后的老年人权益保障法第四十九条规定："各级人民政府和有关部门应当将老年医疗卫生服务纳入城乡医疗卫生服务规划，将老年人健康管理和常见病预防等纳入国家基本公共卫生服务项目。鼓励为老年人提供保健、护理、临终关怀等服务。国家鼓励医疗机构开设针对老年病的专科或者门诊。医疗卫生机构应当开展老年人的健康服务和疾病防治工作。"

一、完善医疗卫生服务

近年来，老年卫生工作进展明显。一是老年卫生服务网络日益健全，老年护理服务逐步延伸到家庭和社区。二是老年医疗保障不断加强，基本医疗保障制度有效减轻了老年人的就医负担。三是老年卫生服务内容逐步拓展，老年人健康管理已经纳入医改基本公共卫生服务项目。按照卫生部等部委颁布的《关于促进基本公共卫生服务逐步均等化的意见》（卫妇社发〔2009〕70号），我国现阶段，国家基本公共卫生服务项目主要包括：建立居民健康档案，健康教育，预防接种，传染病防治，高血压、糖尿病等慢性病和重性精神疾病管理，儿童保健，孕产妇保健，老年人保健等。其中的老年人保健主要是指对辖区65岁及以上老年人进行登记管理，进行健康危险因素调查和一般体格检查，提供疾病预防、自我保健及伤害预防、自救等健康指导；慢性病管理是指对高血压、糖尿病等慢性病高危人群进行指导。对35岁以上人群实行门诊首诊测血压。对确诊高血压和糖尿病患者进行登记管理，定期进行随访，每次随访要询问病情、进行体格检查及用药、饮食、运动、心理等健康指导。并以妇女、儿童、老年人、残疾人、慢性病人等人群为重点，在自愿的基础上，为辖区常住人口建立统一、规范的居民健康档案，健康档案主要信息包括居民基本信息、主要健康问题及卫生服务记录等；健康档案要及时更新，并逐步实行计算机管理。

有研究显示，我国人口老龄化与人口健康水平低并存，老年人带病生存时间长，消耗医疗卫生资源大。据测算，我国老年人慢性病患病例数将由当前的1.1亿次，增长到2050年的3亿例，老年人口疾病经济负担占GDP的比重，将由当前的2%提升至2050年的5%。我国现有医疗卫生服务体系建设中，依然存在“重医疗、轻预防”的现象，老年卫生保健体系尚未健全，老年护理机构建设滞后。整体上看，我国医疗卫生事业发展与人口老龄化、高龄化的客观要求还有一定差距，老年人口健康水平低，健康预期寿命与发达国家平均水平差5岁左右，在老龄化水平相同的情况下，我国面临比发达国家更沉重的养老负担。

为了保障老年人依法享受基本公共卫生服务，各级人民政府和有关部门亟需做好两项工作：一是将老年医疗卫生服务纳入城乡医疗卫生服务规划，二是将老年人健康管理和常见病预防等纳入国家基本公共卫生服务项目。由于老年人对医疗卫生服务的依赖性较大，法律做了进一步的强调。该规定也与《中国老龄事业发展“十二五”规划》和《社会养老服务体系建设规划（2011-2015年）》的规定一致。按照《社会养老服务体系建设规划（2011-2015年）》的规定，将在“十二五”期间新增各类养老床位342万张，鼓励基层医疗机构为老年人提供卫生服务并监测65岁及以上老人的健康状况，发展老龄化产业以满足老年人的卫生保健需要。此外，还明确提出鼓励为老年人提供保健、护理、临终关怀等服务。

二、开设老年人专科或者门诊

新修订的老年人权益保障法第四十九条第二款规定：“国家鼓励医疗机构开设针对老年病的专科或者门诊。”实践中应当加强对老年多发病的研究，降低老年人常见病的发病率、致残率和病死率，重视老年心理学和社会医学的研究，为老年人提供专业的、有针对性的医疗服务。

三、开展健康服务和疾病防治

卫生部《关于加强我国老年医疗卫生工作的意见》明确要求要积极开展老年病防治工作。城乡医疗机构要充分发挥城乡医疗预防网的作用，开展老年人多发病的防治工作，进行老年流行病学调查，宣传老年病防治知识，指导老年人的健身锻炼与生活安排。县以上综合性医院可创造条件开设老年病科或组，要有一定数量的床位收治老年病人，以利于提高对老年病的诊疗和护理质量。有条件的医院，可积极开展老年病康复医疗，采取理疗、体疗、功能训练、气功、按摩、针灸及心理治疗等综合措施，促进老年病人的病后康复，提高疗效。

四、加强老年病研究和人才培养

修订后的老年人权益保障法第五十条第一款规定："国家采取措施，加强老年医学的研究和人才培养，提高老年病的预防、治疗、科研水平，促进老年病的早期发现、诊断和治疗。"

老年人的健康和疾病问题是我国人口老龄化进程中的一个重要问题。健康的老年人不会增加社会负担，可以继续为社会创造财富，作出贡献。老年人患病，不仅给家庭、国家和社会带来沉重的负担，也给老年人带来病痛折磨。如何使老年人保持健康，防治老年人疾病，成为一个重要问题。

老有所医不单单指老年人有病能够得到医治，还应当包括促进老年人的身心健康，提高生活质量，无病预防，有病能得到治疗和康复。我国目前的老年医学研究缺乏总体规划，老年医学人才缺乏系统的培养，不能适应老年人医疗保障的需求。国家应当采取措施，制定总体规划，增加资金投入，建立老年医学研究机构，从政策上给予鼓励和支持，以加强老年医学的研究和人才的培养，提高老年病的预防、治疗和科研水平，特别是运用现代科学方法加强老年医学研究，以较高的科研水平，指导老年病的预防、治疗，及早发现、诊断和治疗老年病，有病进行及时治疗，对老年人延缓衰老、保障健康以及促进全民族整体健康水平的提高意义重大。

五、开展老年保健

健康教育一般是指为了提高增进身心健康的自觉性，普及有关身心健康的知识而进行的指导教育。加强对老年人不同层次的自我保健教育，宣传卫生科学知识，增强自我保健能力，对于减少老年病的发生，提高老年人身体健康水平很有必要。修订后的老年人权益保障法第五十条第二款规定："国家和社会采取措施，开展各种形式的健康教育，普及老年保健知识，增强老年人自我保健意识。"在实践中，可以采取以下几种保健教育形式。一是举办老年保健讲座。通过请医生、专家等专业人士为老年人讲授养老保健知识、常见病的自我监护和防治、老年人用药须知、简易的推拿按摩等等。二是开展老年健康咨询。可以组织从事医疗保健的医务人员，结合当地实际情况为老年人进行保健咨询，也可以在医疗机构开设老年病咨询门诊，解答老年人有关健康、衰老和疾病等问题。三是利用新闻媒介，宣传老年保健知识，普及老年保健知识。应当看到，我国目前的老年保健教育开展得还不够，老年人的自我保健意识较低。需要开展多种形式的保健教育，增强老年人的自我保健意识，以预防和减少疾病的发生，使老年人延年益寿，安度晚年。

第九节　发展老龄产业

修订后的老年人权益保障法第五十一条规定："国家采取措施，发展老龄产业，将老龄产业列入国家扶持行业目录。扶持和引导企业开发、生产、经营适应老年人需要的用品和提供相关的服务。"

发展老龄产业，必须促进养老事业与养老产业的良性互动，以事业促产业，以产业带事业，实现共同发展。发展老年生活服务、医疗康复、娱乐教育、老年用品、休闲旅游等养老产业，鼓励金融保险机构为养老产业提供相关服务。加强老年旅游服务工作，规范旅游服务市场秩序。积极开发符合老年需求、适合老年人年龄特点的旅游产品；完善旅游景区、宾馆饭店、旅游道路的老年服务设施建设；完善针对老年人旅游的导游讲解、线路安排等特色服务。要鼓励社会组织和市场中介机构参与老年产业发展，提供评估、咨询和第三方认证等服务。要加强对"候鸟式异地养老"、"以房养老"、"土地养老"等方式的研究探索，有条件的地方可先行试点实验。

根据《中国老龄事业发展"十二五"规划》，国家采取措施发展老龄产业主要应从以下两方面着手。一是完善老龄产业政策。把老龄产业纳入经济社会发展总体规划，列入国家扶持行业目录；研究制定、落实引导和扶持老龄产业发展的信贷、投资等支持政策；鼓励社会资本投入老龄产业。引导老年人合理消费，培育壮大老年用品消费市场。二是引导老龄产业健康发展。研究制定老年产品用品质量标准，加强老龄产业市场监督管理。发挥老龄产业行业协会和中介组织的积极作用，加强信息服务和行业自律。疏通老龄产业发展融资渠道。

由于生活环境、物质条件和生理特点的不同，老年人之间的需求不同，与其他人群的需求差异更大。老年人中，有工人、农民、知识分子及离退休干部等，他们的身体素质、经济条件、生活习惯以及各自的习惯各不相同。所有这些决定了老年人的消费心理和消费水平的特殊性。为了相应地增加老年人衣食住行所需的特殊日用消费品的生产，需要对包括工业、商业、服务部门在内的各类企业开发、生产、经营提出特殊要求，开设老年人用品商店或者老年人用品专柜，专门销售老年人使用的衣服、鞋帽、眼镜、拐杖、食品以及其他生活必需品等，为老年人提供高质量高水平的服务。重视康复辅具、电子呼救等老年特需产品的研究开发；拓展适合老年人多样化需求的特色护理、家庭服务、健身休养、文化娱乐、金融理财等服务项目；培育一批生产老年用品、用具和提供老年服务的龙头企业，打造一批老龄产业知名品牌。在鼓励、引导和扶持企业为老年人群体服务的过程中，国家应当承担起相应的责任。各级人民政府应当采取宏观调控手段，运用税收、信贷等经济手段，鼓励、扶持、引导企业开发、生产、经营老年生活用品，适应老年人的需要。

第五章 社会优待

享受社会优待是老年人的权利，优待老年人是全社会的共同责任，也是社会文明进步的重要体现。修订后的老年人权益保障法在总结实践经验的基础上，大大扩展了原法有关老年人优待的内容，在总则中明确规定：老年人有享受社会优待的权利，倡导全社会优待老年人。后边又增设社会优待一章，集中规定了政务服务优待、维权服务优待、医疗服务优待、生活服务优待、农村筹劳优待等，并确立了对常住在本行政区域内的外埠老年人给予同等优待的原则，成为本次修法的一大亮点。

第一节 社会优待的政府责任及其基本原则

修订后的老年人权益保障法第五十二条规定："县级以上人民政府及其有关部门根据经济社会发展情况和老年人的特殊需要，制定优待老年人的办法，逐步提高优待水平。对常住在本行政区域内的外埠老年人给予同等优待。"本条是社会优待的总括性规定，可以从以下两个方面来理解。

一、优待老年人是政府的重要责任

根据现代汉语词典的解释，所谓"优待"就是指"给以好的待遇"，这里的"好"具有比较的意味，某一群体受到优待，一般是指与其他群体相比，该群体能够享受到更大范围或者更高水平的某种待遇，这种待遇既可以体现为经济或者物质上更为优厚的给付，也可以体现为在接受某些服务时所享受的优先照顾。概言之，优待老年人就是指尽量为老年人提供更优厚的物质待遇或者各种优先优惠的社会服务，确保老年人较其他人群享有相对从优的礼遇和照顾。广大老年人曾经为经济社会发展做出了巨大贡献并且仍在力所能及的范围内继续为社会发展进步贡献余热。优待老年人，是承认和尊重老年人历史贡献的重要体现，也是保障老年人共享经济社会发展成果的必然要求。优待老年人是全社会的责任，政府尤其负有不可推卸的重要责任。从制定相关政策到自身率先履行好优待老年人的义务，再到鼓励、支持以及监督社会有关方面共同承担优待老年人的责任，等等，可以说政府的责任涉及到方方面面，其中尤要注意履行好以下职责：

首先，政府需要承担不可替代的政策创制功能，积极研究制定优待老年人的相关政策法规，为全社会优待老年人提供可以遵循的规章制度。因此，修订后的老年人权益保障法突出强调了县级以上各级人民政府及其有关部门制定优待老年人办法的责任。这里的办法，可以表现为多种形式，既可以是具有严格法律效力的法律、行政法规或者地方性法规，也可以是具有较高约束力的部门规章或者地方政府规章，还可以是具有一定约束力或者指导作用的各种规范性政策文件。目前，我国关于优待老年人的规定散见于有关法律法规和各种政策文件之中，如刑法、治安管理处罚法、继承法等法律中就不乏对老年人给予特殊照顾的一些规定。但是，比较集中地规定有关优待老年人措施的，主要体现在以下两大类法规政策中。一是以老年人权益保障法和各地实施老年人权益保障法的办法或者保障老年人权益条例为代表的专门保障老年人权益的法律法规中，二是以2005年全国老龄办等21部门联合下发的《关于加强老年人优待工作的意见》为代表的各级政府或者其有关部门出台的有关优待老年人的专门政策文件。1996年颁布的老年人权益保障法就在就医、参观、游览、乘坐公共交通工具、免除农村老年人劳务负担等多方面规定了要对老年人给以优待和照顾。各地在制定实施老年人权益保障法的办法或者保障老年人权益的条例时进一步丰富了老年人权益保障法中有关优待老年人的规定。这些关于优待老年人的法律法规规定，虽然总体上都比较原则，但是为各地进一步制定各种细化的优待老年人的规范性政策文件，提供了法律依据和方向性指引。因此，更为具体、更具操作性的优待老年人的诸多政策措施通常体现在各种政策文件中。早在老年人权益保障法颁布施行以前，我国一些地方就制定了优待老年人的办法。如1993年天津市就率先出台了《关于为高龄老人实行优待服务的意见》，开启了我国老年人优待政策制定的序幕。1996年老年人权益保障法的颁布施行进一步推动了各地优待政策的出台。2005年，全国老龄办等21部门在总结各地优待政策成果的基础上，联合下发了《关于加强老年人优待工作的意见》，该意见是我国老年人优待政策创制中具有里程碑意义的一份重要文件，是我国在国家层面上首次以多部门名义联合下发的一个优待老年人的专门政策文件，该文件的下发极大地促进了各地优待老年人工作的深入开展。据统计，目前，全国31个省区市都制定了优待老年人的专门政策文件，这些文件成了指导各地普遍而深入地开展老年人优待工作最直接、最有力的依据。正是各地创制的有关优待老年人的大量专门政策文件及其丰富的实践，为这次老年人权益保障法修订时大大扩充社会优待内容并最终将其单列一章提供了丰富的文献和实践基础。目前，我国还没有优待老年人的专门法律法规，而且从短期来看，制定这方面的专门法律法规的条件似乎也还不成熟，因此，修订后的老年人权益保障法所要求的制定优待老年人的办法，在一定时期内还将主要体现在各种各样的政策性文件上。这次老年人权益保障法修订在内容上大大扩充了优待老年人的内容，但限于全国各地发展很不平衡，许多内容难以做出统一而具体的规定。要把优待老年人的原则精神落到实处，还需要各地充分发挥创造性和积极性，结合本地实际研究制定相应的配套政策或者法规来细化和落实老年人权益保障法的这些规定。

其次，政府要按照法律规定，在职能范围内率先做好优待老年人的相关工作，为社会力量优待老年人树立榜样。本章中规定的许多优待内容，如社会保障服务优待、办理涉老权益重大事项的特别注意义务、依法为老年人提供司法救助和法律援助、公共文化体育设施免费或者优惠向老年人开放，等等，可以说实施这些优待的主要责任主体就是各级政府及其有关部门。为此，各级政府及其有关部门在提供有关公共服务的过程中要带头履行好对老年人的优待义务，要切实保障老年人在能够平等享受均等化基本公共服务的基础上，根据经济和社会承受力，进一步对老年人给予适度从优的照顾和优惠。

最后，政府在优待老年人中的一个重要责任是提供必要的公共财政支持和政策扶持。政府不仅自身要做好优待老年人的有关工作，而且要善于引导和调动社会各方面力量都来优待老年人，在全社会营造尊敬和优待老年人的良好氛围。其中，最重要也是最关键的支持是要根据行业领域特征和性质，建立必要的、合理的、可持续的公共财政支持机制。实践表明，很多优待项目，如公共文化体育设施向老年人的免费或者优惠开放，再如公共交通对老年人的优待等等，都或多或少需要政府公共财政在背后做支撑才可能持续发展，特别是对于那些实行市场化、民营化的领域和行业，政府更需要探索通过建立以合理的公共财政补偿机制为核心的各种支持机制，来调动社会各方面力量积极承担优待老年人的社会责任。

二、优待老年人的两个基本原则

（一）与经济社会发展水平相适应原则

经济社会发展水平从根本上决定了老年人优待水平的高低。优待老年人既要考虑老年人的特殊需要，更要考虑经济社会发展阶段和实际承受力。无论是全国层面，还是各地在制定优待老年人办法时，既要站在科学发展观“以人为本”的核心立场上，尽可能最大限度地满足广大老年人享受各方面优待的需要，又要立足全国和各地的经济社会发展实际，量力而行，防止搞超出承受力、超前于发展阶段的“冒进式”优待。这样的优待可能会换来一时的赞誉，但必将难以持续，特别是在我国拥有世界上最大规模老年人口的情况下，尤其值得注意。鉴于此，修订后的老年人权益保障法特别强调要“根据经济社会发展情况和老年人特殊需要，制定优待老年人的办法，逐步提高优待水平”。

（二）同等优待原则

在优待实践中，广大老年人集中反映的突出问题是许多地方的优待只面向本地户籍老年人口，外地老年人难以享受到同等优待。为解决这一问题，这次修订迈出了重大一步，即规定“对常住在本行政区域内的外埠老年人给予同等优待”。这里的关键是如何理解“常住”。本条中的“常住”不是民法“经常居住地”意义上“常住”，而是采用人口普查中对“常住”人口的统计口径，即只要在某地持续居住达半年以上，就算是该地的常住人口。因此，根据修订后的老年人权益保障法，那些虽然并非户籍人口但属于“常住”人口的老年人从此也可以像当地户籍人口一样享受到同等的优待。这样的规定打破了此前许多地方的优待通常只限于本地户籍人口的壁垒，适应了越来越多老年人异地养老的新趋势。同时，由于许多优待项目背后都需要有强大的公共财政作为支撑，考虑到各地的承载能力，这次修订并没有一步到位将同等优待的门槛放宽到“暂住”或者“临时居住”的老年人口。是否向那些暂住的老年人口也一并敞开优待的大门以及具体在哪些项目上给予同等优待，则留待各地根据本地可能流入的老年人口规模、各种资源承载能力等情况审慎决定。据了解，目前，已有浙江、湖北、贵州、宁夏、青海等省区对外埠老年人实行了同等优待，广西和海南等地的优待政策则已惠及常住外埠老年人。总的来看，随着基本公共服务均等化的不断推进、户籍制度改革的逐步深入以及各地经济社会发展水平的不断提高，相信各地同等优待的大门会向越来越多的外埠老年人敞开，以至会有越来越多的优待项目在全国范围内统一实施，届时老年人将真正享受到优待“一卡通”的待遇。

第二节 政务服务优待

一、社会保障服务优待

社会保障服务是直接关系到老年人晚年生活质量的重要基本公共服务。

为保障老年人享有及时、便利的社会保障服务，修订后的老年人权益保障法第五十三条就此作了专门规定："各级人民政府和有关部门应当为老年人及时、便利地领取养老金、结算医疗费和享受其他物质帮助提供条件。"

近年来，随着我国加快推进企业退休人员社会化管理服务以及加强社会保险经办管理服务，较好地保障了老年人能够及时、便利地享受各项社会保障待遇。2003年，中共中央办公厅、国务院办公厅转发了原劳动和社会保障部等部门《关于积极推进企业退休人员社会化管理服务工作的意见》。根据这一意见，企业退休人员社会化管理服务，是指职工办理退休手续后，其管理服务工作与原企业分离，养老金实行社会化发放，人员移交城市街道和社区实行属地管理，由社区服务组织提供相应的管理服务。街道和社区的社会化管理服务工作主要包括：配合社会保险经办机构做好确保养老金按时足额发放工作，保障企业退休人员的基本生活；为企业退休人员提供社会保险政策咨询和各项查询服务；跟踪了解企业退休人员生存状况，协助社会保险经办机构进行领取养老金资格认证；帮助死亡企业退休人员的家属申请丧葬补助金和遗属津贴；集中管理企业退休人员的人事档案；组织企业退休人员中的党员经常开展组织活动，加强企业退休人员的思想政治工作；建立企业退休人员健康档案，有计划地开展健康教育、疾病预防控制和保健工作，提供方便的医疗、护理和康复服务；组织企业退休人员开展文化体育健身活动，指导和帮助他们通过各种形式的社会公益活动发挥余热，开展自我管理和互助服务。不难发现，社会化管理的推进，使得广大企业退休人员可以就近、就便、及时地享受到各项社会保障服务。在基本完全实现企业退休人员社会化管理服务的基础上，劳动保障部门进一步探索开展社会保险社会化服务，大力推进标准化、信息化和专业化建设，使社会保险经办管理服务流程不断优化，便民利民举措不断丰富。应该说，这些重大举措的实施，基本确保了老年人能够"就地"及时便利地领取养老金、结算医疗保险费和享受其他物质帮助。

目前，主要障碍在于异地享受问题，特别是异地报销结算医疗费问题。为解决这些问题，近几年，有关部门也做出了积极努力，取得了一定成效。主要举措如下：第一，推进基本养老保险制度的转移接续，为未来跨区域领取养老金奠定制度基础。2009年，国务院办公厅转发了人力资源和社会保障部、财政部《关于城镇企业职工基本养老保险关系转移接续暂行办法》。2010年通过的《中华人民共和国社会保险法》规定："个人跨统筹地区就业的，其基本养老保险关系随本人转移，缴费年限累计计算。个人达到法定退休年龄时，基本养老金分段计算、统一支付。具体办法由国务院规定。"第二，着力解决异地报销结算医疗费的问题。2009年，财政部会同人力资源和社会保障部下发了《关于基本医疗保险异地就医结算服务工作的意见》，提出要以异地安置退休人员为重点，提高参保地的异地就医结算服务水平和效率，加强异地医疗服务的监控，大力推进区域统筹和建立异地协作机制，方便必须异地就医参保人员的医疗费用结算，减少个人垫付医疗费，并逐步实现参保人员异地就医、持卡结算。截至2011年，已有27个省启动了省内异地就医直接结算，25个省、市级经办机构开展了跨省直接结算探索。2012年，国务院办公厅印发了《深化医药卫生体制改革2012年主要工作安排的通知》，通知要求"今年基本实现参保人员统筹区域内和省内医疗费用异地即时结算，加快推进以异地安置退休人员为重点的跨省医疗费用异地即时结算。"

"十二五"期间，有关部门将加大工作力度，建立全国统一的社会化服务体系。国务院2012年批转的《社会保障"十二五"规划纲要》就加快城乡社会保障统筹，稳步推进保障制度和管理服务一体化建设作了专门部署，主要是："（一）统筹城乡社会保障体系。推进制度整合和城乡衔接，促进城乡一体化社会保障体系建设。研究制定城乡社会保险制度衔接办法，实行城乡居民养老保险统一经办管理。探索整合城乡基本医疗保险管理职能和经办资源，鼓励以政府购买服务的方式，委托具有资质的商业保险机构经办各类医疗保障管理服务。（二）进一步提高统筹层次。稳步提高各项社会保险统筹层次，扩大基金调剂和使用范围，增强基金共济能力。全面落实企业职工基本养老保险省级统筹，实现基础养老金全国统筹。新农保实现省级管理。全面实现医疗、工伤、失业、生育保险地（市）级统筹，逐步建立省级基金调剂制度，积极推进省级统筹。（三）切实做好社会保险关系转移接续工作。以农民工为重点，妥善解决人员流动过程中社会保险关系转移接续问题，实现制度的有效衔接。全面实施城镇企业职工基本养老保险关系转移接续办法。落实医疗保险关系转移接续办法，实现医疗保险缴费年限在各地互认，累计合并计算。以异地安置退休人员为重点，完善异地就医管理服务，探索建立参保地委托就医地进行管理的协作机制。统一社会保险信息管理标准，实现相关信息指标体系和编码体系全国统一，方便全国范围信息交换，适应人员流动需要。”特别是规划提出，要以实现社会保障全国一卡通为目标，完善协调机制，建立统一标准，全面发行社会保障卡，实现社会保障卡跨险种、跨地区广泛应用。围绕广泛推行社会保障一卡通，全面加快社会保障信息化建设。依托国家电子政务网络，建立覆盖全国、联通城乡、安全可靠的社会保障业务信息网络和跨地区信息交换结算平台，建立多险种统管、跨区域接续、城乡一体化的社会保障经办服务系统。加快推进“金保工程”二期建设，建立全国统一的社会保障信息系统，并逐步与医疗卫生、社会福利、社会救助等社会保障相关信息系统做好衔接，实现协同共享。相信随着社会保障“十二五”规划的落实，老年人必将享受到更优质、更便利的社会保障服务。

二、办理涉老权益重大事项时的特别注意义务

修订后的老年人权益保障法第五十四条规定：“各级人民政府和有关部门办理房屋权属关系变更、户口迁移等涉及老年人权益的重大事项时，应当就办理事项是否为老年人的真实意思表示进行询问，并依法优先办理。”这是在总结近年来侵害老年人权益的典型多发案例的基础上，结合老年人行为能力减弱的趋势而特别新增的一条规定。

随着我国老年人口的持续增长，高龄、失能、失智老年群体也相应增多，他们有的存在不同程度的智力障碍，认知和辨识能力较低，不能预料较复杂的行为及后果；有的则存在身体上的限制，难以亲自处理与自己日常生活密切相关的重要事项。实践中经常出现老年人子女或者其他亲属等利用老年人认知水平下降以及行为能力不足的缺陷，违背老年人意愿，擅自到有关部门办理涉及老年人重大权益的一些事项，对老年人权益造成难以挽回的严重侵害。为防范此类侵权案件的发生，修订后的老年人权益保障法特别规定有关部门在办理涉及老年人权益的重大事项时，应当就办理事项是否为老年人的真实意思表示进行询问，这里实际上是要求办理这些事务的有关部门负有“特别注意义务”。所谓特别注意义务是相对于一般注意义务而言的。这里先对“注意义务”作一简单介绍。注意义务本是民法学上的一个重要概念，是指行为人应采取合理的注意以避免给他人的人身或财产造成损害的义务。牛津大学出版的法律字典对注意义务作了这样的解释：“一种为了避免造成损害而加以合理注意的法定责任。在侵权法中，行为人无需因疏忽而承担责任，除非其造成损害的行为或疏忽违反了应对原告承担的注意义务。如果一个人能够合理地预见到其行为可能对其他人造成人身上的伤害或财产上的损害，那么，在多数情况下他应对可能受其影响的人员有注意义务。”一般情况下，有关部门在处理老年人子女或者其他亲属代为办理涉及老年人权益的有关事项时，只要代办人持有老年人的授权证明，甚至只要他们持有老年人的身份证件，基本就可以推定他们得到了老年人的真实授权，顶多只需要对代办人提交的有关书面材料进行形式审查即可，也就是有关部门仅仅负有一般注意义务或者说普通人的注意义务。

但是，由于老年人子女或者其他亲属的特殊身份，很容易获取老年人的信任，并且存在滥用这种信任的现实风险，加之我国对房屋等不动产物权采取登记生效主义，即物权法所规定的“不动产物权的设立、变更、转让和消灭，经依法登记，发生效力；未经登记，不发生效力，但法律另有规定的除外。”可见，一旦老年人子女或其他亲属假托获得了老年人的同意，而擅自办理了房屋产权变更等有关重大事项，老年人将很难轻易地通过申请变更登记或者异议登记等途径来维护自身的权益，如果付诸诉讼途径，将付出极大的维权成本，特别是对那些本来就因为种种原因难以亲自处理自身事务的老年人，更是难上加难。因此，有必要要求有关部门在办理房屋权属关系变更、涉及户口迁移等涉及老年人切身利益的重大事项时，负有就办理该事项是否为老年人的真实意思表示进行询问的特别注意义务。这里的询问，主要是指对老年人的询问，根据老年人的实际情况，可以采取书面、电话或者当面等多种形式来听取老年人的真实意思表示，同时也包括对代办人的陈述以及提供的有关材料等进行必要的询问或者更严格的审查，以确认其真实性，这样可以在一定程度上防止有关人员假借老年人委托之名，擅自处分老年人的重大人身和财产权益。当然，老年人权益保障法的这一规定还比较原则，到底在哪些重大事项中应当承担特别注意的义务，以及特别注意到何种程度，仍需要通过实践的探索来充实和细化。尽管如此，这一规定的价值仍是不容否认的，它至少起到了对有关部门及老年人的双重提醒作用，也就是增强他们的“注意”意识，即要小心而谨慎地行为，防止因自己的疏忽而给别人（或者自身）造成损害。同时，对那些妄图“蒙混过关”擅自处分老年人重大权益的潜在侵权者也能起到一定的警示作用。

至于依法优先办理，无需赘言，一则有依法之约束，二则老年人优先已经成为许多为老服务领域通行的原则，本条规定的优先不过是这一优先原则在政务服务领域的延伸而已。

第三节　维权服务优待

修订后的老年人权益保障法第五十五条规定：“老年人因其合法权益受侵害提起诉讼交纳诉讼费确有困难的，可以缓交、减交或者免交；需要获得律师帮助，但无力支付律师费用的，可以获得法律援助。鼓励律师事务所、公证处、基层法律服务所和其他法律服务机构为经济困难的老年人提供免费或者优惠服务。”该条第一款主要规定了司法救助和法律援助两方面的内容；第二款为新增内容，旨在为经济困难的老年人提供法律服务，保障和帮助他们更好地维护自身合法权益。

一、关于司法救助

司法救助，是指人民法院对于当事人为维护自己的合法权益，向人民法院提起民事、行政诉讼，但经济确有困难的，实行诉讼费用的缓交、减交、免交。实施司法救助的根本目的，在于确保经济有困难的人也打得起官司，也能通过国家的司法救济来维护自身的合法权益。最高人民法院2000年通过、2005年修订的《关于对经济确有困难的当事人提供司法救助的规定》是各级人民法院实施司法救助最直接、最权威的依据。为便于老年人按照规定申请司法救助，现将该规定主要内容介绍如下：

（一）申请司法救助范围

具有下列情形之一的，可以向人民法院申请司法救助：（1）追索赡养费、扶养费、抚育费、抚恤金的；（2）孤寡老人、孤儿和农村“五保户”；（3）没有固定生活来源的残疾人、患有严重疾病的人；（4）国家规定的优抚、安置对象；（5）追索社会保险金、劳动报酬和经济补偿金的；（6）交通事故、医疗事故、工伤事故、产品质量事故或者其他人身伤害事故的受害人，请求赔偿的；（7）因见义勇为或为保护社会公共利益致使自己合法权益受到损害，本人或者近亲属请求赔偿或经济补偿的；（8）进城务工人员追索劳动报酬或其他合法权益受到侵害而请求赔偿的；（9）正在享受城市居民最低生活保障、农村特困户救济或者领取失业保险金，无其他收入的；（10）因自然灾害等不可抗力造成生活困难，正在接受社会救济，或者家庭生产经营难以为继的；（11）起诉行政机关违法要求农民履行义务的；（12）正在接受有关部门法律援助的；（13）当事人为社会福利机构、敬老院、优抚医院、精神病院、SOS儿童村、社会救助站、特殊教育机构等社会公共福利单位的；（14）其他情形确实需要司法救助的。

（二）司法救助的申请及证明材料

当事人请求人民法院提供司法救助，应在起诉或上诉时提交书面申请和足以证明其确有经济困难的证明材料。其中因生活困难或者追索基本生活费用申请司法救助的，应当提供本人及其家庭经济状况符合当地民政、劳动和社会保障等部门规定的公民经济困难标准的证明。

（三）司法救助的审批程序

人民法院对当事人司法救助的请求，经审查符合本规定第三条所列情形的，立案时应准许当事人缓交诉讼费用。对当事人请求缓交诉讼费用的，由承办案件的审判人员或合议庭提出意见，报庭长审批；对当事人请求减交、免交诉讼费用的，由承办案件的审判人员或合议庭提出意见，经庭长审核同意后，报院长审批。

（四）司法救助后的诉讼费用承担

人民法院决定对一方当事人司法救助，对方当事人败诉的，诉讼费用由对方当事人交纳；拒不交纳的强制执行。对方当事人胜诉的，可视申请司法救助当事人的经济状况决定其减交、免交诉讼费用。决定减交诉讼费用的，减交比例不得低于30%。属于孤寡老人、孤儿和农村“五保户”以及正在享受城市居民最低生活保障、农村特困户救济或者领取失业保险金，无其他收入的司法救助申请人，应免交诉讼费用。

（五）骗取司法救助的法律后果

当事人骗取司法救助的，人民法院应当责令其补交诉讼费用；拒不补交的，以妨害诉讼行为论处。

二、关于法律援助

法律援助是指由政府设立的法律援助机构组织法律援助人员，为经济困难或特殊情形下的当事人无偿提供法律咨询、代理、刑事辩护等法律服务。

特殊情形，主要是指依照《中华人民共和国刑事诉讼法》的有关规定，公诉人出庭公诉的案件，被告人因其他原因没有委托辩护人，人民法院为被告人指定辩护时，法律援助机构应当提供法律援助的情形，具体是指：被告人是盲、聋、哑人或者未成年人而没有委托辩护人的，或者被告人可能被判处死刑而没有委托辩护人的，人民法院为被告人指定辩护时，法律援助机构应当提供法律援助，无须对被告人进行经济状况的审查。为促进和规范法律援助工作，国务院于2003年制定了《法律援助条例》。为便于老年人依法申请法律援助，现将该条例重点内容简要介绍如下。

（一）何谓经济困难

经济困难的标准，由省、自治区、直辖市人民政府根据本行政区域经济发展状况和法律援助事业的需要规定。申请人住所地的经济困难标准与受理申请的法律援助机构所在地的经济困难标准不一致的，按照受理申请的法律援助机构所在地的经济困难标准执行。

（二）什么情形下可以申请法律援助

第一，公民对下列需要代理的事项，因经济困难没有委托代理人的，可以向法律援助机构申请法律援助：（1）依法请求国家赔偿的；（2）请求给予社会保险待遇或者最低生活保障待遇的；（3）请求发给抚恤金、救济金的；（4）请求给付赡养费、抚养费、扶养费的；（5）请求支付劳动报酬的；（6）主张因见义勇为行为产生的民事权益的。（7）省、自治区、直辖市人民政府可以对前款规定以外的法律援助事项作出补充规定。第二，刑事诉讼中有下列情形之一的，公民可以向法律援助机构申请法律援助：（1）犯罪嫌疑人在被侦查机关第一次讯问后或者采取强制措施之日起，因经济困难没有聘请律师的；（2）公诉案件中的被害人及其法定代理人或者近亲属，自案件移送审查起诉之日起，因经济困难没有委托诉讼代理人的；（3）自诉案件的自诉人及其法定代理人，自案件被人民法院受理之日起，因经济困难没有委托诉讼代理人的。

（三）向谁提出法律援助申请

根据申请法律援助的不同案件情形，需要向不同的法律援助机构提出申请，具体是：（1）请求国家赔偿的，向赔偿义务机关所在地的法律援助机构提出申请；（2）请求给予社会保险待遇、最低生活保障待遇或者请求发给抚恤金、救济金的，向提供社会保险待遇、最低生活保障待遇或者发给抚恤金、救济金的义务机关所在地的法律援助机构提出申请；（3）请求给付赡养费、抚养费、扶养费的，向给付赡养费、抚养费、扶养费的义务人住所地的法律援助机构提出申请；（4）请求支付劳动报酬的，向支付劳动报酬的义务人住所地的法律援助机构提出申请；（5）主张因见义勇为行为产生的民事权益的，向被请求人住所地的法律援助机构提出申请。如果是刑事诉讼，应当向审理案件的人民法院所在地的法律援助机构提出申请。被羁押的犯罪嫌疑人的申请由看守所在24小时内转交法律援助机构，申请法律援助所需提交的有关证件、证明材料由看守所通知申请人的法定代理人或者近亲属协助提供。

（四）不能亲自申请怎么办

申请人为无民事行为能力人或者限制民事行为能力人的，由其法定代理人代为提出申请。无民事行为能力人或者限制民事行为能力人与其法定代理人之间发生诉讼或者因其他利益纠纷需要法律援助的，由与该争议事项无利害关系的其他法定代理人代为提出申请。

（五）对法律援助申请如何审查

法律援助机构收到法律援助申请后，应当进行审查；认为申请人提交的证件、证明材料不齐全的，可以要求申请人作出必要的补充或者说明，申请人未按要求作出补充或者说明的，视为撤销申请；认为申请人提交的证件、证明材料需要查证的，由法律援助机构向有关机关、单位查证。对符合法律援助条件的，法律援助机构应当及时决定提供法律援助；对不符合法律援助条件的，应当书面告知申请人理由。

（六）对不予法律援助的通知有异议怎么办

申请人对法律援助机构作出的不符合法律援助条件的通知有异议的，可以向确定该法律援助机构的司法行政部门提出，司法行政部门应当在收到异议之日起5个工作日内进行审查，经审查认为申请人符合法律援助条件的，应当以书面形式责令法律援助机构及时对该申请人提供法律援助。

三、关于其他法律服务

除司法救助和法律援助这两项制度化程度较高的特定法律服务外，修订后的老年人权益保障法还对老年人免费或者优惠接受其他法律服务作了规定。提供这些法律服务的机构主要有律师事务所、公证处、基层法律服务所以及其他法律服务机构。为经济困难的老年人提供免费或者优惠服务。

四、近10年来老年人接受各类法律服务的基本情况

由于老年人往往更容易成为经济困难群体，而且司法救助、法律援助规定的许多情形与老年人基本权益的维护有着密切关系，因此老年人一直是法律服务的主要受益人群。据统计，“十五”期间，法律服务机构平均每年为老年人提供法律援助4万多件，代理诉讼和非诉讼法律服务40多万件，调解涉老纠纷40多万件。各级老龄办积极协调配合公安机关、法院和司法行政部门，在一些地方建立起了老年人法律援助中心、老年人权益维护岗、老年法庭和老年维权热线等多种维权载体，加大了对老年人的司法保护力度。一些地方设立了老年维权协调领导小组、老年人权益保障法执法协调小组等维权协调组织，加强了对老年维权工作的组织领导。“十一五”期间，有关部门进一步加强老年维权方面的协作，大力推进各级各类老年人法律援助机构和老年维权协调组织的建设。到2009年底，全国共有老年人法律援助中心19909个，比上年增加2075个，增长了11.6%；老年维权协调组织135704个，比上年增加5.3万个，增长了64.9%。公安、司法机关普遍设立老年人维权“绿色通道”，市、区（县）、街（乡）、居（村）四级法律援助网络建设基本完成。

第四节　医疗服务优待

修订后的老年人权益保障法第五十六条规定："医疗机构应当为老年人就医提供方便，对老年人就医予以优先。有条件的地方，可以为老年人设立家庭病床，开展巡回医疗、护理、康复、免费体检等服务。提倡为老年人义诊。"与原法第二十七条相比，这次修改主要有两点：一是取消了原法只对70周岁以上老年人就医给予优先的年龄限制；二是增加对老年人提供的医疗卫生服务内容，即在原法规定的"设立家庭病床，开展巡回医疗等服务"的基础上，进一步增加了"护理、康复、免费体检"等服务内容。

由于老年人通常比青壮年人口有着更高的疾病风险，因此加强和改进医疗服务对于保障老年人健康，提高老年人生命质量有着更为突出的重要价值。面临人口老龄化给医疗服务带来的挑战和压力，近年来，各地纷纷出台了许多便民措施，大力改进对老年人的优先优惠医疗服务。目前，全国几乎所有地方都在老年人权益保障法实施办法或者保障老年人权益条例以及有关优待的专门政策文件中对老年人医疗服务优待作出了规定。较有代表性的规定，如湖北省规定老年人到各级各类医疗机构（含民营和个体诊所）就医，应当享受优先就诊、化验、检查、交费、取药的优待；有条件的地方，可以为老年病人设立家庭病床，开展巡回医疗等方便服务。北京市规定老年人优先在医院挂号、就诊、化验、检查、交费、取药。天津市规定全市各定点医院，对享受公费劳保医疗的高龄老人挂号、诊治及建立家庭病床一律实行优先；70岁以上老年人就医，凭本人的居民身份证免收普通门诊挂号费。河北省规定全省各级各类医疗单位，对老年人就医给予优先；医院各科室设优先照顾老年人标志，医院门诊大厅、走廊内设老年人休息专座。辽宁省规定省内各级医院、门诊部、疗养院要积极创造条件为老年人开设老年病房、门诊，开设家庭病房，并在挂号室、就诊室、收款处、药局、住院处等窗口挂

“老年人优先”的标志，对老年人优先照顾。70岁以上老年人到省、市、县（区）、乡（镇、场）属医院就诊，免收挂号费。山东省规定老年人到医院就医优先。各医疗机构应当为老年人提供优质医疗保健服务，有条件的医院和社区卫生服务机构应当设置老年人家庭病床；对城镇符合最低生活保障标准的老年人和农村70岁以上的老年人，凭证免收普通门诊挂号费。总的来看，在为老年人提供就医便利和优先方面，全国各地都落实得较好，成效比较显著，便利和优先基本上贯穿到了挂号、就诊、化验、检查、交费、取药、住院等就医全过程和所有环节。

但是，在费用减免上，则普遍做得不够，还有待进一步加大工作力度。目前，费用减免还主要体现在普通挂号费等小额费用的减免上，而对治疗费、手术费、化验费等其他大额开支则没有什么优惠措施。相信这种状况随着我国医疗保险制度的不断完善和医药卫生体制改革的推进，会逐步得到改善，老年人将在就医方面享受越来越多的优先和优惠服务。其中，一个明显的改善就是把健康管理和疾病预防摆在更加突出的位置。自2009年，国家启动医药卫生体制改革以来，国家逐步增加纳入基本公共卫生服务的项目，免费向城乡居民提供。其中，许多项目内容，如建立居民健康档案、健康教育、预防接种、老年人保健、慢性病患者健康管理、重性精神疾病患者管理等，对老年人有着很强的针对性，老年人实际上成为这些项目的主要受益人群。据统计，2010年，全国有5714万老年人接受了健康检查并建立了健康档案。到2011年9月底，8175万名65岁以上老年人获得了免费健康体检。目前，全国许多地方都建立了对65岁以上老年人每年进行一次免费体检的制度。2011年，我国人均基本公共卫生服务补助标准从2009年的15元提高到25元后，进一步有针对性地加大对老年人医疗保健服务的投入，在原来的基础上增加了肝功能、肾功能、心电图检测等检查项目，同时给予生活方式和健康状况评估，对确诊的高血压和糖尿病患者进行随访管理，开展骨质疏松预防、防跌倒措施、意外伤害预防和自救等健康指导。对行动不便的老年人，社区卫生服务机构还提供上门服务或纳入家庭病床管理。

此外，在老年人义诊方面，为解决贫困人口白内障致盲问题，2009年，卫生部和中国残联组织实施“百万贫困白内障患者复明工程”项目，计划用3年的时间为全国100万名贫困白内障患者实施复明手术。截至2010年底，全国29个省（区、市）及新疆生产建设兵团（北京、上海未承担任务）已提前完成任务，开展复明手术共57万余例，其中为60岁以上老年人实施的手术占总手术例数的74.5%。

第五节　生活服务优待

修订后的老年人权益保障法第五十七条第一款规定：“提倡与老年人日常生活密切相关的服务行业为老年人提供优先、优惠服务。”由于与老年人日常生活密切相关的服务行业很多，而且各行各业的经营性质大不相同，很难就细分行业领域及其优待措施作出具体规定，因此，修订后的老年人权益保障法只做了原则规定。生活服务优待的具体落实应当主要依靠各地、各行业根据本地、本行业的实际情况，按照为老年人提供优先、优惠服务的总要求作出针对性、适用性更强的细化规定。多年来，社区服务、物流配送、餐饮购物、交通运输、文体休闲等与老年人生活密切相关的各类服务性行业及企事业单位，根据行业特点和单位情况积极为老年人提供优先、优惠的服务和照顾。修订后的老年人权益保障法重点就老年人交通出行优待和文体休闲优待作了规定。

一、关于交通出行优待

修订后的老年人权益保障法第五十七条第二款规定：“城市公共交通、公路、铁路、水路和航空客运，应当为老年人提供优待和照顾。”对老年人给予一定的交通出行优待一直是老年人权益保障法关注的一个重要内容，也是各地在优待实践中起步较早、成效显著、深受老年人欢迎的一项优待措施。原老年人权益保障法第三十六条规定，地方各级人民政府根据当地条件，可以在乘坐公共交通工具等方面对老年人给予优待和照顾。修订后的老年人权益保障法主要是在原法基础上，对“公共交通”的领域和形态作了明确和限定。具体而言，就是将原法笼统的“公共交通工具”明确为“城市公共交通、公路、铁路、水路和航空客运”，可见老年人享受优待照顾的交通领域涵盖陆、水、空三位一体的立体交通体系。当然，由于城乡之间以及不同交通业态之间经营性质和特点的巨大差异，使得难以在法律上对具体的优待照顾措施一一作出详细规定。从各地实践来看，交通领域对老年人的优待照顾措施主要有：一是设置老年人专座（位）或者专属等候区域。二是上下交通工具的优先权。三是票价上的减免优惠。其中，前两项施行阻力不大，基本上是全国各地通行的普遍做法，具体做法上差异也不大。第三项则由于直接牵涉到各方的经济利益，施行中还存在不少困难，而且各地做法差异较大，集中体现在票价优惠限定在有限的交通业态上而且优惠幅度不一、免票起始年龄各异以及乘车优待证件有别，等等。一般情况是，票价优惠措施多限于短途以及公共汽（电）车上，而长途的以及航空、高铁、地铁等交通业态则较少对老年人实行票价优惠。从那些交通出行优待做得较好的地方的经验来看，归根结底，还在于要建立合理的公共财政补偿机制以及乘车意外风险防范机制。这主要是由于我国公共交通领域的投资和运营已经呈现出主体多元化的格局，在这种情况下，传统的那种“政府请客、企业买单”的做法已经难以持续。因此，老年人权益保障法修订实施后，各地需要统筹兼顾各方面合理利益诉求，因地制宜地采取措施，将对老年人的交通出行优待落到实处。

二、关于文体休闲优待

修订后的老年人权益保障法第五十八条规定：“博物馆、美术馆、科技馆、纪念馆、公共图书馆、文化馆、影剧院、体育场馆、公园、旅游景点等场所，应当对老年人免费或者优惠开放。”此条是对原老年人权益保障法第三十六条关于可以在参观、游览等方面，对老年人给予优待和照顾的充实和细化，主要是将参观、游览的场所予以明确并适当扩展范围，这将为老年人享受公共文化体育服务以及休闲旅游等创造更好的条件。老年人拥有富裕的闲暇时间，随着经济条件的日益改善，越来越多的老年人有条件、有热情参与公共文化体育活动和进行休闲旅游。从实践来看，老年人也是公共文化体育设施使用的主要人群之一，老年旅游已经成为我国旅游业中的一个重要支柱。为老年人使用公共文化体育设施和休闲旅游提供便利优惠，是丰富老年人精神文化生活的需要，也是保障老年人共享经济社会发展成果的必然要求。

多年来，我们在这方面做出了不懈努力，老年人得到越来越多的便利和实惠。早在1999年，文化部印发的《关于加强老年文化工作的意见》中就提出，各级博物馆、纪念馆、美术馆、展览馆等公共文化场所，对老年人参观可给予适当优惠。大中城市缺少广场活动点的地区，可商当地园林部门本着就近就地原则，安排老年人定期优惠进入公园开展文化、体育健身活动。可根据当地季节和风俗习惯，集中组织老年人就近参观自然、人文景观，等等。2003年，国务院颁布《公共文化体育设施条例》，进一步从行政法规的层面对公共文化体育设施的开放问题作了规定。该条例所称的公共文化体育设施，是指由各级人民政府举办或者社会力量举办的，向公众开放用于开展文化体育活动的公益性的图书馆、博物馆、纪念馆、美术馆、文化馆（站）、体育场（馆）、青少年宫、工人文化宫等的建筑物、场地和设备。条例第二十一条规定："需要收取费用的公共文化体育设施管理单位，应当根据设施的功能、特点对学生、老年人、残疾人等免费或者优惠开放，具体办法由省、自治区、直辖市制定。"该条例的颁行加快了各地向老年人开放公共文化体育设施以及提供参观旅游优惠的步伐。2004年，文化部、国家文物局专门就公共文化设施向未成年人等社会群体免费开放下发了通知，通知要求从2004年5月1日起，全国文化、文物系统各级博物馆、纪念馆、美术馆在对未成年人集体参观实行免票的同时，要对持有相关证件的现役军人、老年人、残疾人等特殊社会群体，一并实行门票减免或者优惠。被确定为爱国主义教育基地的各级各类公共文化设施要积极创造条件对全社会开放。

2005年，在总结全国各地经验做法的基础上，全国老龄办等21部门联合下发的《关于加强老年人优待工作的意见》对给老年人提供文体休闲优待作了扩充和细化，其主要内容是：（1）国家财政支持的各级各类博物馆（院）、美术馆、科技馆、纪念馆、烈士纪念建筑物、名人故居、公共图书馆、文化馆（站、宫，含工人文化宫）等公益性文化设施要向老年人免费或优惠开放。（2）公园、园林、旅游景点应积极为老年人提供门票减免，并提倡对外埠老年人实行同等优待。各地公园、园林、旅游景点等公共场所可在“重阳节”或当地“老人节”当日对老年人实行免费开放，具体办法由地方政府制定。（3）提倡公共体育场馆、设施为老年人健身活动提供方便和优惠服务，在淡季可为老年文艺团体优惠提供场地。（4）影剧院应积极为老年人实行票价优惠，在淡季可为老年文艺团体优惠提供演出场地。这一意见的出台激发了各地为老年人提供包括文体休闲优待在内多方面优惠优待的极大热情。特别是随着国家加快推进基本公共服务均等化的步伐，老年人在参与公共文化体育活动和休闲旅游中得到越来越多的实惠。

2008年，中宣部、财政部、文化部、国家文物局等部门联合下发《关于全国博物馆、纪念馆免费开放的通知》。根据通知，全国各级文化文物部门归口管理的公共博物馆、纪念馆，全国爱国主义教育示范基地将全部实行免费开放。在具体实施步骤上，2008年起，中央级文化文物部门归口管理的博物馆全部向社会免费开放；各省级综合博物馆全部向社会免费开放；各级宣传和文化文物部门归口管理的列入全国爱国主义教育基地的博物馆、纪念馆全部向社会免费开放；浙江、福建、湖北、江西、安徽、甘肃和新疆等7省（区）文化文物系统归口管理的省、市、县级博物馆全部向社会免费开放。鼓励有条件的省（区、市）探索全面实行免费开放。2009年，除文物建筑及遗址博物馆外，全国各级文化文物部门归口管理的公共博物馆、纪念馆，全国爱国主义教育基地全部向社会免费开放。通知对暂不实行全部免费开放的文物建筑及遗址类博物馆，则要求其实行低票价政策，继续对未成年人、老年人、现役军人、残疾人和低收入人群等特殊群体实行免费或优惠参观，并向社会承诺定期免费日，制定家庭套票、特定时段票等灵活多样的门票制度，吸引公众走进博物馆和纪念馆。通知下发后，各地积极响应，陆续分步骤分批次制定了本地博物馆、纪念馆等免费或者优惠开放的办法。

2012年，我国颁布的首个基本公共服务体系规划——《国家基本公共服务体系“十二五”规划》将公共文化体育服务作为基本公共服务体系的一个重要组成部分，就“十二五”期间加强公共文化体育服务作了部署。规划要求在“十二五”时期，国家向全民免费开放基层公共文化体育设施，逐步扩大公共图书馆、文化馆（站）、博物馆、美术馆、纪念馆、科技馆、工人文化宫、青少年宫等免费开放范围；在“十二五”时期公共文化体育服务国家基本标准中，要求各地公共文化场馆全年开放时间不少于10个月，除文物建筑及遗址类博物馆外，各级文化文物部门归口管理的公共文化场馆全面向社会开放；此外，对未成年人、老年人、现役军人、残疾人和低收入人群减免参观文物建筑及遗址类博物馆的门票，到“十二五”期末，目标人群覆盖率100%。

第六节　农村筹劳优待

原老年人权益保障法第三十七条规定：“农村老年人不承担义务工和劳动积累工。”修订后的老年人权益保障法第五十九条规定：“农村老年人不承担兴办公益事业的筹劳义务。”这一修改充分反映了农村税费改革以后出现的新情况，进一步减轻了农村老年人承担的筹劳义务。

一、农村义务工和劳动积累工的由来

根据1991年国务院通过的《农民承担费用和劳务管理条例》，农民除缴纳税金，完成国家农产品定购任务外，还需要依照法律、法规承担其他有关费用和劳务。其中，承担的费用主要是通常所称的“三提五统”以及其他

费用。“三提”是指村级集体经济组织按规定从农民生产收入中提取的用于村一级维持或扩大再生产、兴办公益事业和日常管理开支费用的总称，具体包括公积金、公益金和管理费三项；“五统”是指乡（镇）合作经济组织依法向所属单位（包括乡镇、村办企业、联户企业）和农户收取的，用于乡村两级办学（即农村教育事业费附加）、计划生育、优抚、民兵训练、修建乡村道路等民办公助事业的五类款项。承担的劳务就是通常所称的“两工”，即农村义务工和劳动积累工。其中农村义务工，主要用于植树造林、防汛、公路建勤、修缮校舍等。按标准工日计算，每个农村劳动力每年承担五至十个农村义务工。因抢险救灾，需要增加农村义务工的，由当地人民政府统筹安排。劳动积累工，主要用于农田水利基本建设和植树造林。按标准工日计算，每个农村劳动力每年承担十至二十个劳动积累工。有条件的地方，经县级以上人民政府批准，可以适当增加。根据上述条例的规定，承担以上各项费用和劳务，是所有农民应尽的义务，条例并没有对老年人作出豁免性规定。

二、农村税费改革与减轻农民负担

为减轻农民负担，规范农村税费和劳务征用，2000年，中共中央、国务院发布了《关于进行农村税费改革试点工作的通知》。通知针对农村税费制度和征收办法不尽合理，造成农民负担过重的问题，提出开展以“三取消、两调整、一改革”为主要内容的税费改革试点工作。“三取消”，是指取消乡统筹和农村教育集资等专门向农民征收的行政事业性收费和政府性基金、集资；取消屠宰税；取消统一规定的劳动积累工和义务工；“两调整”，是指调整现行农业税政策和调整农业特产税政策；“一改革”，是指改革现行村提留征收使用办法。2001年，国务院在《关于进一步做好农村税费改革试点工作的通知》中就两工问题作出如下规定：“妥善解决取消统一规定的‘两工’后出现的问题。取消统一规定的劳动积累工和义务工，有利于从根本上杜绝强行以资代劳，减轻农民负担，有利于农村劳动力的合理流动，各地要坚决执行。地方在实施过程中，可以一步到位，也可以分步取消。实行分步取消‘两工’的地方，要明确过渡期限，一般不要超过三年。取消‘两工’后，各级政府要积极采取措施，妥善解决农田水利等基本建设和维护所需要的资金投入。”2003年，在总结各地试点的基础上，国务院发布了《关于全面推进农村税费改革试点工作的意见》，意见规定“从2003年起，全面取消农村义务工和劳动积累工。今后，除遇到特大防洪、抢险、抗旱等紧急任务，经县级以上人民政府批准可临时动用农村劳动力外，跨乡、跨村的各项事业建设不得再无偿动用农村劳动力，不得再向农民摊派劳务。村内兴办公益事业确需农民出工的，应严格按照“一事一议”筹劳的有关规定执行。同时，各地要注意按照中央要求，结合各自实际，按照需要可能，民主决定，公开自愿的要求，发挥农村劳动力资源优势，鼓励和引导农民增加劳务投入，进行劳动积累，改善生产生活条件，促进农村经济和各项事业发展。”2004、2005年国务院又连续就深化农村税费改革下发通知，到2006年国家彻底取消了农业税，自此以后，原来统一规定的作为一般性法律义务的筹资筹劳义务改按经由民主程序，采取“一事一议”的办法具体确定。2007年国务院办公厅转发农业部《关于村民一事一议筹资筹劳管理办法》，根据该办法筹资筹劳应遵循村民自愿、直接受益、量力而行、民主决策、合理限额的原则。根据以上文件精神，由于农民义务工和劳动积累工全面取消，对农村老年人自然就不再存在免除“义务工和劳动积累工”的所谓优待。但是，农村老年人仍然要按照规定承担“一事一议”范围内的筹劳筹资义务。只有五保户、现役军人不承担筹资筹劳任务；退出现役的伤残军人、在校就读的学生、孕妇或者分娩未满一年的妇女不承担筹劳任务，以及因病、伤残或者其他原因不能承担或者不能完全承担劳务的村民可以申请，并经符合规定的民主程序讨论通过，可以减免筹劳。这次老年人权益保障法修订从法律上免除了老年人承担兴办公益事业的筹劳义务，这体现了对老年人的照顾和关怀。

三、关于农村老年人筹劳筹资义务减免的其他有关规定

2005年，全国老龄办21部门联合下发的《关于加强老年人优待工作的意见》中规定，“老年人不承担各种社会集资。农村老年人不承担“一事一议”筹劳任务，有条件的地方可以不承担“一事一议”筹资任务。事实上，自2000年开展农村税费改革以来，各地就根据本地经济发展水平和农村实际情况，对农村老年人费用和劳务负担减免作出了诸多有益探索。如浙江省早在2001年即在该省实施老年人权益保障法的办法中规定，农村老年人除缴纳国家规定的税款外，不承担义务工、劳动积累工和社会性集资收费。乡（镇）、街道、村应当对七十周岁以上或者丧失劳动能力的农村老年人承担的费用予以减免。”山东省在2006年下发的《关于规范村级一事一议筹资筹劳的意见》中明确规定，70岁以上老年人不承担筹资任务。云南省2007年修订的《老年人权益保障条例》规定：“任何单位和个人不得强迫老年人承担各种社会集资，不得强迫农村老年人承担筹资、筹劳任务。” 吉林省在《优待老年人规定》中明确“农村老年人不承担‘一事一议’筹劳任务，享受最低生活保障待遇的老年人、分散供养的‘五保’老人及70周岁以上的老年人不承担‘一事一议’筹资任务。”总的来看，几乎所有地方都在政策法规上免除了农村老年人“一事一议”的筹劳义务。至于筹资义务，绝大部分省份都将经济困难或者超过一定年龄（多以70周岁为起点）作为免除老年人“一事一议”筹资义务的条件。

第六章　宜居环境

宜居环境是在本次老年人权益保障法修订时新增的一章。从修订过程看，前期各方面对本章意见存在分歧，反对意见主要是认为本章内容比较原则，并且与其他有关章的内容有一定交叉和重复，因此建议把本章内容分散到其他相关章做出规定；支持者则认为老年宜居环境问题无论在理论研究上还是在我国实践中都还是一个尚未引起足够重视的问题。鉴于我国人口老龄化快速发展的形势和我国城乡规划建设中存在的一些突出问题，将老年宜居环境单列一章，有利于凸显宜居环境建设的重要性，并且可以相对集中地就老年宜居环境的总体特点、规划要求、规范体系、工作重点、政府责任、社会参与等做出比较全面的规定，为下一步制定完善老年宜居环境建设的相关政策法规和推进实践做出原则性的指引。随着修订调研的深入，各方面逐渐对加强老年宜居环境建设的必要性和主要内容达成了一致意见，并且普遍认为新增宜居环境一章是本次老年人权益保障法修订的一个重大亮点和突破。

从最广义的角度来讲，环境是相对于中心事物而言，与某一中心事物有关的周围事物都可以被称为这个事物的环境。按环境要素属性可分为自然环境和社会环境。老年宜居环境是一个包容性极强的提法，可以概括为保障老年人权益，提升老年人生命生活质量的各种外在因素和支持条件。因此在某种意义上，可以说老年人权益保障法其他各章都涉及老年宜居环境建设的内容，都是老年宜居环境在某一方面或者某一领域的具体展开，是老年宜居环境体系的一个有机组成部分。由于社会保障、社会服务、社会优待等章已经对老年宜居环境的“软件”方面做了规定，因此，本章主要从“硬件”角度，对城乡规划、公共基础设施建设、无障碍设施建设、宜居住宅开发和改造等做了规定。

第一节 加强老年宜居环境建设的必要性

一、建设老年宜居环境是时代的要求

老年宜居环境建设是随着人类进入老年型社会而日益凸显出来的一项新的时代任务。长期以来，人们对于人口与环境关系的认识还较多地停留在人口数量对环境的影响上面，特别是人口急剧增多以及生产方式变革对环境带来的损害和污染问题上，而对人口年龄结构的根本转变对于环境的影响和要求则关注不足。在年青型社会中，由于老年人口的总体规模及其在总人口中所占的比重都不大，总体来看，环境建设更多地考虑青年人口生存和生活的需要。随着人类社会从年青型社会向老年型社会的转型，环境建设中不适应老龄化形势和老年人需求的种种问题开始显现，老年人对环境建设的新要求和新挑战逐步引起各国重视。一方面，许多国家纷纷根据本国人口老龄化发展趋势和特点，开始对社会保障和社会服务等软环境进行变革；另一方面更加重视在城乡规划和推进城镇化的过程中对硬件环境建设作出前瞻性规划和适应性改造。可以说，加强老年宜居环境建设是全球人口老龄化背景下，各国共同面临的一项新的时代任务。

二、老年宜居环境建设的国际背景

老年宜居环境就是在宜居环境、宜居城市和老年友好城市等一系列概念之上演化而来的一个新提法，强调在宜居环境建设中要充分考虑和关注老龄化社会转型所带来的新要求和挑战。国外对宜居环境的研究始于20世纪60年代，代表人物是威廉·怀特，他从居住质量的角度关注城市广场和绿地、

住宅设计、步行道路等其他公共空间的功能。20世纪70年代以后，尤其是出现世界八大污染事件之后，保护自然环境、保护开敞空间、反对无序增长的运动在发达国家兴起。进入20世纪90年代，各国政府城市宜居环境建设的领域更为广泛，除硬件建设外，还包括软环境的建设。1996年联合国召开了第二次人居环境大会，提出了城市应当是适宜人类居住地的概念。宜居城市的概念一经提出就在国际社会形成了广泛共识，成为21世纪新的城市发展观。随着人口老龄化成为21世纪全球的一种普遍趋势，国际社会在全面推进宜居环境建设的过程中日益重视老龄化的影响，并进行了积极探索。2007年，世界卫生组织在总结许多国家和地区开展阳光老年计划的经验和做法的基础上，向全球推出了《老年友好型城市指南》（Global Age-friendly Cities: A Guide），倡导国际社会建设适应老年人生理、心理特点的公共和居家环境，为老年人融入社会、参与社会创造必要的环境条件。这里的环境涵盖与个人、家庭和国家相关的各种因素，不仅包括物质条件，也包括影响人们行为和情感的社会因素，这些因素相互影响，对老年人发挥重要作用。简言之，建设老年友好型城市，就是要通过政策、服务、场所和设施等方面的支持，使人们以积极态度面对年老和老年人，主要有以下基本要求或者措施途径：认识老年人有广泛潜能；对老年相关的需求予以积极的预测和响应；尊重他们的决定和对生活方式的选择；保护那些最脆弱的老年人；促进他们全面融入和参与社区生活。在具体标准上，世界卫生组织基于在全球22 个国家33 个城市进行的老年友好型城市的研究和调查结果，开发了一个针对室外空间和建筑物、交通、住房、社会参与、尊老和社会包容、社区参与和就业、交流与信息、社区支持和健康服务等八大领域的基本标准。这个标准为一个城市进行自我评估和规划发展蓝图提供了参考。目前，许多国家根据这一指南开展了老年友好型城市创建，并通过实践在许多方面进一步丰富和发展了指南的内容。

总的来看，国外宜居社区发展指标体系大多是旨在提高居民生活质量的指标，包括生活满意度（包括家庭生活、职业活动、经济状况、文化休闲条件、公共服务设施、住房及居住环境、家庭外人际关系以及子女的教育等）、人们的精神状况（人们对生活幸福与否的感受）和人们的社会积极性（即研究和评估人们对社会的反馈性行为）等。比较著名的有德国发展研究中心的宜居社区指标、美国西雅图的“可持续的社区指标体系”等。

三、我国迫切需要加强老年宜居环境建设

我国正处在老龄化和城镇化都快速发展的时期。加强老年宜居环境建设的要求十分紧迫，任务也相当艰巨。

从需求看，老年人日益增多对环境建设提出了新的要求，加强老年宜居环境建设是提高老年人生活生命质量的必然要求。第六次人口普查显示，2010年底，我国60周岁以上老年人已经达到1.78亿，占总人口的13.26%。据预测，到“十二五”期末，我国老年人口将达到2.21亿，平均每年增加860万，老龄化水平提高到16%。到2025年突破3亿，2033年突破4亿，2055年前后达到峰值4.87亿。整个21世纪下半叶，我国将始终处于老年人口占到总人口30%以上的重度老龄化阶段。如此庞大的老年人口，一方面要求提高社会保障、社会服务、医疗卫生等“软件”环境的水平。另一方面，由于生理功能和认知能力的退化，老年人对公共环境和居家环境的要求与年轻人存在一定差异，并且由于人体老化是每个人不可逆转的生命历程，我国人口整个年龄结构的老化必然要求在城乡规划、公共基础设施、社区服务设施以及住宅设计和居家环境等“硬件”环境建设上也作出适应性的结构调整。在推进城镇化的过程中，能否充分考虑老年人的特殊需要，按照安全、便利和舒适的基本要求，加快适宜老年人居住的生活环境建设或者改造，将直接关系到亿万老年人和所有公民的晚年生活和生命质量。

从供给看，老年宜居环境建设在一些地方还没有引起足够重视，甚至在我国的整体城乡规划和环境建设中还没有对人口老龄化的结构性要求作出前瞻性规划和安排。总的来看，过去30年，我国公共环境建设对人口老龄化的

新要求新挑战考虑得还不够充分，整个公共基础设施、住宅设计和家居环境等还主要是针对中青年人和健全人的需要，对于老龄化背景下，老年人越来越多，特别是失能、高龄、病残、独居等老年群体日益庞大的人口结构性转变还没有充分估计，从而导致部分地方在加速推进城镇化的过程中，缺乏必要的前瞻性，忽视了将来老龄化社会的特点和需要，留下了许多不适宜老年人居住、出行的环境缺陷或隐患。其中，一个突出表现是在一些老旧小区甚至新建住宅小区中，还没有普遍安装电梯，这已经给一些老年人出行带来极大障碍，同时居家环境中普遍存在着无障碍设计不足的问题，导致老年人难以安全而便利地居家生活。尤其是在广大农村，由于我国长期面临着农村老龄化水平高于城镇老龄化水平的城乡倒置状况，而农村无论是老年社会保障和社会服务等软环境建设方面，还是农村公共基础设施建设和养老服务设施建设等硬环境建设方面，总体上都还严重滞后于老龄化的发展速度。因此，在新农村建设中更要前瞻性地做好老年宜居环境建设规划。

综合起来看，我国老年宜居环境建设的现状与我国未来人口老龄化的发展要求还存在许多明显不相适应的地方。加强老年宜居环境建设既是切实保障和改善老年人生活质量的必然要求，也是提高城镇化质量，建设环境友好型社会的重大举措。

第二节　老年宜居环境的基本要求和建设理念

修订后的老年人权益保障法第六十条规定：“国家采取措施，推进宜居环境建设，为老年人提供安全、便利和舒适的环境。”

安全、便利和舒适，是老年人对环境宜居性的基本要求，既概括反映了老年人对环境的特殊需要，同时也最大限度地满足了年青人口对环境的通用性要求。因此加强老年宜居环境建设也会在总体上提高全体社会成员的生活环境质量。

一、老年人对环境宜居性的基本要求

按照层次递进的顺序，老年人对环境宜居性的要求是：安全是基础，便利是核心，舒适是理想目标。

（一）“安全”是老年宜居环境建设中最基本的要求

“安全”就是“没有危险，不受威胁，不出事故”的状态。“安全”是老年宜居环境建设最基本的要求，即包括社会政治性的安全，如周边环境的社会治安状况，也包括生产技术性安全，主要是指所处硬件环境的设施和建筑物等符合国家安全标准，不存在可能造成老年人人身或者财产损害的各种隐患。要确保老年宜居环境的“安全”，首先要求各种涉老工程的设计和建设严格遵循国家有关安全生产的技术规程和标准规范，在设计和建设的初始环节就力求做到质量可靠、安全有保障。其次，在日常使用中，有关设施或者活动场所的监督、管理责任人，应当经常进行安全检查，及时发现和排除各种安全隐患，确保老年人所使用的各种设施、活动场所、建筑物等始终处于安全适用的状态。在实践中，消防隐患是给老年人造成人身财产损害的重要原因，因此在日常安全检查中，尤其要加强对老年人所处环境进行例行性消防隐患排查。最后，安全重在防患于未然，从根本上消除各种危险因素，同时也要加强事故发生后的应急施救准备。针对可能出现的种种安全事故，有关方面应当提前做好应急预案。一旦发生事故，应当确保能够及时组织开展救援，尽力降低损害，最大限度地保障老年人人身和财产安全。在这方面，要特别加强消防救援和紧急医疗救护预案的制定和实施。

（二）“便利”是老年宜居环境建设中最重要的体现

“便利”体现在老年人对各种设施获取的便利程度以及各种服务设施的可进入性上。由于老年人体力下降，日常生活所需要的基本商业设施、服务设施、保健服务、娱乐设施等应尽可能邻近并易于前往。目前中国是大建基础设施的时期，老年宜居建设的新要求是：合理布局公共服务设施，在老年人口比例尚未达到最高时，尽量将便利性提前实现。既节约成本，也错开养老医疗和其他方面的支出。

因此，老年宜居环境的建设应符合老年人生理和心理的特点，以便于老年人自己使用为原则。在老年人需要医疗服务或家人照顾时，便利的生活空间能够保证老年人的需求在最短的时间内得到满足。

老年居住“便利”的要求是：以老年人活动空间为标准，合理布局公共服务设施，保障老年人使用。在老年人口比例尚未达到最高时，尽量将便利性提前实现。

（三）“舒适”是老年宜居环境建设中最高的要求

“舒适”的老年宜居环境即老年人生理、心理环境优良。这主要表现在照护质量和生态环境质量上。老年人具有生理机能退化、生活能力降低等特点，由于退出社会主流、健康衰退、家庭结构的变化，老年人还会有心理的恶化，因此要求居住空间形态和环境不仅具有物理上的无障碍和可进入性，还要有好的亲情关爱和医疗照护。良好的生态环境是老年宜居环境中的奢侈性要素。

一个舒适的居住环境不仅有高品质的室内居住空间，而且拥有积极、健康、愉快的室外活动空间，如满足老年人精神文化生活所需要老年大学、活动娱乐场所、游憩健身空间、优美清馨的生态环境、甚至适合老年人发挥余热的工作场所等。在强调“老有所居、所养”的以家庭养老为核心功能的同时，必须强化居住社区的“为老、助老和照料”为重点的服务功能，以满足老年群体的各项需求，向“健康老龄化”的目标迈进。因此要实现老年“舒适”的要求是：良好的生态环境，丰富的老年人文化生活，开敞的老年人社会参与，高水平的医护人员，适宜子女与老年人同住的住房设计，高质量的老年社区和养老院环境建设。

二、老年宜居环境建设应当遵循的基本理念

对应上述老年人对环境宜居性的基本要求，根据中国国情，在资源、资金有限的前提下，我国推进老年宜居环境建设应当针对新时期城乡建设发展的新特点、国民经济发展的形势、人民精神与物质生活的新需求，遵循“低成本和高效”的建设原则，以“安全、便利、舒适”为理念，推进“建设规范化、居住亲情化、环境友好化”的老年宜居环境建设。

（一）建设规范化

针对老年人健康及行为不断发展变化的特征，建设部和民政部1999年发布了《老年人建筑设计规范》。与其他类型建筑设计规范不同，它并非特指某一类单一涉老建筑设计规范，而是具有普遍适用意义的凡服务老年人的建筑设计都必须执行的规范。其中最突出的特点是安全第一，这是一切老年建筑、老年设施设计思考的出发点，也是评价其优劣的标准。在老年宜居环境的建设中一定要贯彻落实“建设规范化”的理念，决不允许由于设计不当或考虑不周而引发老年人的安全事故或健康障碍。

（二）居住亲情化

我国已进入老龄社会，按照中国的传统，“居家养老”是首选。“家庭”是老年人难以割舍的爱巢。其原因有：第一，“家庭”是老年人长期居住之所；第二，“家庭”可充分体现老少代际供养双方的精神慰藉和生活照料；第三，“家庭”可进行方便、自然的代际之间的经济互济。因此，老年宜居环境的建设中必须贯彻居住亲情化的理念，这既是贯彻落实构建和谐社会和住宅供应结构调整的实际行动，又能在老龄社会和家庭规模小型化的背景下，满足老年人与子女就近居住、可分可合的市场需求。

（三）环境友好化

老年人居住区环境是保证老年人居住生活质量的首要条件。老年宜居环境的建设以“环境友好化”为理念，即通过调整人居环境生态系统内生态因子和生态关系，使小区成为具有自然生态和人类生态、自然环境和人工环境、物质文明和精神文明高度统一、可持续发展的居住区。建设环境友好型老年居住环境不仅要建设居住区幽静的生态环境，还要遵循“低成本、高效率”的原则，降低建筑能耗，减少不必要的设备投入，提高设备工作效率，满足合理的用户需求。

第三节　政府推进宜居环境建设的主要职责

政府在推进老年宜居环境建设中承担着重要责任，特别是在制定和监督实施城乡规划、有关涉老工程建设标准体系等方面发挥主导作用。

一、科学规划、统筹各类为老服务设施建设

环境建设的一条基本经验就是，无论是软环境还是硬环境，一旦建成，将会形成巨大的沉淀成本，如要对已建成设施再进行适应性改造，往往会十分困难和被动，或者付出比新建时更大的成本。因此，搞好宜居环境建设的关键是要规划先行，只有预先制定了科学的规划，并确保规划得到严格的贯彻执行，才能保障城乡建设有序推进，为全体社会成员提供一个良好的生活环境。

（一）着眼长远，为老年宜居环境建设提供规划保障

党中央、国务院非常重视城乡规划工作，强调城乡规划要在城乡经济和社会发展中充分发挥先导和统筹作用，有效调控和引导城乡发展建设，促进城乡经济、社会和资源环境的协调和可持续发展。我国一直非常重视城市规划的法制建设。国务院分别于1984年颁发《城市规划条例》，1993年颁布《村庄和集镇规划建设管理条例》。全国人大常委会于1989年12月制定城市规划法，为适应不断发展的形势，建设部1997年开始了城市规划法的修订工作。2002年，国务院发布《关于加强城乡规划监督管理的通知》（国发〔2002〕13号），提出“强化城乡规划对城乡建设的引导和调控作用，健全城乡规划建设的监督管理制度，促进城乡建设健康有序发展。”城市规划法的修订转为城乡规划法的制定，并纳入了全国人大的立法计划。经历了反复协调和论证，2007年10月28日，城乡规划法正式颁布。城乡规划法把适应人口发展要求，改善人居环境作为制定和实施城乡规划的一个重要宗旨和原

则。该法第一条规定：为了加强城乡规划管理，协调城乡空间布局，改善人居环境，促进城乡经济社会全面协调可持续发展，制定本法。第四条对制定和实施城乡规划的原则做了如下规定：应当遵循城乡统筹、合理布局、节约土地、集约发展和先规划后建设的原则，改善生态环境，促进资源、能源节约和综合利用，保护耕地等自然资源和历史文化遗产，保持地方特色、民族特色和传统风貌，防止污染和其他公害，并符合区域人口发展、国防建设、防灾减灾和公共卫生、公共安全的需要。

修订后的老年人权益保障法遵循城乡规划法改善人居环境的基本精神，结合老年人的实际，对老年宜居环境建设规划作了更明确的规定，该法第六十一条规定：“各级人民政府在制定城乡规划时，应当根据人口老龄化发展趋势、老年人口分布和老年人的特点，统筹考虑适合老年人的公共基础设施、生活服务设施、医疗卫生设施和文化体育设施建设。”这一原则规定为加强老年宜居环境建设提供了有力的规划保障。

（二）分步实施，不断改善老年人宜居环境质量

老年宜居环境建设是一个长期的过程，尤其是我国正处在快速的城镇化过程中，基础建设在城乡之间、区域之间都存在较大差异，只有坚持分类指导、分步实施的基本原则，才能通过不断积累和努力，逐步改善老年人居住环境质量。北京师范大学周尚意教授主持的“城镇发展与老年宜居环境建设研究”课题，根据我国人口老龄化发展趋势和当前老年宜居环境建设的现实状况，对本世纪中叶以前我国老年宜居环境建设作出了阶段性规划。课题组提出要通过实施“三安”工程——“安全”、“安心”、“安逸”，分别在2020年、2030年和2050年基本建成“三型”——“经济型”、“功能型”、“人文型”的老年居住环境，逐步实现老年人对居住环境“安全”、“便利”和“舒适”的宜居需求。

到2020年宜居环境建设规划目标是：突出“安全”的理念，实现“三安”工程中“安全”工程的建设。这一阶段最突出的任务是：针对现阶段老

年人居住环境建设所存在的问题进行集中整治，突出老年宜居环境的“经济型”，从实用化、差异化、高效化确保让每一个老年人都能有安全的居住环境。东部部分发达地区可以开展“便利”的建设。

到2030年宜居环境建设规划目标是：突出“便利”的理念，实现“三安”工程中的“安心”工程建设。在这一发展阶段，老年宜居环境应能够体现出“功能型”，从便捷化、信息化、自动化，使老年人在居住地能够方便快捷地获取各种生活所需的服务。

到2050年宜居环境建设规划目标是：落实“舒适”的理念，实现“三安”工程中的“安逸”工程建设。这一时期老年人居住环境要充分体现人本主义，即成为“人文型”。通过人性化、细节化（体贴化）、品位化使老年人能够在居住地获得以人为本的服务，满足老年人多样化的需求。

二、完善标准体系并加强相关标准的实施与监督

修订的老年人权益保障法第六十二条规定：“国家制定和完善涉及老年人的工程建设标准体系，在规划、设计、施工、监理、验收、运行、维护、管理等环节加强相关标准的实施与监督。”

据不完全统计，目前我国至少有31个国家标准或者行业标准中有涉及老年人的工程建设内容，其中，专门性的标准主要有：《老年人居住建筑设计标准》、《老年人建筑设计规范》、《城镇老年人设施规划规范》、《老年人社会福利机构基本规范》、《老年人养护院建设标准》、《老年人社区日间照料中心建设标准》、《养老设施建筑设计规范》（制定中）等。此外，在《城市居住区规划设计规范》、《城市用地分类与规划建设用地标准》（报批稿）、《住宅设计规范》、《住宅建筑规范》以及图书馆、文化馆、汽车客运站、城市公共厕所、健康住宅等建筑设计规范（建设技术规程）等标准中也有不少关于老年宜居环境建设的规定。应该说，我国关于老年宜居环境建设已经出台了一系列基础性的标准，这一标准为我们推进老年宜居环境建设提供了基本的依据。下一步，需要围绕这些基础性标准，对其进一步

丰富和细化，同时根据建设需要，研究推出新的标准，逐步形成覆盖规划、设计、施工、监理、验收、运行、维护、管理等全过程和所有环节的完善标准体系。更为重要的是，在实际工作中，要进一步明确各项标准的监督实施单位，确保有关标准规范得到落实。

第四节　老年宜居环境建设的重点工作

《中国老龄事业发展“十二五”规划》（国发〔2011〕28号）把“老年人生活环境”作为“十二五”时期我国发展老龄事业的一项主要任务写进了该规划。“十二五”期间，我国老年宜居环境建设的主要任务包括以下四点：

一是加快老年活动场所和便利化设施建设。在城乡规划建设中，充分考虑老年人需求，加强街道、社区“老年人生活圈”配套设施建设，着力改善老年人的生活环境。通过新建和资源整合，缓解老年人生活基础设施不足的矛盾。利用公园、绿地、广场等公共空间，开辟老年人运动健身场所。

二是完善涉老工程建设技术标准体系和实施监督制度。按照适应老龄化的要求，对现行老龄设施工程建设技术标准规范进行全面梳理、审定、修订和完善，在规划、设计、施工、监理、验收等各个环节加强技术标准的实施与监督，形成有效规范的约束机制。

三是加快推进无障碍设施建设。突出高龄和失能老年人居家养老服务设施、环境的无障碍改造，推行无障碍进社区、进家庭。加快对居住小区、园林绿地、道路、建筑物等与老年人日常生活密切相关的设施无障碍改造步伐，方便老年人出行和参与社会生活。研究制定《无障碍环境建设条例》，继续开展全国无障碍建设城市创建工作。

四是推动建设老年友好型城市和老年宜居社区。创新老年型社会新思维，树立老年友好环境建设和家庭发展的新理念。研究编制建设老年友好型城市、老年宜居社区指南，发挥典型示范作用。

结合新修订的老年人权益保障法的规定，加强老年宜居环境建设要重点做好以下几个方面的工作。

一、加强无障碍环境建设

由于残疾人中有相当一部分就是老年人，并且老年人随着年龄的不断增长，其面临的失能或者残疾的风险会逐步提高，因此，无障碍环境建设是老年宜居环境建设中的一个重要内容。我国历来重视无障碍环境建设，特别是注意做好无障碍环境方面的立法工作。残疾人保障法1990年制定时就专设了“环境”一章。2008年，残疾人保障法修订时，为了给残疾人出行和社会交流提供更好的便利，进一步规范和推进无障碍环境建设。修订后的残疾人保障法除将第七章章名“环境”修改为“无障碍环境”外，主要从以下几个方面完善或者增加了有关无障碍环境的规定：一是在设施建设方面规定：新建、改建和扩建建筑物等设施，应当符合国家无障碍设施工程建设标准；各级人民政府和有关部门应当按照国家无障碍设施工程建设规定，逐步推进已建成设施的改造；对无障碍设施应当及时维修和保护。二是在信息交流方面规定：各级人民政府和有关部门应当为残疾人获取公共信息提供便利；国家和社会研制、开发适合残疾人使用的信息交流技术；国家举办的各类升学考试、职业资格考试和任职考试，有条件的，应当为盲人提供盲文试卷、电子试卷或者由专门的工作人员予以协助。三是在公共服务方面规定：公共服务机构和公共场所应当为残疾人提供语音和文字提示等信息交流服务；公共交通工具应当逐步达到无障碍设施的要求；有条件的公共停车场应当为残疾人设置专用停车位。此外，鉴于我国在申办2008年奥运会时曾承诺导盲犬可以入境，同时考虑到许多国家在其法律中也均有盲人可以携带导盲犬出入公共场所的规定，修订后的法律规定：盲人携带导盲犬出入公共场所，应当遵守国家有关规定。

2012年6月，国务院第208次常务会议通过了《无障碍环境建设条例》，自2012年8月1日起施行。条例重点规定了无障碍设施建设、无障碍信息交流和无障碍社区服务等内容，进一步丰富和增强了残疾人保障法的相关规定及其可操作性。特别是，国家有关部门制定了《无障碍设计规范》，该规范自2012年9月1日起施行（《城市道路和建筑物无障碍设计规范》同时废止）。《无障碍设计规范》对无障碍设施、城市道路、城市广场、城市绿地、居住区和居住建筑、公共建筑以及历史文物保护建筑等提出了详细的无障碍设计要求，规范的实施必将对进一步规范和加快无障碍环境建设发挥重要作用。

修订后的老年人权益保障法对无障碍环境建设也给予了足够重视，其第六十三条专门就此作了规定："国家制定无障碍设施工程建设标准。新建、改建和扩建道路、公共交通设施、建筑物、居住区等，应当符合国家无障碍设施工程建设标准。各级人民政府和有关部门应当按照国家无障碍设施工程建设标准，优先推进与老年人日常生活密切相关的公共服务设施的改造。无障碍设施的所有人和管理人应当保障无障碍设施正常使用。"

各地各部门应当按照上述法律法规和无障碍建设相关规范，进一步加强无障碍环境建设。在已经较好组织实施了《无障碍建设"十一五"实施方案》的基础上，"十二五"期间，国家将组织实施新一轮的无障碍建设"十二五"方案。多年来，各地也不断加强和完善无障碍建设的立法和政策规范，按照国家部署，积极落实无障碍建设实施方案。残疾人和老年人将享受到更安全、便利和舒适的宜居环境。

二、深入开展老年友好型城市和宜居社区创建

2005年，我国在国务院批复的《北京城市总体规划》中首次出现"宜居城市"的概念。宜居城市是指经济、社会、文化、环境协调发展，人居环境良好，能够满足居民物质和精神生活需求，适宜人类工作、生活和居住的城市。2007年，世界卫生组织推出了《全球老年友好城市建设指南》。2009年，全国老龄办响应世界卫生组织倡导，选取山东省青岛市、上海市杨浦区、长宁区、黑龙江省齐齐哈尔市、浙江省湖州市和辽宁省营口市鲅鱼圈

区等地，启动了老年友好城市创建试点工作。2010年，增加了上海市浦东新区、南京市鼓楼区和苏州市金阊区三个试点单位，2011年又批准了山东省新泰市的试点申请，共有10个国家级试点单位。2011年，齐齐哈尔市获得联合国颁发的“国际老年友好城市”。除开展老年友好城市创建活动，全国老龄办还根据我国社区建设和养老服务发展坚持以居家为基础、社区为依托和机构为支撑的总体框架要求，探索开展了老年宜居社区和老年温馨家庭等创建活动。这样基本形成了从城市到社区到居家环境等不同层次的创建试点活动。下一步，全国老龄办将在充分借鉴国外做法和深入总结我国创建经验的基础上，加快研究制定适合我国国情的老年宜居城市、宜居社区和温馨家庭建设指南，适时向全国推广。

（一）老年友好型城市建设

老年友好型城市（城区），是指与该区域经济社会发展水平相适应的以满足老年人需求为考量依据的相关社会资源不断改进和提升的城市（城区）。老年友好型城市建设，要以城市（城区）为统筹范围，不断完善社区工作基础、公共服务体系、老年保障制度、养老服务体系和工作推进机制等。老年友好型城市应当达到以下基本条件：

一是建立健全养老社会保障制度，奠定老年人安享晚年的经济基础。完善社会养老保险、医疗保险和最低生活保障制度，并不断提高保障水平。探索建立高龄养老津贴、失能老年人长期护理制度和养老服务费用筹措机制，逐步化解无保障、高龄、失能等困难老年人对护理服务费用支付能力不足的问题，普遍开展面向贫困老年人的各项救助工作。推动实施适度普惠的老年社会福利制度，落实老年人的各项优待政策，使老年人真正分享经济发展和社会进步的文明成果。

二是建立完善的公共服务体系，这是实现城市对老年人友好的前提。要加强城市公共卫生工作，建立健全社区卫生服务中心和服务站，建立老年人健康档案，开展老年医疗和卫生保健服务。要全面推进城市无障碍设施建设，公共交通要充分考虑老年人的特殊需求。积极开展老年文体活动，有计划地合理布局和设置老年人休息、娱乐、健身和教育学习的场所与设施，鼓励和支持老年人以适合他们的方式参与经济发展和社会公益活动。健全老年人司法救助制度，积极推动老年人法律援助服务的开展，对涉老案件优先立案、优先审理、优先执行。加强公共安全管理，建立安全应急机制，切实维护老年人的合法权益。还要通过各种媒体加强尊老敬老的道德教育和舆论宣传，营造孝亲敬老的良好社会氛围。

三是健全社会养老服务体系，为满足老年人基本养老服务需求提供根本保证。要积极发展居家养老和社区照料，逐步健全社区养老服务网络，把整个城市社区的居家养老服务中心、日间照料中心、助餐网点等基本为老服务设施建设纳入城市建设规划统筹考虑，全面推进，并在城市层面建立起为老服务信息化平台，及时了解老年人的多种服务需求，分别在各个社区乃至整个城市层面分级整合为老服务资源，方便快捷地实现养老服务供求的对接，满足老年人多种养老服务需求。还要深入改革政府投入机制，采取民办公助、公办民营、公建民营等具体的有力措施，积极鼓励社会资本参与养老机构的建设运营，推动全城养老服务机构的健康快速发展。加强养老服务队伍的职业化、专业化建设，加大力度进行培训和培养，大力发展志愿者队伍和社工队伍，促进养老服务的管理和护理人员职业化、专业化建设，提高养老服务规范化、流程化和人性化水准。

（二）老年宜居社区建设

修订后的老年人权益保障法第六十四条规定：“国家推动老年宜居社区建设。”建设老年宜居社区，就是以社区为基础，不断加大工作力度，逐步落实各项老龄法规政策，使社区环境、养老设施和服务站点等硬件建设持续改善，社区管理和服务水平有效提高，尊老敬老助老的社会氛围日益浓厚，老年人能明显感受到社区的宜居特征。老年宜居社区应当符合以下基本要求：

一要建设环境优美的社区。要做好社区卫生和绿化工作，保证社区内清洁齐整，卫生不留死角，公共区域得到绿化美化，环境优雅，适宜老年人居住和生活。

二要建设无障碍的社区。社区的老年住宅要符合国家相关建筑标准，设施设备要安全可靠。特别是各级政府要组织专业人员对老年人家庭起居环境进行普遍检查评估，对不适合老年人生活特点和习惯的住宅要进行相应的改造和整修，并视情况给予相应的费用资助。社区内老年人居住和出行实现无障碍化，确保安全可靠、舒适便利。要强化社区治安环境建设。

三要建设公共设施齐全的社区。社区要着力打造方便老年人的生活圈（十分钟或十五分钟方便生活圈），使社区内老年人家庭周边生活服务网点齐全，设有居家养老服务中心、卫生服务站、文体活动中心和社区综合服务信息平台，配备完善的社区居家养老服务网络，燃气、热力、电力、自来水等生活设施供应系统运行正常。

四要建设养老服务功能完善的社区。要增强社区的养老服务功能，能在社区的服务设施中或派专业服务人员上门为老年人提供诸如生活照料、医疗保健、康复护理、心理疏导、信息咨询、休闲娱乐、锻炼健身等多种服务，满足老年人的多种养老服务需求。

五要建设文明和谐的社区。社区要定期组织开展各种敬老爱老助老主题活动，健全社会矛盾、邻里纠纷排查调处机制。加强社区文化建设，开设社区老年大学或学校，积极组织老年人参与和开展各种文化体育活动，鼓励老年人积极参与社会和社区建设。

2009年全国老龄办启动创建老年宜居社区示范活动。打造适宜居家养老的新型社区，是应对人口老龄化必须采取的战略举措，也是现代城市文明进步的重要标志。各地老龄办会同有关部门研究老年宜居社区的指标体系，开展老年宜居社区创建活动，为大多数老年人居家养老提供支持。

（三）老年温馨家庭建设

建设老年温馨家庭，就是以家庭这个社会细胞为评定范围，重在巩固家庭养老的基础地位，突出营造家庭成员孝亲敬老的氛围，实现代际和谐，老少共融，促进老年人幸福安度晚年。

老年温馨家庭建设，与当前社会上已经开展的“五好家庭”、“模范家庭”等评比活动，是既有联系也有区别的，其侧重点还是不尽相同的。老年温馨家庭建设突出的是老年人在家庭中的地位、经济支配权、财产处置权、话语权和其他合法权益要得到充分尊重，所需要的经济赡养和养老服务能在家庭范围内得到尽可能的保障。这主要是从“爱国爱家、遵纪守法；自立自强、平等参与；代际融洽、交流顺畅；尊老爱老、尊严共享；邻里和睦、团结互助”等五个方面体现出来，注重加强宣传教育，强化家庭成员尊老敬老的伦理道德观念，营造温馨和谐的家庭氛围，以提高老年人居家养老的幸福指数。

三、老年宜居住宅的开发和改造

老年人权益保障法第六十四条对引导、支持老年宜居住宅的开发，推动和扶持老年人家庭无障碍设施的改造，为老年人创造无障碍居住环境作了规定。

“十二五”及今后一段时期，主要是加强宣传和引导，使房地产商主动适应人口结构转型，规划、设计和建设适宜老年人身心特点并有利于巩固和发展居家养老的亲情住宅。由于我国在老年宜居住宅开发和建设方面目前总体上还比较滞后，这里简单介绍一些国外的有关情况。

发达国家老年住宅开发设计大致经历三个发展阶段，从无障碍老龄住宅发展到混合的演变式住宅再到适应老龄社会的通用住宅。为使老年人的居住亲情化、环境的友好化，住宅设计要尽可能满足人一生的需要，这种类型的住宅被称为“终生设计住宅”，这种适应人的一生各个阶段的住宅最适应老龄社会。其中，（1）无障碍老龄住宅：通常一个住宅小区只建1~2栋，栋内有专门为老龄服务的系统。许多国家差异实践多年，最后证明，这种想法很难行得通。因为：第一，无障碍老龄住房造价昂贵，收入低于平均水平的老年人根本无法问津，政府由于资金限制也不可能完全满足他们的要求；第二，这种做法把老年人同社会、经济和文化的主流无形地隔开，老年人成天见到的都是体力不支或病魔缠身的老年人，生活失去了朝气和活力。（2）混合的演变式住宅：在一栋一般住宅里，设计若干单元来做老龄住宅，同时在住栋内设有专门为老龄服务的设施，并可向附近的老龄住宅提供服务。这个方案的缺点是，人到老了要搬家，而且不能同子孙在一起生活。如果子孙也在同一栋楼里，则比住在单独的老龄住宅里有更多的优越性。（3）适应老龄社会的通用住宅：大多数老年人都喜欢住在自己从年青时代就拥有的家里，所以住宅设计要尽可能满足人的一生的需要，这种住宅成为“通用住宅”。这种能适应人的一生各个阶段的住宅最能适应老龄社会。

据日本研究机构估计，全部考虑这些要求，所增费用不会超过房屋造价的10%。如在开始时只考虑基本要求，则所增费用不会超过房屋造价的1%。日本1986年公布了“长寿社会对策大纲”。随后，从住宅、建筑和城市三个方面开展工作。因为建筑和城市是针对各种人的，所以20年前就已经考虑，住宅是针对具体人的，所以考虑较晚。《长寿社会对应住宅设计指针》的草案于1992年3月颁布，正式文本则于1995年6月施行。住宅如果按这个指针设计，贷款时可享受优惠，公营住宅还可获得补助金。美国政府针对老年宜居环境的建设，出台了若干相关办法。其中，由美国人口与健康服务部（HHS-Health and Human Service）所拟定的《2010-2015战略规划草案》中将“提升针对于老年人及残疾人士的支援服务的可达性与服务质量”作为“提升美国人民健康、安全与福利”这个大奋斗目标的子目标。该目标提倡将“基于家庭与社区的服务（Home and Community-based Services (HCBS) ）”作为老年人的主要赡养方式，而尽量“减少对机构养老的不必要的依赖（decrease unnecessary reliance on institutional care）”。丹麦为老年人提供居住和福利的基本政策有三个概念，即“居住连续性”、“自行决定”、“充分发挥自立能力”，这种20世纪80年代初建立起来的要领被称为“老年社会福利三原则”。以上这些探索和经验值得我们学习借鉴。

第七章　参与社会发展

第一节　参与社会发展是老年人的基本权益

老年人既有生存性需要，也有发展性需要，老年人的发展性需要只有通过充分参与社会发展才能得到满足，同时，老年人的政治、经济、文化、社会权利也必须通过充分融合和参与社会发展来实现。从这个意义上讲，参与社会发展既是老年人的一项基本权益，也是实现老年人其他权益的重要途径和保障。

一、本章修改的必要性

此次老年人权益保障法修订，在调研和征求意见过程中，老年人参与社会发展成为广大老年人和专家学者的一致呼声。经过多方、多次征求意见，在原法参与社会发展一章三条规定的基础上，丰富充实了相关内容，最终形成了七条规定，即老年人参与社会发展的总要求、老年人的政治参与、老年人参与社会发展的内容、老年人的劳动保护、老年人继续受教育的权利、老年人参加文体活动的权利等。修订后的老年人权益保障法之所以对老年人参与社会发展一章进行了强化，主要基于以下几点考虑：

一是促进老年人参与社会发展是降低人口老龄化经济社会成本的需要。国家应对人口老龄化战略研究成果显示，我国15至59岁劳动年龄人口抚养60岁及以上老年人口的老年抚养系数2010年为20%，2020年为27.9%，2050年提升至67.7%。随着老年人口的大幅增长，全社会用于养老、医疗、照料、福利与设施等方面的费用将快速增长，占GDP的比例，将由2010年的5%左右增长到2050年的26%左右，接近届时欧盟国家平均水平。我国仍处于社会主义初级阶段，在人口老龄化快速发展的背景下，将面临保障亿万老年人民生和促进经济社会可持续发展的双重任务。促进老年人参与社会发展，发挥好老年人的作用，使消费性人口变为积极的、生产性人口，将会使我国未来的实际老年抚养系数大大降低，减少国家和社会的抚养负担。

二是促进老年人参与社会发展是未来经济发展的客观需要。未来经济发展客观上要求提高老年人的劳动参与率，开发利用老年人力资源。一是产业结构调整带来的新需求。未来20年，我国将转变经济发展方式，加快发展第三产业。2009年，第三产业占GDP的43.4%，第三产业从业人数占全部就业人数的34.1%，而欧美发达国家第三产业产值和从业人员占比一般为70%以上，我国第三产业发展与发达国家相比仍有很大差距。随着第三产业的发展，对劳动者体力的要求比第二产业有所下降，同时对沟通能力、经验、技能等的要求上升，而老年人在这些方面具有比较优势，因此未来产业结构调整对老年人力资源的需求将上升，从而带动更多的老年人就业。二是劳动年龄人口变化对老年人就业的需求。15－59岁的劳动年龄人口不断下降，由2011年的9.41亿逐步下滑至2030年的8.46亿，2050年的7.13亿、2100年的5.82亿。同时，随着受教育程度的提高、收入的增加、社会保障的完善等，劳动年龄人口的劳动参与率将呈下滑趋势。这就增加了对老年人力资源开发的需求。从发达国家的经验看，在人口老龄化的过程中，由于劳动力供给的短缺，老年人口劳动参与率普遍出现了上升的趋势。

三是参与社会发展是老年人改善自身生活、实现自我价值的需要。首先，参与社会发展有利于改善老年人的生活。虽然我国社会养老保障制度建设取得了显著成就，基本实现了人人享有养老保障的目标，但在相当长时期内，社会养老保障水平仍处于“保基本”的状态，尤其是农村老年人，主要经济来源还是依靠家庭赡养和自我劳动收入。老年人参加或从事有报酬的工作，有收入的劳作，对于改善他们的基本生活，提高生活质量能够起到重要补充作用。其次，参与社会发展有利于老年人自我价值的实现。老年人有生存性需要，也要发展性需要。发展性需要是人类最高层次的需要，也是全面实现自我价值的需要。老年期只是每个人的生命期、事业和经验的自然延续，老年人长期积累起来的文化知识、专门理论、专业技术、业务能力、实践经验，不会因岁月的推移而消失。不少老年人在现实生活中需要靠继续参与社会发展以过上更充实、更有意义的生活，归属社会、贡献社会、获得社会的承认和尊重，进一步实现自我价值。

四是促进老年人参与社会发展是国际社会的共识。1982 年，联合国世界老龄问题大会通过的《1982年老龄问题维也纳国际行动计划》指出："政策研究者和制定者，以及大众传播媒介和一般公众，需要彻底改变观念，以便认识到今天的老龄问题不仅是保护和照顾老年人的问题，而且也是老年人参与和参加的问题"。联合国大会于1991年12月16日通过的《联合国老年人原则》（第46/91号决议），指出"老年人应有工作机会或其他创造收入的机会；应始终融合于社会，积极参与制定和执行直接影响其福祉的政策，并将其知识和技能传给子孙后辈；应能寻求和发展为社会服务的机会，并以志愿工作者身份担任与其兴趣和能力相称的职务；老年人应能组织自己的协会"。在1992年联合国第47届大会通过的《联合国关于到2001年解决人口老龄化问题的全球目标》中，又明确提出"制定促进老年人老有所为的国家计划"。1997年联合国社会发展会议再次强调"要重视将老年人融合社会，利用老年人的潜能，以便造福社会"，"鼓励各国在联合国各组织机构的支持下，制定政策和方案，使老年人有机会利用其经验和知识，建立一个各代人休戚相关的不分年龄人人共享的社会"。2002年，联合国第二次世界老龄问题大会通过的《2002年马德里老龄问题国际行动计划》的中心主题之一，就是"使老年人积极参加各自社会的经济、社会、文化和政治生活"。这次大会通过的《政治宣言》也明确指出：依靠老年人的技能、经验和智慧，不但能首先改善他们自己的生存和生活条件，而且还能积极促进全社会的发展。

五是促进老年人参与社会发展具有现实可行性。老年人参与社会发展有价值发挥型参与和休闲型参与。其中价值发挥型参与，是促进老年人参与社会发展的重点，基本上等同于老年人力资源开发，对老年人的科学文化素质要求较高。目前全国60-69岁的低龄老年人有1.12亿人，占老年人口总数的57.7%。他们大多身体较好，经验丰富，其中不乏具有中、高级技术职称，成为可资开发利用的宝贵人力资源。纵观未来，21世纪上半叶我国的老年人力资源不仅数量多，而且科学文化素质也将进一步提高。现阶段我国老年人虽然积累了社会主义革命和建设的丰富经验，养成了勤劳、节俭和爱国主义等优良品德，不少人拥有政治、经济、文化、艺术等方面的各类专业技术、知识和管理经验，但由于历史原因，老年人口的总体文化程度还比较低。随着时间推移，目前我国中青年人将逐步进入老年，成为21世纪上半叶我国老年人口尤其是低龄老年人口的主体。即使他们的受教育状况在今后几十年内不改变，也会使我国21世纪上半叶老年人口的文化程度显著提高。如果考虑到我国今后将积极发展义务教育、职业教育、普通高等教育、成人教育和老年教育等情况，21世纪上半叶我国老年人口的科学文化素质将比现在要高得多，在计算机、外语、学习能力和其他高新技术方面也将更能适应当时的经济和社会发展需要。

二、老年人参与社会发展的内涵

（一）社会发展的概念

在社会学的经典划分中，社会有三种范畴，从而对应有三种不同的社会发展概念。第一种就是所谓的“大社会”，也就是除了自然界之外的凡是人类活动的领域都是社会。第二种是“中社会”，即采取二分法，把大社会的概念再二分为“经济和社会”。第三种是所谓的“小社会”，是与政治、经济、文化等并行的社会，如“五位一体建设”中的“社会建设”。

由此，社会发展的概念由宽到窄具有三种含义：第一种是相对于自然环境的社会发展。这是对社会发展最广义的理解，指社会整体性发展，包括经济发展在内。第二种是相对于经济发展的社会发展，是除经济发展以外的社会其他各个层面的发展。第三种是相对于经济发展、政治发展、文化发展的“社会发展”。

修订后的老年人权益保障法采用了以上“一大一小”两种含义上的社会发展。譬如本章第六十八条第一款“国家为老年人参与社会发展创造条件”，此处的社会发展是最广泛意义上的社会发展。而第六十五条“国家和社会应当重视、珍惜老年人的知识、技能、经验和优良品德，发挥老年人的专长和作用，保障老年人参与经济、政治、文化和社会生活”，此处参与社会生活，近似于狭义的“社会发展”。

（二）老年人参与社会发展

对老年人参与社会发展的认识，事实上反映了整个社会对老年人生存意义的价值判断以及对生命个体老年期生命价值终极意义的根本观点和看法。由此，也导致理论界对老年人参与社会发展这一概念的认识存在较大差异。最狭义的界定，认为参与社会发展就是老年人继续参与生产劳动或退休以后再工作，从事有酬劳动。最广义的界定，认为参与社会发展就是老年人参与一切有利于社会发展的各项活动。

目前，越来越多的研究倾向于认可相对广义上的参与社会发展的概念。比较广为接受的观点是，老年人参与社会发展是指老年人参加或从事有益于社会发展的活动。它具体包含三个方面：第一，“老年人”是广义的老年人，它包括城镇老年人与农村老年人、已退休的老年人与未退休的老年人、可享受养老金待遇的老年人与不能享受养老金待遇的老年人等。根据老年人权益保障法的规定，我国老年人参与社会发展应是指60周岁及以上老年人的参与活动。第二，这里指的“参加或从事”是广义的参与，它在参与活动的时间上包括经常与偶然的，形式上包括在业与不在业的，场所上包括不在家与在家的，报酬上包括有酬与无酬的。第三，这里指的“有益于社会发展”

的活动是广义的社会发展活动，即所有有益于政治发展、经济发展、社会发展和文化发展的活动。由于老年人参与这些活动，体现了他们继续融入社会并为社会发展做贡献，因此，“老年人参与社会发展”与“老有所为”的含义是基本一致的。“老有所为”是“老年人参与社会发展”的目的，而“老年人参与社会发展”则是“老有所为”的实践形式。

（三）关于老年人参与社会发展的几种误解

当前，社会上对老年人参与社会发展存在一些误解，影响了老年人参与社会发展活动的蓬勃开展，应予以澄清。

一是把老年人参与社会发展与老年人再就业等同起来，认为只有老年人从事有收入、有报酬的社会劳动或经营活动，才算参与社会发展。持这种观点的人鉴于当前我国城镇中青年人失业问题还比较严重，认为老年人参与社会发展会挤占劳动年龄人口的就业岗位，便不敢理直气壮地宣传和鼓励老年人参与社会发展。其实这种认识是片面的。老年人再就业是老年人参与社会发展的一种重要形式，但不是唯一甚至是主要形式。而且就“老年人就业”这个提法本身来说，它仅指哪些已经从就业岗位退下来的老年人再重新就业。在我国广大农村，绝大多数农民进入老年后，仍继续从事农业活动，“活到老，干到老”，根本不存在“再就业问题”。因此，如果把老年人参与社会发展等同于再就业，实际上就是把我国老年人参与社会发展的范围局限在生活在城镇的那些已离退休及退职的老年人从事有收入的工作范畴内。此外，老年人再就业，并不必然挤占劳动年龄人口的就业岗位，多数研究显示，老年人再就业的职业岗位同劳动年龄人口的职业岗位不存在结构性冲突，往往是中青年人不愿意或无法从事的工作岗位，因此老年人再就业并不必然挤占中青年群体的就业机会。

二是把老年人参与社会发展与老年人自愿与量力参与社会发展完全等同起来，认为老年人在自觉自愿与量力而行的前提下参与社会发展的活动才算是参与社会发展。这种观念把老年人参与社会发展的主观动机、活动强度等因素加进了界定老年人参与社会发展的标准，也是不合适的。因为按照此观点，如果老年人参加或从事的有益于社会发展的活动，特别是有酬的社会劳动或经营活动是非自愿的，如受收入低下、生活所迫，不得已从事生产劳作，就不算参与社会发展。这样不仅很难对参与社会发展的老年人状况进行科学分析，而且还会低估这方面的人数。此外，作为政府干预和社会倡导来说，无疑应当强调老年人在自觉自愿和量力而行的情况下参与社会发展，然而事实上，对那些部分农村老年人和一些贫困老年人而言，要做到参与社会发展完全是自觉自愿与量力而行，实际上是很困难的。

三是把老年人参与社会发展与老年人自娱自乐活动等同起来。老年人为愉悦身心，从事各种自我教育、自我娱乐、自我锻炼等活动，属于老年人个人的自我服务和自我提高的范围，不属于社会性、公共性的教育、娱乐、体育、文化活动，不能归结为参与社会发展的范围。但是，老年人参加老年大学或学校的学习，参加社区活动中心的文化娱乐活动，从事群众性、集体性的体育健身活动，属于公共性、群体性的活动，不仅有利于促进自身发展和提高生活质量，而且保持了与社会的接触和联系，有利于塑造健康、文明、和谐的社会风尚，应作为参与社会发展的活动，给予提倡和鼓励。

四是把老年人参与社会发展与老年人从事家务劳动完全割裂或等同。在我国，过去一般把家务劳动排除在参与社会发展之外，此后一些学者提出老年人从事的家务劳动或家务活动应该归于参与社会发展的范围。现在来看，把老年人从事的家务劳动完全排除在参与社会发展活动之外是不妥当的。因为许多老年人从事的家务劳动、照看和教育孙辈的活动，替代了本应该请保姆或家政服务人员上门服务的工作，节省了社会人力资源，使子女能有更多的时间投入到学习和工作中，使孙辈更健康成长。这一切将直接或间接地有利于社会发展，其社会价值应当充分肯定。当然，如果把老年人从事的家务劳动完全归于参与社会发展的活动，也过于宽泛。事实上，在我国老年人从事的家务劳动中，还有相当一部分属于自我服务性，不能将老年人为自己做饭、洗衣、打扫房间等活动都看成是“老有所为”。

第二节　老年人参与社会发展的主要领域

修订后的老年人权益保障法第七章第六十五条规定：“国家和社会应当重视、珍惜老年人的知识、技能、经验和优良品德，发挥老年人的专长和作用，保障老年人参与经济、政治、文化和社会生活”。该条是关于老年人参与社会发展的总括性规定，实际上明确了老年人参与社会发展的四个领域，即参与经济生活、政治生活、文化生活和社会生活。

一、参与经济生活

修订后的老年人权益保障法第六十八条以列举形式，规定了老年人参与社会发展的重点领域，涉及参与经济生活的有三项规定：提供咨询服务、依法参与科技开发与应用、依法从事经营和生产活动。

（一）提供咨询服务

咨询是指通过某些人头脑中所储备的知识经验和通过对各种信息资料的综合加工而进行的综合性研究开发。咨询产生智力劳动的综合效益，起着为决策者充当顾问、参谋和外脑的作用。不同行业和职业的老年人，积累了丰富的专业知识、管理经验和业务技能等，可以从事不同的咨询。如离退休老干部，政策水平高、情况熟悉、管理经验丰富，有充足的时间和超脱的处境，在某些方面可以为现任领导的决策和实施，提出意见和建议，退休老科技工作者，可以参与决策论证和科技咨询活动。总之，各行各业各系统各单位，不管是决策还是设计，是生产还是经营管理，是科技开发还是应用，都需要老干部、老专家、老科技工作者乃至有技术、有经验的老工人出主意、提建议。

（二）依法参与科技开发与应用

由于科技开发和应用涉及到科技成果的归属和权利的转让，涉及到发明专利和技术秘密，必须按照专利法、技术合同法等有关法律的规定开展。在依法从事的前提下，老科技工作者可以利用自己的专长，为原单位或其他单位进行科学研究、科技咨询、科技开发和推广应用。

（三）依法从事经营和生产劳动

依法继续参加生产劳动是老年人参与社会发展的主战场。在农村，大量低龄健康老年人，仍然活跃在生产第一线，从事种养殖、农副产品加工业等生产劳动。在城镇，退休老年人，大多来自各机关、各团体、各企事业单位，各种各样的人才都有，从修理业、服务业、经营零售业，到开办企业等等，都可以做。但是，都需要依法办事，必须在法律、法规和政策允许的范围内进行，比如要进行工商登记、接受管理、合法经营、依法纳税等等。

二、参与政治生活

老年人的政治权利是指老年人可以通过各种法定的途径和形式管理国家事务，管理经济文化事务，管理社会事务，对国家机关和工作人员进行监督的权利。参加国家政治生活是宪法赋予所有公民的权利，老年人虽已离退休或者退出了生产劳动岗位，但仍然是国家的主人，仍然有权参与政治生活，享有政治权利，任何组织和个人都不得限制、干涉老年人享有的参加政治活动和社会活动的权利。

根据宪法和法律规定，老年人享有的政治权利主要有：选举权和被选举权；言论、出版、集会、结社、游行、示威的自由；对任何国家机关和国家工作人员，有提出批评和建议的权利；对于任何国家机关和国家工作人员的违法失职行为，有申诉、控告或者检举的权利；因国家机关和国家机关工作人员侵犯自己的合法权利而受到损失时，有依法取得赔偿的权利。

老年人参与政治生活也就是实现和维护自身政治权利的过程。修订后的老年人权益保障法第七章第六十五条规定，“……保障老年人参与经济、政治、文化和社会生活”，确认了老年人参与政治生活的权利。

老年人参与政治生活的途径与中青年群体有一定的区别。中青年群体主要是以与职业相联系的方式参与政治生活，而老年人则更多的是直接参加社会性的政治活动。具体来说，老年人主要通过以下两种途径参与政治活动：一是通过老年人的社会组织参与政治活动。相对于中青年群体而言，老年人在生理、社会活动能力和经济地位方面都是比较脆弱的，因此他们需要一定的社会组织来反映和代表他们的意愿。从发达国家老年人政治地位的争取和作用发挥的过程看，老年人一般是采取组织化的途径来实现自己的利益诉求的。我国近年来在城乡基层社区普遍建立了老年人协会，在组织引导老年人参与社会发展和维护老年人权益等方面产生了良好效果，显示出旺盛的生命力。通过基层老年人协会，广大老年人可以参政议政、给基层政府提建议，为老龄事业发展献计献策。二是直接参加政治活动。现代社会的老年公民，大多数人在健康允许的情况下很愿意参加政治选举、借助于媒体参与对政府公共事务的监督和提出个人的意见和建议。在我国，越来越多老年人的民主意识和法制观念达到了相当高水平，他们关心和积极参与公共事务。这是一种强大的力量，如果应用得当，可以发挥很好的作用，成为积极的社会政治资源。此外，自党的十七大报告中明确提出："推进决策科学化、民主化，完善决策信息和智力支持系统，增强决策透明度和公众参与度，制定与群众利益密切相关的法律法规和公共政策原则上要公开听取意见"。决策程序中的公众参与日益受到重视，公众参与决策的立法在各地频频出现。修订后的《中华人民共和国残疾人保障法》和《中华人民共和国妇女权益保障法》等法律，也都明确规定，制定法律、法规、规章和公共政策，涉及残疾人或妇女权益重大问题的，应当听取残疾人或妇女及其利益代表组织的意见。

修订后的老年人权益保障法第六十七条，针对老年人的上述政治行为的特点，以及现实政治生活中老年人决策参与权和话语权容易被忽视的情况，参照国内特殊群体立法的经验，对老年人参与政治生活的权利作出了更为具体的规定："制定法律、法规、规章和公共政策，涉及老年人权益重大问题的，应当听取老年人和老年人组织的意见。老年人和老年人组织有权向国家机关提出老年人权益保障、老龄事业发展等方面的意见和建议"。

三、参与文化生活

老年人参与文化生活，按照目的和功能不同，可以划分为价值发挥型参与和休闲型参与。价值发挥型参与主要指老年人作为文化生产和创作的主体，为文化发展再作贡献的参与，休闲型参与主要指老年人作为文化消费的主体，为愉悦身心，丰富精神文化生活而进行的参与。修订后的老年人权益保障法对这两种类型的文化参与都进行了规定。譬如第六十八条关于“对青少年和儿童进行社会主义、爱国主义、集体主义和艰苦奋斗等优良传统教育”以及“传授文化和科技知识”的两项规定，属于价值发挥型参与。第七十条“老年人有继续受教育的权利。国家发展老年教育，把老年教育纳入终身教育体系，鼓励社会办好各类老年学校。各级人民政府对老年教育应当加强领导，统一规划，加大投入”，以及第七十一条“国家和社会采取措施，开展适合老年人的群众性文化、体育、娱乐活动，丰富老年人的精神文化生活”等两条规定，则属于休闲型参与。

（一）对青少年和儿童进行社会主义、爱国主义、集体主义和艰苦奋斗等优良传统教育

青少年和儿童是祖国的未来，处于智力发育和价值观、世界观、人生观形成的过程中，培养和教育他们健康成长，人人都成为国家的有用之才，不仅是学校、家庭和社会的责任，也是老年人的责任。人类社会的发展和进步，优良传统的继承和发扬，依靠的就是代代相传，而老年人起着不可替代的作用。当代的老年人在几十年的革命、建设和改革开放历程中，形成了对社会主义事业的坚定信念，对党和国家的深厚感情，党性观念和集体观念强，具有艰苦奋斗和勤俭节约的优良传统。同时，老年人对青少年和儿童不管是在家庭中还是在社会上都最关心、最爱护，寄予的希望也最大。因此，充分调动老年人的积极性和力量，对青少年和儿童进行社会主义、爱国主义、集体主义教育和艰苦奋斗等优良传统教育，不仅是必要的，也是可行的。教育的方式方法多种多样，除了家庭中的言传身教之外，可以通过编史

修志、著书立说等对青少年进行教育，也可以通过担任校外辅导员和讲述革命历史、故事等进行教育。教育的内容，也可以是多方面的，譬如对广大青少年开展以理想、信念为核心的思想品德教育和以爱国主义、集体主义、社会主义为基本内容的主旋律教育；对广大青少年进行科学文化教育，提高青少年学习科学技术的积极性和科学文化素质；进行法制教育，不断提高广大青少年的法律意识和法制观念等。

（二）传授文化和科技知识

老年人是历史的见证人，是人类文化知识和生产经验的继承者、创造者、发展者和传播者。老年人中的老教授、老教师、老专家、老科技工作者，以及有经验、有技能的老工人、老农民，都可以将自己的经验、知识和技能，通过兴办民办学校、举办科普讲座和科技知识宣讲活动、著书立说、写回忆录、做辅导报告、进行技术指导、现场示范等多种形式，传授给他人。

（三）接受继续教育

我国宪法第四十六条第一款规定："中华人民共和国公民有受教育的权利和义务。"《中华人民共和国教育法》第九条规定："中华人民共和国公民有受教育的权利和义务。公民不分民族、种族、性别、职业、财产状况、宗教信仰等，依法平等享有受教育机会。"这些规定同样适用于老年人。不会因为老年人离开工作岗位或不从事某种劳动，受教育的权利就被取消。老年教育是为了让老年人继续学习而进行的教育活动，是适应人从幼儿、少年、青年、成年直到老年这一发展过程中所进行的终身教育的重要组成部分。老年教育有其自身的特殊性，属于社会文化和社会生活的教育，内容广泛，形式多样，通过老有所学，使老年人生活得更丰富，更愉快，更有意义。老年大学和各类老年学校是实施老年教育活动的重要场所。老年人可以参加老年大学和学校的学习活动，达到增长知识、陶冶情操、愉悦身心、提高素质、促进健康、服务社会的目的。

（四）从事文体娱乐活动

老年人能否拥有参加文化、体育、娱乐活动的权利，体现着社会文明发展的程度。老年人是文化、体育、娱乐活动的主体之一，积极开展适合老年人的群众性文化、体育、娱乐活动，将老年人置身于集体之中，能够消除孤寂、愉悦身心，改变老年人的精神面貌，给家庭带来欢乐，给国家和社会减轻负担，有利于老年人健康长寿，安度晚年。国家和社会应该采取措施，在组织、资金投入和活动场地上提供保障，把老年人参加文化、教育、娱乐活动与社会主义精神文明建设紧密结合起来，努力发展老年文化、体育事业，组织和支持老年人开展各种健康有益的文化、体育、健身活动。为了丰富老年人的生活，要建立老年人文化活动阵地，譬如建立老年人文化活动中心（站、室）等。可成立老年人体育协会，组织老年人参加体育活动，从组织上保障老年体育活动的顺利开展。还可以成立老年人合唱团、艺术队、舞蹈队等组织，积极开展各种文体娱乐活动。各种文化、体育、娱乐场所，也要为开展老年人文化体育娱乐活动提供服务，并给予优惠和照顾。

四、参与社会生活

社会生活都是会直接发生社会互动的一些活动，它是老年人参与社会发展的一个重要组成部分。社会生活包含的内容很多，人际交往、志愿服务、参加公益活动、参加民间团体等都属于它的范畴。老年人参与社会生活，既有助于老年人与外界沟通、交流情感，也有助于体现老年人的价值，对促进老年人的身心健康也有积极作用。修订后的老年人权益保障法第六十八条，涉及老年人参与社会生活的规定有两项：参加志愿服务、兴办社会公益事业；参与维护社会治安、协助调解民间纠纷。

（一）参加志愿服务、兴办社会公益事业

志愿服务是指利用自己的时间、技能、资源、善心为邻居、社区、社会提供非盈利、无偿、非职业化援助的行为。老年人可以参加或从事各类志愿服务，内容涉及咨询建议、环境保护、帮困助弱、社会安全、社会建设等多个方面。社会公益事业不以营利为目的，国家、集体、社会组织和个人都可以兴办。老年人根据自己的能力和条件，自己兴办、同其他人联合兴办一项或几项公益事业都可以。当然兴办公益事业，也要按照有关规章政策的规定办事，履行必要的审批手续。

（二）参与维护社会治安、协助调解民间纠纷

参与维护社会治安，主要是指协助公安机关，参加社区范围内的群众性治安保卫活动。如居民委员会、村民委员会、工厂、学校等的治安保卫工作，参加社区内组建的治安联防组织，对群众进行宣传教育，参与维护公共秩序、公共交通、公共安全，防盗、防火、防止可能发生的其他灾害事故等。关于老年人参与协助调解民间纠纷，这里的民间纠纷主要是指社区范围内的家庭纠纷、邻里纠纷等。家庭纠纷主要是指夫妻间、子女和老年人之间的纠纷。这些纠纷大都属于民事范围之内。一般通过说服教育的方法，使纠纷在当事人双方谅解的基础上获得解决。调解要在双方当事人自愿的前提下，用说服教育的方法而不是压服的办法，要符合国家的法律、政策。由于居民委员会、村民委员会都有调解组织，老年人可以参加调解组织的工作，也可以协助调解组织的工作，还可以应当时人要求出面调解。

此外，在社会生活领域，还具有内容广泛、形式多样的其他社会活动，只要在法律法规许可的范围内，老年人可以视自己的条件，自觉自愿参加。对此，修订后的老年人权益保障法第六十八条第八项规定：老年人可以“参加其他社会活动”。

第三节　政府在促进老年人参与社会发展中的责任

修订后的老年人权益保障法第六十八条第一款规定：“国家为老年人参与社会发展创造条件”。其中政府在促进老年人参与社会发展方面承担着重要责任，应当从制定规划、完善政策、舆论宣传、加强老年人组织建设、搭

建老年人才服务平台、提供教育培训、实施表彰和奖励、强化劳动保护等多方面做出努力，逐步完善老年人参与社会发展的条件。

一、制定规划

将老年人参与社会发展，纳入经济社会发展规划、老龄事业发展规划以及人力资源开发、文化、体育、教育、科技发展等相关专项规划，并做好贯彻落实。我国老龄事业发展“十五”计划纲要、“十一五”发展规划以及“十二五”规划，均把促进老年人社会发展作为重要内容，其中“十一五”发展规划特别强调了老年人社会参与的重要性，把老年人参与社会发展作为未来老龄事业发展的六大领域之一。老龄事业“十二五”规划，对老年人参与社会发展作出更为具体的规定：“注重开发老年人力资源，支持老年人以适当方式参与经济发展和社会公益活动。贯彻落实《中共中央办公厅国务院办公厅转发〈中央组织部、中央宣传部、中央统战部、人事部、科技部、劳动保障部、解放军总政治部、中国科协关于进一步发挥离退休专业技术人员作用的意见〉的通知》（中办发〔2005〕9号），健全政策措施，搭建服务平台，支持广大离退休专业技术人员更好地发挥作用。重视发挥老年人在社区服务、关心教育下一代、调解邻里纠纷和家庭矛盾、维护社会治安等方面的积极作用。不断探索“老有所为”的新形式，积极做好“银龄行动”组织工作，广泛开展老年志愿服务活动，老年志愿者数量达到老年人口的10%以上”。总体上看，当前只有老龄事业发展方面的专项规划，对老年人参与社会发展作出相对明确的规定，其他多数相关专项规划还没有充分体现出对老年人参与社会发展的鼓励和扶持。这是需要今后相关部门制定专项规划时改进的地方。

二、完善政策

制定促进老年人参与发展的专项政策，或将老年人参与社会发展作为相关公共政策的重要内容。我国政府相关部门十分重视老干部、老知识分子和老科技工作者作用的发挥，相继制定了一系列鼓励政策。早在1986年，中组部等七部委在《发挥离退休专业技术人员作用的暂行规定》就提出：“支持和帮助离休、退休专业技术人员继续发挥作用——各单位因工作需要，可以聘请离休、退休专业技术人员从事讲学、翻译、指导研究、人才培训、技术开发和技术咨询服务活动。离休、退休专业技术人员应聘从事专业技术活动，可以取得报酬。对于在工作上作出显著贡献的离休、退休专业技术人员，应当给予表彰和奖励。科技成果符合国家自然科学奖、发明奖、技术进步奖等条例规定标准的，由聘请单位申报。”1990年中组发〔1990〕5号文《中央组织部关于进一步加强老干部工作的通知》，进一步扩大了离退休专业技术人员可以从事的工作项目。《通知》提出：“对原来从事科技、文教、卫生等专业技术的老同志，可以组织他们开展科学研究、技术开发、技术咨询、讲学授业、人才培训、艺术创作、行医治病等活动。对安置在农村的老同志，可以组织他们按政策规定从事种植业和养殖业，帮助群众脱贫致富。”1994年，国家人事部提出要大力进行第二次人才资源的开发，即对离退休人员的开发利用。1996年劳动保障部下发354号文件，《关于实行劳动合同制度若干问题的通知》第13条规定“已享受养老保险待遇的离退休人员被再次聘用时，用人单位应与其签订书面协议，明确聘用期内的工作内容、报酬、医疗、劳保待遇等权利和义务。”2000年，中共中央、国务院颁布的《关于加强老龄工作的决定》指出，要“重视发挥老年人的作用，坚持自愿和量力、社会需求同个人志趣相结合的原则，鼓励老年人从事关心教育下一代、传授科学文化知识、开展咨询服务、参与社会公益事业和社区精神文明建设等活动”。2005年，中组部等八部委又制定了《关于进一步发挥离退休专业技术人员作用的意见》，提出要“按照政府引导支持、市场主导配置、单位按需聘请、个人自愿量力的原则，坚持社会需求和本人志趣、专业特长相结合，进一步完善政策措施，提高服务水平，保障合法权益，营造良好环境，使离退休专业技术人员特别是老专家在保持身心健康、安度晚年的同时，继续为全面建设小康社会贡献经验、才智和力量”。需要指出的是，同老年人的养老保障政策和医疗保障政策相比，我国促进老年人参与社会发展的政策还不够健全。首先从效力等级来看，大部分政策多属于部委制定实施的《意见》、《通知》、《规定》等规范性文件。国务院行政法规和部门行政规章以及地方立法层面，尚没有关于老年人社会参与的专项政策法规。其次从政策内容来看，当前政策内容走向两个极端，一个极端是过于宽泛，如《老龄事业发展规划》等综合性老龄政策文件，仅对于老年人的政治、经济、文化、社会层面的参与作倡导性和原则性的规定。另一个极端是过于偏狭，部委出台的规范性文件，多是针对离退休专业技术人员如何在本专业领域内继续发挥作用作出相关规定。今后，需要在提高促进老年人参与社会发展的政策效力等级的同时，增强政策的操作性，扩大政策的受益面。

三、舆论宣传

我国老年人参与社会发展的总体水平不高，不仅表现为城市老年人的在业率极低，也表现为城乡老年人在民间团体、社会公益等活动中的低参与率。如，城市老年人的在业率仅为0.27%，城乡老年人在联谊组织、兴趣爱好小组、利益代表组织、行业协会、学术组织、公益组织和非政府组织这些类别的民间团体中的参与率都不高，均不足10%，有些甚至不足1%。城市老年人在义务劳动和志愿者活动方面的参与率分别只有23%和15.5%。参与水平和老年人的参与意愿紧密相关，老年人参与意愿低，正是导致我国老年人参与社会发展总体水平不高的一个主要原因。以就业意愿为例，城市仅有1/5的老年人愿意从事有收入的工作。长期以来，社会上普遍认为60岁便进入了颐养天年的年纪，将老年人看成是被关怀、被照顾的对象，看成是依赖者。在这种传统观念的影响下，老年人参与社会发展的需求往往被忽略，得不到应有的重视。不仅表现为社会未能为老年人提供相应的参与机会，也表现为老年人的参与需求得不到家人和亲属的支持。更为严重的是，有些老年人也深受这种观念的影响，认为自己没有用了，参与社会发展的意愿被抑制和扼杀。为此，各级政府及相关部门，应当通过各种宣传、教育、舆论手段，破除各种制约老年人参与社会发展的传统观念，引导全社会充分认识老年人的价值，认识到老年人是经济社会发展的重要资源，促使全社会转变对老年人的传统观念，消除年龄歧视，认可和接纳老年人社会参与，努力营造全社会积极看待、热情支持老年人参与社会发展的良好氛围。同时，也要促进老年人树立积极的老年观，提升老年人主动参与社会发展的自觉自愿意识。

四、组织建设

与中青年人更多通过所在单位参与社会发展不同，老年人更多通过社会组织参与社会发展。近年来，以基层老年人协会为主体的老年人社会组织蓬勃发展，在组织老年人参与经济、政治、文化和社会生活，发展公益事业，支持社区建设，加强下一代思想道德教育、维护自身权益、活跃老年人精神文化生活、促进社会和谐稳定等方面都发挥了不可替代的作用，已经成为社会建设的重要力量，是联系党和政府与广大老年人的桥梁和纽带。修订后的老年人权益保障法第六十六条和六十七条，专门提出通过老年人社会组织开展有益身心健康的活动，运用老年人社会组织保障老年人参与政治，充分反映出加强老年人社会组织建设的必要性和重要性。但是，我国老年人社会组织建设，还存在组织不健全、活动不经常、基础设施薄弱、经费来源短缺等问题，制约了老年人社会组织的发展，影响了作用的发挥，还需要按照政府统一管理和鼓励依法自治相结合的原则，培育发展各类老年社会组织，增强老年人社会组织的自我教育、自我管理、自我服务能力，把其建设成为党和政府的助手，老年人的利益代表，充分发挥其引导老年人参与社会发展、促进社会和谐和政治稳定的积极作用。今后，在老年人社会组织建设方面，还需要着重做好以下几项工作：一是抓好组织机构建设，鼓励探索多种形式的老年人社会组织形式，规范组织章程，明确组织原则、组织架构、会员条件和入会程序，指导老年人社会组织做好班子换届选举工作。二是健全工作制度。引导老年人社会组织建立并完善日常工作制度、民主监督制度，促进开展民主管理和自我监督，保证老年人对组织事务享有知情权、参与权、决策权、监督权。三是加强队伍建设。加强对老年人社会组织负责人的教育培训，制定培训规划，丰富培训内容，定期开展业务培训。引导老年人社会组织成员深入学习中国特色社会主义理论体系，学习党的路线、方针、政策和国家法律法规，学习老龄工作知识。有条件的地方可对老年人社会组织成员进行为老服务、群众工作等方面的培训。四是加强领导。把老年人社会组织建设作为创新社会管理和加强老龄工作的重要内容，列入重要议事日程，认真抓好落实。加强分类指导，制定合理规划，把基层老年人社会组织建设与基层党组织建设、和谐社区建设、新农村建设相结合，与老年友好城市、老年宜居社区和老年温馨家庭建设相结合。积极探索建立老年人社会组织的激励机制，制定评估标准和激励办法，开展评估和评选活动，对先进的老年人社会组织给予表彰和奖励。通过直接财政补贴，或采取以奖代补的方式给予资助，也可通过转移职能、购买服务的方式，支持老年人社会组织参与公共服务项目的组织实施。

五、人才服务

根据市场需求和各类老年人才的意愿，积极搭建服务平台，开拓老年人才发挥作用的渠道。要把老年人才的开发和利用纳入人才市场建设的总体规划。建立老年人才再就业服务平台，成立专门的老年职业介绍所和老年人才交流中心，推动各类人才市场、人才中介机构把老年人才纳入服务范围。政府所属的人才交流中心、专家服务机构要通过设立专门的服务窗口，举办专项的人才和项目交流活动等多种方式，主动为老年人才发挥作用做好服务。建立老年人才信息数据库和老年人才信息中心，定期举办网上老年人才交流活动，为他们发挥作用提供信息平台。此外，要努力为老年人才发挥作用提供必要的条件。凡符合条件的老年人，均可以参加专业技术人员职业资格考试，考试合格取得证书者按规定登记注册。符合条件的老年技能人才，可以参加职业技能鉴定，取得相应的职业资格证书。

六、教育培训

老年人要在参与社会发展中取得良好的社会效益和经济效益，除了依靠自己原有的知识、技能和经验外，还需要继续学习，补充和更新知识。正如《2002年马德里老龄问题国际行动计划》中指出的："在所有国家，终身教育和培训业是老年人参与就业的一个先决条件"。发达国家十分重视对老年人的教育与再就业培训。1973年，美国施行《全面就业培训条例》，包括向老年人在内的失业人员提供临时公职工作、再就业培训和其他服务。1975年，《美国老年人社区服务就业法》提出，老年人上大学不受年龄限制，对于进修课程与就业有关者，免收学费，并可获得生活补贴；对寻找合适有偿工作有困难的符合条件的老年人，提供就业机会和免费职业培训。1963年制定的《日本老人福利法》规定："应按照老年人的希望和能力，为其提供从事工作以及参与社会活动的机会"，重点是提供培训和研究费用，鼓励和帮助老年人改换职业。对于要求就业的老年人的学习和教育，日本文部省给予老年教育经费支持。为此，要健全老年教育网络，完善老年教育内容，探索老年教育管理方法，使老年人不断更新知识，适应新科技的发展，为参与社会劳动创造有利条件。此外，还要为城镇再就业和农村继续从事农业劳动的老年人提供岗位技能培训和农业实用技术培训。

七、表彰奖励

建立鼓励老年人参与社会发展的激励机制，对参与社会发展做出突出贡献的老年人组织和个人给予表彰和奖励。修订后的老年人权益保障法第十条明确规定："各级人民政府和有关部门对维护老年人合法权益和敬老、养老、助老成绩显著的组织、家庭或者个人，对参与社会发展做出突出贡献的老年人，按照国家有关规定给予表彰或者奖励"。近年来，一些地方政府和相关部门也开展了多种形式的老有所为先进单位和个人评选表彰和奖励活动，极大调动了老年人参与社会发展的积极性。表彰或者奖励是各级政府都有的职责。奖励，是指各级人民政府和有关部门为了表彰先进、激励后进、充分调动人们的积极性和创造性，依照法定条件和程序，对为国家和社会做出突出贡献的或模范地遵纪守法的组织、个人给予物质或精神奖励的一种具体行政行为。实施奖励的主体是国家的行政机关或者法律法规授权的组织。国家行政机关是行政奖励的当然主体，有权对符合条件的对象给予行政奖励；法律、法规授权的组织，在授权的范围内有权对符合条件的对象给予奖励。实施奖励的主体，除了上述机构外，还可以是有关的社会团体或者其他社会组织。但是其奖励行为不属于行政奖励范畴。所谓突出贡献，一般是指做出大家公认的显著成绩或者在某一方面做出突出行为。对参与社会发展做出突出贡献老年人，奖励主要有以下两种形式：一是赋予精神方面的权益，即给予受奖人某种荣誉，如授予称号、通报表彰、通令嘉奖、记功、发给奖状、荣誉证书、奖章等。二是赋予物质方面的权益，即发给奖金或各种奖品。表彰主要是精神奖励；奖励既可以是精神奖励，也可以是物质奖励，以精神奖励为主，以物质奖励为辅。

八、劳动保护

贯彻、实施关于老年人享有和使用劳动权利的法律规定，对违反规定的行为予以纠正和制裁，维护受到侵害的老年人的劳动权利。劳动权利是宪法规定的公民的基本权利之一，是指公民在劳动就业、劳动报酬、劳动保护、劳动保险等各方面的权利，其核心在于公民以自己合法劳动获得维持生存和发展的条件。老年人从原来的工作岗位上退下来了，标志着老年人不再承担劳动的义务了，但是由于还有劳动能力，因此，依然享有劳动的权利。修订后的老年人权益保障法第六十九条规定，“老年人参加劳动的合法收入受法律保护。任何单位和个人不得安排老年人从事危害其身心健康的劳动或者危险作业”，正是这种宪法权利的体现。老年人参加了劳动，就应当切实保障老年人按照劳动应取得的合理报酬，在按劳付酬方面，应当同其他劳动者一视同仁，不得歧视、不得克扣、更不得拒付。退休人员被企业返聘或到其它单位继续工作后，与企业建立的是劳务关系，现实中，这种关系虽然不受劳动法保护，也不受新劳动合同法的保护，但是受民事法律法规的保护。老年人退休后应聘，用人单位应该与老年人签订雇佣合同或劳务合同，明确雇佣期间的工作内容、报酬、医疗、其他待遇等权利和义务。此外，修订后的老年人权益保障法为了保护老年人正常参与劳动，专门规定“任何单位和个人不得安排老年人从事危害其身心健康的劳动或者危险作业”。这是老年人权益保障法修订的一个亮点，是对老年人在参加劳动过程中享有劳动保护权的具体体现。随着年龄的增长，老年人生理、心理的老化，必然导致产生各种不同于其他年龄群体的特殊变化，形成了老年人劳动的固有特点：劳动强度不能过大，劳动时间不能过长，劳动危险系数要适宜。这客观要求满足老年人劳动需求的劳动模式也随之发生变化，用人单位应当在技术、设备、设施、组织制度和教育等方面采取一系列措施，以保障老年人在生产、劳动过程中的安全和健康。国家安全生产监管部门、人力资源和社会保障部门应当加强对用人单位的监督和检查。老年人受聘工作期间发生职业伤害的，聘用单位应当依法妥善处理；因工作发生职业伤害与聘用单位发生争议的，可通过民事诉讼处理。

第四节　老年人有继续接受教育的权利

修订后的老年人权益保障法第七十条规定：“老年人有继续受教育的权利。国家发展老年教育，把老年教育纳入终身教育体系，鼓励社会办好各类老年学校。各级人民政府对老年教育应当加强领导，统一规划，加大投入。”这一规定为我国老年教育事业发展指明了方向，提供了法律保障。

一、老年人的受教育权

教育是一项基本人权。《世界人权宣言》第二十六条、《经济、社会和文化权利国际公约》第十三条都明确规定：“人人都有受教育的权利”。《老龄问题维也纳国际行动计划》强调“作为一项基本人权，提供教育必须避免对年长者的歧视。教育政策应当通过核拨适当资金和制订适当教育方案来体现老年人受教育权利的原则。应当注意使教育方法适合年长者的能力，以便他们能公平地参与任何所提供的教育，并从其中获得惠益。应当认识并鼓励所有各级进行连续成年教育的需要。应当考虑让老年人接受大学教育的想法”，“按照联合国教育、科学及文化组织提出的终生教育的概念，应当促进制订各种非正式的、以社区为基础的老年人休养教育方案，以便帮助他们树立自力更生的思想和对社会的责任感。这种方案应当得到各国政府和国际组织的支持”。《马德里老龄问题国际行动计划》也强调，要在成人教育、培训和进修以及职业指导和职业介绍方面给予老年人同等机会。我国宪法第四十六条第一款规定：“中华人民共和国公民有受教育的权利和义务。”《中华人民共和国教育法》第九条规定：“中华人民共和国公民有受教育的权利和义务。公民不分民族、种族、性别、职业、财产状况、宗教信仰等，依法平等享有受教育机会。”这些规定同样适用于老年人。保护老年人受教育的权利，是实现“老有所学”的保证。

二、终身教育

终身教育，从广义上讲，是指人从出生到终止生命都在进行的一个长期的教育过程，包括所有的早期儿童教育，各级各类正规教育，各种继续教育和所有的非正规教育，在这个长期教育过程中，年龄不同、能力不同、受教育程度不同的人对教育的需求都能得到满足。终身教育是世界教育发展的趋势。其核心思想就是认为随着科技进步，人类社会生活日益复杂和瞬息万变，过去那种在人的一生中只接受一次性教育的传统教育模式已经不能满足人民的需要。教育不是人的某一个阶段的事情，而是贯穿在人的一生中，同时也不能把学校作为接受教育的唯一场所，而应该是当每个人需要的时候，教育系统都能随时随地以最好的方式给人们提供必要的知识和技能，以适应社会的发展。《中华人民共和国教育法》第十九条第三款也规定：“国家鼓励发展多种形式的成人教育，使公民接受适当形式的政治、经济、文化、科学、技术、业务教育和终身教育。”此款规定把终身教育作为成人教育的一个组成部分，是学校教育的延伸和发展，事实上强调的是教育应贯穿人的一生，使受教育者不断更新知识和提高创新能力，以适应经济社会发展和科学技术不断进步的需要。

三、老年教育

“教育”一词，古今中外有很多不同的说法。广义的教育指凡是有目的增进人的知识技能、影响人的思想品德、增强人的体质的活动，不论是有组织的或是无组织的，系统的或是零碎的，都是教育。而狭义的教育是专门组织的教育，它不仅包括全日制的学校教育，而且还包括半日制、业余的学校教育、函授教育、刊授教育、广播教育和电视教育等。

有学者认为，社会对60岁及以上的老年人进行的思想、科学、文化等方面的教育或老年人的自我学习、自我完善都可称为老年教育，或第三年龄教育。目前，我国的老年教育是以对60岁及以上的老年人进行有目的、有计划、有组织的教育活动为主，即是以提高老年人思想道德和科学文化素质，使受教育者“增长知识、丰富生活、陶冶情操，增进健康、服务社会”为目的所实施的非学历的老年人学校教育和其他形式的老年教育活动。这一观点也是目前学术界对“老年教育”较认可的概念。其中，老年大学（学校）是目前我国老年教育的最主要形式，

（一）老年社会教育

随着老年人口的增长，老龄事业的发展壮大，老年社会教育的形式也逐渐增多，大体有以下几种形式：一是通过老年社会团体，对老年人进行教育。近些年来，各地区、各系统按照行业和专业组织起来的老年社会团体发展很快，如各种协会、协会、研究会、促进会、联谊会等。这些老年社会团体的活动内容和组织形式虽然各有不同，但都具有老年教育的性质。这些老年社团通过举办展览，开展竞赛，进行评比等活动进行示范和交流，使老年人从不同的侧面扩大视野、提高认识，从而更新了知识、增长了才干。二是报刊杂志发挥教育职能。随着老龄问题日益引起社会关注，老年杂志、报刊、出版物逐步增多，不仅有全国性的老年报刊、杂志，省、地、市、县也

出版老年刊物，甚至大型企事业单位也在内部出版老年刊物。这些刊物无疑成为老年人学习知识，接受教育的良师益友。三是通过社会文化和老年福利设施开展教育。各地群众艺术馆、文化馆、博物馆发挥组织引导各类社会文化活动的功能，使老年人在活动中接受科学、文化、法律、日常生活等各方面知识。老干部活动中心、老年活动室和俱乐部以及养老院、休养所、疗养院等老年福利机构和设施把自身的工作与老年教育工作结合起来，通过组织专题讲座、报告会、座谈会等方式发挥教育功能。四是通过开放性远程老年教育。随着科学技术发展，声像设备、电化教育、网络技术的普及，各地积极发展老年远程教育，通过电视和广播，举办各类专业知识讲座，并发售录像带、光盘等，通过网站编发各种老龄问题的资料，方便老年人在家中学习。

（二）老年学校教育

老年人走进课堂在学校中接受教育、参加学习是当前我国老年教育的主体形式。在老年人学校中，通过系统、有计划的，以改善老年人生理、心理素质，提高老年人生活质量为目的的学习，使老年人振奋精神，强健身体，陶冶情操，更新知识，增长才干，让老年人融入社会并参与社会发展。根据学校规模、办学条件以及教育对象存在的差别，老年人学校可以分为以下两个层次：

1.老年大学。大多数是由中央部委，地方地、市以上单位，大型企业、事业单位以及部队，省军区以上单位建立的。部分条件较好的县（市）也有建立老年大学的。老年大学一般都有可靠的办学经费来源，配备有健全的领导班子和专、兼职办学人员，有相对稳定和具备较高水平的教师队伍，有必要的硬件设施，如有稳定的适合教学和办公的用房，有使用的教学器材和教具。在我国，一些条件较好的老年大学配置有音像、电化教育设备，有相应的行政管理和教学业务管理制度，规范的教学大纲和教学计划，开设有多门类课程，分设有不同层次的教学班。老年大学除了课堂教学外，还组织多种形式的课外活动，鼓励老年学员参加社会实践。

2.老年学校。老年学校主要在城市街道和乡镇一级建立。城市老年学校是社区老年教育的主阵地，多为街道办事处主办。大中城市街道中老年人口集中，为扩大教育面，街道办事处辖区内的居委会、企业等单位，根据各自特点建立分校。农村老年学校以乡镇举办为主，村设有分校或教学班，一般是乡镇领导挂帅，成立校务委员会，请乡镇有关部门参加办学。日常工作由基层老年人协会负责，业务由县老年大学或学校指导，经费开支一部分来源于财政拨款，另外通过多方筹集，如组织学员“学为结合”创收一点，发动企业、事业单位捐赠一点等。校舍多采取因陋就简，“一室多用”的办法来解决，如利用乡镇党校、文化技校、农科技学校、老年活动室再挂一块老年学校的牌子，定期上课。教师多就地聘请，县乡干部，卫生院医生，农机站、农科所技师以及具有一定专长的人员担任，体现能者为师的精神。农村老年学校开设的课程多为养殖、种植、科学种田、农业畜牧业新技术以及时事政策、卫生保健等。

四、发展老年教育事业是国家的责任

发展教育事业是国家的责任。国家要举办各级各类教育事业，但不可能包办所有的教育事业，发展教育事业也是全社会的共同责任。我国宪法规定：“国家鼓励集体经济组织、国家企事业组织和其他社会力量依照法律兴办各种教育事业。”《中华人民共和国教育法》第二十五条第二款规定：“国家鼓励企事业组织、社会团体、其他社会组织及公民个人依法举办学校及其他教育机构。”老年教育也要依靠全社会的力量。因此，修订后的老年人权益保障法第七十条规定，国家发展老年教育，鼓励社会力量兴办各类老年学校。老年学校是实施老年教育活动的重要场所，包括老年大学、各类老年学校。办好老年学校是保障老年教育落实的基础。国家鼓励企事业单位、社会团体、公民个人举办老年学校，为老年教育服务。

各级人民政府要把发展老年教育列入当地的发展规划，在宏观层面加强领导，统一规划，加大投入，使老年教育事业能有目的、有计划、有组织地发展。相关部门和单位也要履行好发展老年教育的职责，如教育部门要把老年教育纳入终身教育和社区教育体系，各级党委老干部工作部门和政府有关部门要进一步提高老年大学、老干部大学的办学质量和水平，文化主管部门要做好各级各类非学历老年大学的规划、审批和管理工作，制定优惠政策和管理办法，鼓励社会参与发展老年教育，基层单位和学历教育机构可以为老年人提供学习机会和场所，方便老年人就近参加学习等。

为了落实好老年人权益保障法的规定，要做好以下几个方面工作：

一是进一步加强对老年教育工作的领导。各地、各有关部门要进一步提升对加强老年教育工作、发展老年教育事业重要性的认识，把老年教育工作列入议事日程，统一规划，监督指导，做到有部署、有检查、有落实。把发展老年教育事业纳入经济社会发展规划以及相关的专项规划。把老年教育工作作为老龄工作的重要内容，纳入党政目标考核管理，建立健全政府主导、主管部门牵头、有关部门参与的老年教育工作管理体制和运行机制。

二是不断加大对老年教育事业的投入。老年教育是社会公益事业，主要靠政府投入。各级政府要建立老年教育事业与经济社会发展水平和老年人口增长有机结合的经费投入机制，根据经济社会发展水平和老年人口发展规模及老年教育事业发展需要，逐步增加对老年教育工作的经费投入，形成制度化的财力投入机制。同时要动员和鼓励企事业单位、社会团体及公民个人捐资助学，支持发展老年教育事业。

三是加强基层、农村老年教育工作。老年人教育工作的重点在基层。老年大学（学校）要向社区、乡村最基层延伸，逐步形成老年大学（学校）办学网络，扩大老年教育覆盖面，使更多的老年人能够就地、就近参加学习、接受教育。各乡镇、社区、村要利用现有的教育、文化、体育设施和老年人活动场所开展老年教育。要拓宽渠道，充分利用广播、电视、网络等现代科技手段，发展老年广播、电视、网络和函授教育，逐步形成贯通城乡的远程老年教育体系。

四是支持老年大学（学校）的规范化建设。要积极探索老年教育教学规律，建立健全规章制度，科学设置课程和学制，逐步规范教材，改进教学方法，提高教学质量，强化内部管理，加强规范化建设。老年大学（学校）要坚持正确的办学方向和办学宗旨，面向老年群体，面向社会，不断提高办学质量和水平，要实现有规范的教学秩序、有科学的课程设置、有丰富的文化体育活动、有懂教育和会管理的人才、有高素质的师资力量，实行规范化、科学化管理。

第八章　法律责任

法律责任是指公民、法人或其他组织实施违法行为所应承担的法律后果，是法律的重要组成部分。在法律中，根据其所调整的社会关系的性质和特点，科学合理地规定法律责任条款，对于保证法律的有效实施具有重要意义。修订后的老年人权益保障法第八章法律责任共有11条，规定了老年人合法权益受到侵害时的救济途径以及违反法律规定、侵害老年人权益的行政、民事、刑事三种法律责任。

第一节　老年人合法权益受到侵害时的救济途径

一、老年人的合法权益受法律保护

国家保障老年人依法享有的权益。按照老年人权益保障法规定，老年人享有的合法权益从大的方面说，包括：从国家和社会获得物质帮助的权利；享受社会服务和社会优待的权利；参与社会发展和共享发展成果的权利。还有许多具体的权利，如婚姻自由的权利；对个人的财产，依法享有占有、使用、收益和处分的权利；有依法继承父母、配偶、子女或者其他亲属遗产的权利；有接受赠与的权利等。保障老年人合法权益是全社会的共同责任。禁止歧视、侮辱、虐待或者遗弃老年人。

二、老年人合法权益受到侵害的，可以按照法律规定的途径寻求保护

从实践情况看，老年人合法权益受到侵害，往往发生在家庭成员之间，

主要有以下几种情形：（1）子女或者其他亲属侵占老年人自有的或者承租的住房，擅自改变产权关系或者租赁关系；（2）子女或者其他亲属干涉老年人离婚、再婚及婚后的生活；（3）子女或者其他亲属以窃取、骗取、强行索取等方式侵犯老年人的财产权益；（4）子女或者其他亲属侵占、抢夺、转移、隐匿或者损毁应当由老年人继承或者接受赠与的财产。有些侵害行为也可能是由有关单位或者组织造成的，如克扣、拖欠或者挪用老年人依法享有的养老金、医疗待遇和其他待遇；安排老年人从事危害其身心健康的劳动或者危险作业等等。

老年人合法权益受到侵害的，按照本法第七十二条第一款的规定，被侵害人或者其代理人有权要求有关部门处理，或者依法向人民法院提起诉讼。从法律的规定可以看出，当老年人的合法权益受到侵害时，法律规定了两种救济途径：一是被侵害人或者其代理人有权要求有关的主管部门依法处理，如对于克扣、拖欠或者挪用老年人依法享有的养老金、医疗待遇和其他待遇，安排老年人从事危害其身心健康的劳动或者危险作业，侵害老年人权益的，受侵害的老年人或者其代理人可以要求劳动行政部门予以处理。二是依法向人民法院提起诉讼，指受侵害的老年人或者其代理人依据侵害行为的性质，直接向人民法院提起民事诉讼、行政诉讼或者刑事自诉。如对于子女或者其他亲属侵占、抢夺、转移、隐匿或者损毁应当由老年人继承或者接受赠与的财产的行为，老年人或者其代理人可以依法向人民法院提起民事诉讼。对于盗窃、诈骗等侵犯老年人财物的行为，构成犯罪的，可以依法提起刑事诉讼。

三、人民法院和有关部门对涉及老年人合法权益的申诉、控告和检举的职责

由于保障老年人合法权益是全社会的共同责任，因此，法律除对政府有关部门规定了保护老年人合法权益的职责，还对人民法院和有关部门对老年人合法权益受到侵害以后应当承担哪些责任作了规定，按照本法第七十二条

第二款的规定，人民法院和有关部门，对侵犯老年人合法权益的申诉、控告和检举，应当依法及时受理，不得推诿、拖延。这是对人民法院和有关部门应当依法履行职权、保护老年人合法权益不受侵害的规定。只有充分发挥司法、行政执法等部门的作用，才能真正使老年人的权益得到保障。为了鼓励全社会对老年人权益保障进行广泛监督，充分发挥社会监督的作用，本法对公众监督规定了申诉、控告、检举三种方式。这里申诉、控告、检举的主体可以是合法权益受到侵害的老年人，也可以是其他任何单位或者个人。人民法院和有关部门对申诉、控告和检举应当依法及时受理，保障公众监督渠道的畅通，不得推诿，或者拖延不办。对属于自己职责范围内的，受理后要及时处理。对不属于自己职责范围的申诉、控告和检举，应当通知并移交有权处理的部门处理，有权处理的部门在接到其他部门移交的申诉、控告和检举后，应当受理，并及时进行处理，不得推诿。

第二节　不履行职责的部门或者组织以及国家工作人员违法失职的法律责任

一、责令改正

按照本法规定，国家机关、社会团体、企业事业单位和其他组织应当按照各自职责，做好老年人权益保障工作。对不履行保护老年人合法权益职责的部门或者组织，按照本法第七十三条第一款的规定，其上级主管部门应当给予批评教育，责令改正。责令改正是责令违法行为人在一定期限内对违法行为予以纠正。

二、行政处分

按照本法第七十三条第二款的规定，国家工作人员违法失职，致使老年人合法权益受到损害的，由其所在单位或者上级机关责令改正，或者依法给予处分。行政处分是行政机关对国家机关工作人员行政违法行为的制裁，是行政机关的内部管理行为。处分的种类包括：警告、记过、记大过、降级、撤职、开除六种。分为精神惩罚和实质惩罚。（1）精神惩罚。也称申诫罚或声誉罚，其一般用于严重程度较低的违法违纪行为，主要是对违法行为人名誉的贬责，是有关机关向违法违纪者发出警戒，申明其有违法违纪行为，通过对其名誉、荣誉、信誉等施加影响，引起其精神上的警惕，使其不再违法违纪的惩罚形式。警告、记过、记大过属于精神惩罚。（2）实质惩罚。包括降级、撤职与开除，都是较为严重的惩罚形式，是对犯有严重违法违纪行为的人员所给予的惩戒，会使违法行为人在名誉、地位与经济等方面受到损失。降级是降低级别，根据国务院有关部门的规定，给予公务员降级处分，一般降低一个级别，如果本人级别为最低一级，可给予记大过处分。撤职是撤销职务，撤职后按降低一级以上职务另行确定职务，根据新任职务确定相应的级别和职务工资档次。本人职务为办事员的，可给予降级处分。开除是对违法违纪行为人最为严重的一种处分形式。对于严重违法违纪，不适宜继续担任原职务的，有关机关应给予其开除处分。给予开除处分，自处分之日起，解除其与机关的人事关系。在给予违法违纪行为人处分时，应根据其错误性质、情节轻重、危害大小及本人对错误的认识态度，区别处理。对于违法违纪行为人可作出如下处理：违法违纪情节较重，给国家和人民利益造成一定损失或不良后果的，给予记大过以下处分；违法违纪情节严重，给国家和人民利益造成重大损失或严重后果的，给予降级以上处分；对触犯刑律，构成犯罪的，移交司法机关追究刑事责任。违法违纪行为人在受处分期间不得晋升职务和级别，其中受记过、记大过、降级、撤职处分的，不得晋升工资档次。受处分的期间为：警告，六个月；记过，十二个月；记大过，十八个月；降级、撤职，二十四个月。受撤职处分的，按照规定降低级别。

三、追究刑事责任

对于构成犯罪的，依法追究刑事责任。刑事责任，是违反国家刑事法律的犯罪行为在法律上应负的责任，也是依照刑法应当受到刑事追究与刑事处罚的法律后果。对犯罪行为所适用的刑罚，有主刑，包括管制、拘役、有期徒刑、无期徒刑等；附加刑，包括罚金、剥夺政治权利和没收财产。按照本法第七十三条的规定，国家工作人员违法失职，致使老年人合法权益受到损害，构成犯罪的，依法追究刑事责任。根据本条规定，构成犯罪主要指构成刑法的渎职犯罪，主要是构成刑法第三百九十七条规定的玩忽职守罪。按照刑法规定，国家机关工作人员滥用职权或者玩忽职守，致使公共财产、国家和人民利益遭受重大损失的，处三年以下有期徒刑或者拘役；情节特别严重的，处三年以上七年以下有期徒刑。国家机关工作人员徇私舞弊，犯滥用职权、玩忽职守罪的，处五年以下有期徒刑或者拘役；情节特别严重的，处五年以上十年以下有期徒刑。玩忽职守，是指国家机关工作人员不履行、不正确履行或者放弃履行其职责的行为。徇私舞弊，是指国家机关工作人员为徇个人私利或者亲友私情，置国家利益于不顾的行为。当事人因徇私舞弊而犯滥用职权罪、玩忽职守罪的，根据刑法的规定，应当从重给予处罚。

第三节　老年人民事纠纷的解决

一、老年人遇到民事纠纷时的解决途径

修订后的老年人权益保障法第七十四条第一款规定："老年人与家庭成员因赡养、扶养或者住房、财产等发生纠纷，可以申请人民调解委员会或者其他有关组织进行调解，也可以直接向人民法院提起诉讼。"赡养、扶养关系到老年人的切身利益，因而发生的纠纷关系到老年人生活的正常进行；老年人因住房、财产等问题也容易与子女和其他亲属引发纠纷。为保证老年人及时解决遇到的纠纷，本法规定了老年人遇到这些纠纷时的解决途径，主要有两个方面：申请调解和提起诉讼。

（一）申请调解

调解包括人民调解委员会的调解和其他组织的调解。《中华人民共和

国人民调解法》第二条规定，人民调解是指人民调解委员会通过说服、疏导等方法，促使当事人在平等协商基础上自愿达成调解协议，解决民间纠纷的活动。人民调解委员会是依法设立的调解民间纠纷的群众性组织。村民委员会、居民委员会设立人民调解委员会，企业事业单位根据需要设立人民调解委员会。其他组织是指人民调解委员会以外的妇女组织、老年协会等组织，这些组织也可以依法对老年人与家庭成员间的纠纷进行调解。此外，村民委员会、居民委员会也可以直接对老年人与家庭成员之间的上述纠纷进行调解。

（二）提起诉讼

民事诉讼是指作为平等主体的公民之间、法人之间、其他组织之间或者他们相互之间因财产关系和人身关系发生纠纷，向人民法院提起诉讼，请求人民法院通过审判解决争议，保护自身的合法权益。诉讼是解决纠纷的重要途径，老年人遇到本条所列的纠纷，可以通过向人民法院起诉的方式维护自身合法权益。根据《中华人民共和国民事诉讼法》第五十七条、第五十八条的规定，老年人如果是无诉讼行为能力人，由他的监护人作为法定代理人代为诉讼；法定代理人之间互相推诿代理责任的，由人民法院指定其中一人代为诉讼。老年人、无诉讼行为能力老年人的法定代理人可以在下列人员中委托一至二人作为诉讼代理人：（1）律师、基层法律服务工作者；（2）当事人的近亲属或者工作人员；（3）当事人所在社区、单位以及有关社会团体推荐的公民。代理诉讼的律师和其他诉讼代理人有权调查收集证据，可以查阅与案件有关的材料，在一定程度上解决了老年人因行动不便等原因在调查取证、了解案情方面存在的困难。

依据本法规定，调解并不是进行诉讼的前置条件，老年人遇到上述纠纷，既可以选择申请调解，也可以选择提起诉讼。《中华人民共和国人民调解法》第三条还明确规定，人民调解委员会调解民间纠纷，应尊重当事人的权利，不得因调解而阻止当事人依法通过仲裁、行政、司法等途径维护自己的权利。此外，需要指出的是，法院在诉讼过程中，不是必须通过判决解决纠纷，也可以通过调解的方式结案，以便最大限度化解矛盾。

二、对涉及老年人民事纠纷进行调解的方式、方法

修订后的老年人权益保障法第七十四条第二款规定：“人民调解委员会或者其他有关组织调解前款纠纷时，应当通过说服、疏导等方式化解矛盾和纠纷；对有过错的家庭成员，应当给予批评教育。”调解是指通过调解组织和人员积极地在双方当事人之间说服、疏导，帮助交换意见，提出解决纠纷的建议，引导当事人自愿达成解决纠纷的协议。老年人遇到的赡养、扶养、住房、财产等纠纷多数发生在家庭成员之间，与家庭之外的民事纠纷相比，最大的特点是纠纷当事人之间有血缘或亲情关系，这也是调解可以在解决这类纠纷中发挥重要作用的前提。人民调解委员会等调解组织因直接接触当事人的纠纷，能保证调解活动及时、就地进行。调解组织及其工作人员可以主动介入纠纷，充分听取当事人的陈述，讲解有关法律、法规和国家政策，耐心疏导，使当事人平等协商、互谅互让，解决纠纷。调解协议是在调解组织的居间主持下双方自愿签订的，当事人双方在心理上能够接受，在履行协议时也比较自觉，因此，通过说服、疏导等方式进行调解，能够提高调解的成功率和协议的履行率。应当说，除了说服、疏导外，调解方式还有很多种，不拘一格，相应的调解程序也可以灵活掌握，但基本的工作原则是有利于调解组织和调解工作人员及时采取措施解决问题，从源头上有效化解矛盾，维护老年人家庭的和谐稳定。

三、关于老年人赡养费和扶养费的先予执行

修订后的老年人权益保障法第七十四条第三款规定：“人民法院对老年人追索赡养费或者扶养费的申请，可以依法裁定先予执行。”《中华人民共和国民事诉讼法》第一百零六条规定，人民法院对追索赡养费、扶养费的案件，可以裁定先予执行。老年人是弱势群体，追索的赡养费、扶养费一般是他们的基本生活保障，允许此类案件先予执行，主要是为了保障他们日常生活的顺利进行。根据《中华人民共和国民事诉讼法》第一百零七条的规定，

人民法院在裁定先予执行时，应当具备一定的条件，具体到老年人追索赡养费和扶养费的申请，裁定先予执行的主要条件有：（1）要求老年人提起的诉求是给付之诉。追索赡养费、扶养费具有可以执行的内容，属于给付之诉，符合先予执行的标的要件。（2）老年人与被告之间的权利义务关系明确。要求老年人追索赡养费、扶养费的案件事实十分清楚，当事人之间的是非责任显而易见。如老年人提出充分的证据，证明其子女在有能力支付的情况下没有按时足额支付赡养费。（3）不先予执行将严重影响老年人的生活。主要是指申请先予执行的老年人依靠赡养费和扶养费维持正常生活，在法院作出生效判决前，如果不裁定先予执行，作为原告的老年人难以维持正常生活。（4）被申请人有履行能力。这也是先予执行的必备条件，如果被申请人没有履行能力，先予执行也就无法进行。（5）老年人主动提出申请。当事人主动提出书面申请是人民法院裁定先予执行的前提条件。如果老年人没有提出申请，法院不能依职权主动作出先予执行的裁定。当然，主动提出书面申请并不是要求必须是老年人本人亲自申请，老年人的诉讼代理人和无诉讼行为能力老年人的法定代理人，也可以根据授权或职责向人民法院提出先予执行的申请。

除先予执行措施外，老年人在诉讼过程中还可以享受本法第五十五条的优待，即交纳诉讼费确有困难的，可以缓交、减交或者免交；需要获得律师帮助，但无力支付律师费用的，可以获得法律援助。先予执行、诉讼费减免、法律援助等法定措施，对于保障老年人顺利通过诉讼途径解决纠纷、维护自身合法权益具有重要意义。

第四节　侵犯老年人人身权益的法律责任

修订后的老年人权益保障法第七十五条规定：“干涉老年人婚姻自由，对老年人负有赡养义务、扶养义务而拒绝赡养、扶养，虐待老年人或者对老年人实施家庭暴力的，由有关单位给予批评教育；构成违反治安管理行为的，依法给予治安管理处罚；构成犯罪的，依法追究刑事责任。”

一、干涉老年人婚姻自由的法律责任

（一）保护老年人婚姻自由

近年来，伴随着我国经济、社会不断发展，更多的老年人摒弃消极的传统观念，更加重视婚姻质量，追求感情上与精神上的满足，因此老年夫妻离婚率也伴随着整体离婚率的上升而上升。同时，随着老龄化的加重，丧偶老人也日益成为一个不容忽视的群体。为了寻求心理上的安慰、精神上的快乐和安度晚年，多数离异或者丧偶的老年人有再婚的愿望。目前的突出问题是，老年人离婚或者再婚障碍多、麻烦大。特别是有些老年人的子女或者其他近亲属出于传统观念、情感因素或者是财产利益的考虑，干涉老年人的离婚或者再婚自由，甚至用侮辱、威胁或者施以暴力来达到阻止老年人离婚或者再婚的目的，有的还会对老年人再婚后的生活进行百般干涉，从而干涉了老年人的婚姻自由。婚姻法第三十条有针对性地规定：“子女应当尊重父母的婚姻权利，不得干涉父母再婚以及婚后的生活。子女对父母的赡养义务，不因父母的婚姻关系变化而终止。”修订后的老年人权益保障法第二十一条再次确认老年人离婚自由、再婚自由和再婚后生活不受干涉的自由，明确规定：“老年人的婚姻自由受法律保护。子女或者其他亲属不得干涉老年人离婚、再婚及婚后的生活。赡养人的赡养义务不因老年人的婚姻关系变化而消除。”

（二）干涉老年人婚姻自由的法律责任

为了进一步地保障老年人的婚姻自由，防止子女或者其他近亲属对老年人婚姻自由的阻挠和干涉，修订后的老年人权益保障法第七十五条规定了干涉老年人婚姻自由的法律责任。

1. 由有关单位给予批评教育。依据修订后的老年人权益保障法第七十五条的规定，干涉老年人婚姻自由的，首先应当由有关单位给予批评教育。这里的有关单位主要包括老年人组织，行为人所在的居民委员会或者村民委员会，或者是行为人的工作单位。

2. 构成暴力干涉婚姻自由罪，依法承担刑事责任。暴力干涉婚姻自由罪，是指以暴力手段干涉他人行使婚姻自由权利的行为。这里所规定的“暴力”，是指使用捆绑、殴打、禁闭等手段，使被干涉者不能行使婚姻自由的权利。“暴力干涉”是构成本罪的主要特征，没有使用暴力的，不构成本罪；如果行为人采取的暴力行为，不足以干涉被害人行使婚姻自由权利的，也不构成本罪。依照刑法第二百五十七条第一款的规定，以暴力干涉他人婚姻自由的，处二年以下有期徒刑或者拘役。

依据刑法第二百五十七条第二款规定，以暴力干涉他人婚姻自由，致使被害人死亡的，处二年以上七年以下有期徒刑。这里所说的“致使被害人死亡”，主要是指行为人使用暴力干涉他人婚姻自由的犯罪行为致使被害人自杀身亡等。

依据刑法第二百五十七条第三款的规定，对于犯暴力干涉婚姻自由罪，在没有致使被害人死亡的情况下，告诉才处理。即只有被害人向司法机关提出控告的才处理；对于被害人不控告的，司法机关不能主动受理，追究行为人的刑事责任。但如果被害人受强制或者威吓而无法告诉的，人民检察院和被害人的近亲属也可以告诉。

实践中应当注意以下问题：（1）刑法第二百五十七条第二款规定的致使被害人死亡的干涉婚姻自由的行为，行为人必须是使用了暴力，如果干涉行为未使用暴力，而是由于被害人自己心胸狭窄而轻生自杀或因为其他原因自杀的，不应追究行为人的刑事责任；（2）对行为人在暴力干涉婚姻自由过程中实施的故意伤害或杀害行为，应当按故意伤害罪或者故意杀人罪追究刑事责任。

二、对老年人负有赡养义务、扶养义务而拒绝赡养、扶养的法律责任

老年人为了子女的健康成长和其他家庭成员的生活，付出了长期的辛勤

的劳动，尽了自己的职责。当他们年老多病，丧失劳动能力或生活发生困难的时候，子女和其他家庭成员就应当承担起相应的赡养与扶养义务。作为子女和其他家庭成员要自觉履行相应的赡养、扶养义务，尊老养老，使老人安然度过晚年。

（一）对老年人负有赡养义务、扶养义务的人的范围

我国婚姻法明确规定了对老年人负有赡养义务、扶养义务的人的范围，主要为：（1）夫妻："夫妻有互相扶养的义务。""一方不履行扶养义务时，需要扶养的一方，有要求对方付给扶养费的权利。"（2）子女："子女对父母有赡养扶助的义务。""子女不履行赡养义务时，无劳动能力的或生活困难的父母，有要求子女付给赡养费的权利。"（3）孙子女、外孙子女："有负担能力的孙子女、外孙子女，对于子女已经死亡或子女无力赡养的祖父母、外祖父母，有赡养的义务。"（4）弟、妹："由兄、姐扶养长大的有负担能力的弟、妹，对于缺乏劳动能力又缺乏生活来源的兄、姐，有扶养的义务。"

（二）赡养和扶养义务的内容

修订后的老年人权益保障法对"家庭赡养与扶养"作了专章规定，更加细化了赡养和扶养义务的内容，主要为：（1）赡养人应当履行对老年人经济上供养、生活上照料和精神上慰藉的义务，照顾老年人的特殊需要。（2）赡养人应当使患病的老年人及时得到治疗和护理；对经济困难的老年人，应当提供医疗费用；对生活不能自理的老年人，赡养人应当承担照料责任；不能亲自照料的，可以依据老年人的意愿委托他人或者养老机构等照料。（3）赡养人应当妥善安排老年人的住房，不得强迫老年人居住或者迁居条件低劣的房屋；老年人自有的或者承租的住房，子女或者其他亲属不得侵占，不得擅自改变产权关系或者租赁关系；老年人自有的住房，赡养人有维修的义务。（4）赡养人有义务耕种或者委托他人耕种老年人承包的田地，照管或者委托他人照管老年人的林木和牲畜等，收益归老年人所有。（5）家庭成员应当关

心老年人的精神需求，不得忽视、冷落老年人；与老年人分开居住的家庭成员，应当经常看望或者问候老年人。同时老年人权益保障法还明确规定，赡养人不得以放弃继承权或者其他理由，拒绝履行赡养义务；赡养人不履行赡养义务，老年人有要求赡养人付给赡养费等权利；赡养人不得要求老年人承担力不能及的劳动。老年人与配偶有相互扶养的义务；由兄、姐扶养的弟、妹成年后，有负担能力的，对年老无赡养人的兄、姐有扶养的义务。

（三）违反赡养义务和扶养义务的法律责任

1. 基层群众性自治组织、老年人组织或者赡养人、扶养人所在单位督促履行。修订后的老年人权益保障法第二十四条规定：“赡养人、扶养人不履行赡养、扶养义务的，基层群众性自治组织、老年人组织或者赡养人、扶养人所在单位应当督促其履行。”

2. 由有关单位给予批评教育。依照修订后的老年人权益保障法第七十五条的规定，对老年人负有赡养和扶养义务而拒绝赡养和扶养的，首先应当由有关单位给予批评教育。这里的有关单位主要包括老年人组织，赡养人、扶养人所在的居民委员会或者村民委员会，或者是赡养人、抚养人的工作单位。如果该负有赡养义务或者抚养义务的人是公务员，则依据《行政机关公务员处分条例》第二十九条的规定，应该由其所在单位或者是监察机关给予警告、记过或者记大过处分；情节较重的，给予降级或者撤职处分；情节严重的，给予开除处分。

3. 构成违反治安管理行为的，依法给予治安管理处罚。实践中拒不履行对老年人的赡养或扶养义务而遗弃老年人的现象时有发生，这不但会直接给他们的生活造成困难，甚至会危及这些老年人的健康乃至生命，应当严厉制止和打击上述违法行为。为了更有力地保护老年人合法权益，修订后的老年人权益保障法第七十五条规定，对老年人负有赡养和扶养义务而拒绝赡养和扶养的，构成违反治安管理行为的，依法给予治安管理处罚。而治安管理处罚法第四十五条第二项规定，遗弃没有独立生活能力的被扶养人的，处五日以下拘留或者警告。

对老年人负有赡养和扶养义务而拒绝赡养和扶养的行为要适用治安管理处罚法第四十五条第二项的规定，应当具备以下几个条件：（1）行为人遗弃的对象必须是没有独立生活能力的被赡养人或者被扶养人。这里所说的“没有独立生活能力”是指不具备或者丧失劳动能力，无生活来源而需要他人在经济上予以供给扶养，或者虽有经济收入，但生活不能自理而需要他人照顾等情况。（2）行为人对没有独立生活能力的被扶养人，依法负有在经济、生活等方面予以供给、照顾、帮助，以维护其正常的生活的义务。（3）行为人实施了遗弃的行为。这里的“遗弃”是指对于患病或者其他没有独立生活能力的老年人，负有赡养、扶养义务而拒绝赡养、扶养的行为。由于行为人不履行自己的法定义务，可能使被赡养、扶养人得不到经济上的保障或者生活上的必要照顾和帮助，生命和健康受到较为严重的威胁和损害。当然行为人必须是负有赡养、扶养义务的人，如果对没有独立生活能力的人不负有扶养义务，就不存在拒绝赡养、扶养的问题。

依据修订后的老年人权益保障法第七十四条的规定，如果负有赡养或者扶养义务的人，不履行赡养或者扶养义务，需要赡养和扶养的老年人可以申请人民调解委员会或者其他有关组织进行调解，也可以直接向人民法院提起诉讼。如果负有赡养或扶养义务的人拒绝赡养或扶养的，则可请求公安机关依据治安管理处罚法第四十五条给予治安管理处罚。人民法院在处理赡养或扶养纠纷时，应当坚持保护老年人的合法权益的原则，通过调解或者判决使义务人依法履行赡养或扶养义务。

4. 构成遗弃罪的，依法承担刑事责任。依据修订后的老年人权益保障法第七十五条的规定，对老年人负有赡养、扶养义务而拒绝赡养、扶养的，构成犯罪的，依法追究刑事责任。刑法第二百六十一条规定，对于年老、年幼、患病或者其他没有独立生活能力的人，负有扶养义务而拒绝扶养，情节恶劣的，处五年以下有期徒刑、拘役或者管制。

遗弃罪是指对于年老、年幼、患病或者其他没有独立生活能力的人，负有扶养义务而拒绝扶养，情节恶劣的行为。遗弃罪的犯罪对象，是年老、年幼、患病或者其他没有独立生活能力的人。这里所说的“没有独立生活能力”是指不具备或者丧失劳动能力，无生活来源而需要他人在经济上予以供给扶养，或者虽有经济收人，但生活不能自理而需要他人照顾等情况。遗弃罪的犯罪主体，是指对上述对象负有扶养义务的人。所规定的“负有扶养义务”是指行为人对于年老、年幼、患病或者其他没有独立生活能力的人，依法负有的对上述被扶养人在经济、生活等方面予以供给、照顾、帮助，以维护其正常的生活的义务。扶养关系主要包括以下几个方面：夫妻间有相互扶养的义务；父母对子女有扶养教育义务；子女对父母有赡养扶助的义务；养父母与养子女、继父母与继子女之间有相互扶养的义务；有负担能力的祖父母、外祖父对父母已经死亡的未成年的孙子女、外孙子女有扶养义务；有负担能力的孙子女、外孙子女，对于子女已经死亡的祖父母、外祖父母有赡养义务；有负担能力的兄、姐对父母已经死亡或者父母无力扶养的未成年弟、妹有扶养的义务等。遗弃罪的犯罪主体是具有扶养义务的人，如果对没有独立生活能力的人不负有扶养义务，就不存在拒绝扶养的问题，也就不能构成本罪。本罪在客观方面表现为具有扶养义务而拒绝扶养。由于行为人不履行自己的法定义务，致使被扶养人得不到经济上的保障或者生活上的必要照顾和帮助，生命和健康受到较为严重的威胁和损害。依据刑法第二百六十一条的规定，遗弃行为必须是情节恶劣才能构成犯罪。这是划清遗弃罪的罪与非罪的重要界限之一。这里所说的“情节恶劣”，主要是指由于遗弃造成被害人重伤、死亡等严重后果；有遗弃行为屡教不改；或者遗弃手段、情节特别恶劣的等等。如果遗弃行为达不到“情节恶劣”的标准，则只构成违反治安管理处罚法的行为，不构成遗弃罪。

三、虐待老年人的法律责任

对老年人的虐待，是指用打骂、冻饿、有病不给治疗等方法摧残、折磨老年人，使其在肉体上、精神上遭受痛苦的行为。虐待老年人有悖于我国敬老尊老的传统美德，侵害了老年人的合法权益。修订后的老年人权益保障法第七十五条规定，虐待老年人的，由有关单位给予批评教育；构成违反治安管理行为的，依法给予治安管理处罚；构成犯罪的，依法追究刑事责任。

1. 由有关单位给予批评教育。依据修订后的老年人权益保障法第七十五条的规定，虐待老年人的，首先应当由有关单位给予批评教育。这里的有关单位主要包括老年人组织，行为人所在的居民委员会或者村民委员会，或者是行为人的工作单位。如果该行为人是公务员，则依据《行政机关公务员处分条例》第二十九条的规定，应该由其所在单位或者是有权的监察机关给予警告、记过或者记大过处分；情节较重的，给予降级或者撤职处分；情节严重的，给予开除处分。

同时，依据婚姻法第四十三条的规定，老年人遭受家庭成员的虐待的，有权提出请求，居民委员会、村民委员会以及所在单位应当予以劝阻、调解。其中，居民委员会、村民委员会以及所在单位应当予以劝阻、调解，并不是一种法律责任，而是一种对违法行为及时予以制止的措施，不属于行政责任、民事责任，更不是一种刑事责任。

2. 构成违反治安管理行为的，依法给予治安管理处罚。修订后的老年人权益保障法第七十五条的规定，虐待老年人，构成违反治安管理行为的，依法给予治安管理处罚。依据治安管理处罚法第四十五条第一项的规定，虐待家庭成员，被虐待人要求处理的，处五日以下拘留或者警告。虐待家庭成员，是指经常用打骂、冻饿、禁闭、强迫过度劳动、有病不给治疗等方法，摧残、折磨家庭成员，尚不够刑事处罚的行为。该行为主要特征为：（1）必须是在家庭成员之间发生，且相互之间存在一定的亲属关系或者扶养关系。如夫妻、父母、子女、兄弟姐妹等等。虐待者都是具有一定的扶养义务，并在经济上或者家庭地位中占一定优势的成员。非家庭成员，不能成为本行为的主体。（2）行为人实施了虐待家庭成员的行为，其手段是多种多样的，如殴打、谩骂、捆绑、冻饿、侮辱、有病不给医、强迫超体力劳动、限制自由等。（3）必须是被虐待人要求处理的。只有被虐待人向公安机关提出控告要求公安机关处理的，公安机关才能够予以处罚，对于被虐待人没有提出控告的，公安机关不能主动给予行为人处罚。被虐待人的亲属、朋友以及邻里提出来要求公安机关给予处罚的，也不能给予处罚。法律这样规定主要考虑到行为人和被虐待人之间具有特定的亲属关系和经济关系，他们生活在同一个家庭中，在多数情况下，被虐待人或是年幼或是丧失劳动能力，他们需要行为人在生活上和精神上的照顾。一旦行为人被处罚，被虐待人可能就会失去经济来源，生活就会陷入困境；而且被虐待人向公安机关告发行为人，往往也只是希望政府对行为人进行批评、教育，使行为人改正错误，而不是希望对行为人给予处罚。虐待家庭成员的违法行为，是把家庭成员间的互爱关系，变为一个或一部分家庭成员对另一个或另一部分家庭成员进行压制的关系，它不仅侵犯了公民在家庭中应当享有的权利，而且对公民的人身甚至生命造成一定的威胁，应当依法予以惩处。

3. 构成虐待罪的，依法承担刑事责任。修订后的老年人权益保障法第七十五条规定，虐待老年人，构成犯罪的，依法承担刑事责任。而刑法第二百六十条规定："虐待家庭成员，情节恶劣的，处二年以下有期徒刑、拘役或者管制。""犯前款罪，致使被害人重伤、死亡的，处二年以上七年以下有期徒刑。""第一款罪，告诉的才处理。"虐待罪是指虐待家庭成员，情节恶劣的行为。虐待罪的构成要件是：首先，犯罪主体是家庭成员，即受虐待老年人的家庭成员。所谓家庭成员是指在同一家庭中共同生活的成员。非家庭成员之间的虐待行为不构成本罪；其次，主观方面表现为直接故意，任何过失行为都不构成虐待罪；再次，客观方面表现为有虐待行为，且情节恶劣。这里所说的"虐待"，具体是指经常以打骂、冻饿、捆绑、强迫超体力劳动、限制自由、凌辱人格等各种方法，从肉体、精神上迫害、折磨、摧残共同生活的家庭成员的行为。虐待行为不同于偶尔打骂或者偶尔的体罚行为，虐待行为往往是经常性的甚至是一贯的，具有连续性。依据刑法第二百六十条第一款的规定，虐待家庭成员必须是情节恶劣的才能构成犯罪。所谓情节恶劣，是指虐待的动机卑鄙、手段凶残；虐待年老、年幼、病残的家庭成员；长期虐待家庭成员屡教不改等。

依据刑法第二百六十条第二款的规定，犯虐待罪致使被害人重伤、死亡的，处二年以上七年以下有期徒刑。所谓致使被害人重伤，依照刑法第九十五条的规定，是指有下列情形之一的伤害：（1）使人肢体残废或者毁人容貌的；（2）使人丧失听觉、视觉或者其他器官机能的；（3）其他对于人身健康有重大伤害的。“其他对于人身健康有重大伤害的”，主要是指能够引起威胁生命的并发症，以及其他严重影响人体健康的损伤，主要包括颅脑损伤、颈部损伤、胸部损伤、腹部损伤、骨盆部损伤以及烧伤、烫伤、冻伤、电击伤、物理、化学或者生物等致伤因素引起的损伤。这里所说的“致使被害人重伤、死亡”，是指由于被害人经常地受到虐待，身体和精神受到严重的损害或者导致死亡，或者不堪忍受而自杀。实践中应当注意：如果行为人是故意要致使被害人重伤或者死亡，而采取长期虐待的方式来实现其犯罪目的的，不应按虐待罪来进行处罚，行为人的行为构成了故意伤害罪或者故意杀人罪，应依照刑法关于故意伤害罪或者故意杀人罪的规定定罪处罚。

对于虐待罪，如果没有造成被害人重伤、死亡的严重后果，是遵循不告不理的原则，即告诉才处理。这是因为对这类犯罪行为的刑事追究往往涉及被害人的利益，所以法律允许被害人权衡利弊，作出是否提起刑事诉讼的决定。如果被害人受强制或者威吓而无法告诉的，人民检察院和被害人的近亲属也可以告诉。但对于造成被害人重伤、死亡的严重后果的虐待行为，则要由司法机关主动依法对行为人追究刑事责任，不受被害人是否告诉的限制。

四、对老年人实施家庭暴力的法律责任

家庭暴力是对公民人身权利和基本尊严的侵犯，它严重损害受害者的身

心健康，破坏家庭和睦，影响社会安定。老年人特别是农村地区的老年人，年老体衰，在家庭中处于弱势地位，容易成为家庭暴力的受害人。修订后的老年人权益保障法第二十五条明确规定："禁止对老年人实施家庭暴力。"第七十五条规定，虐待老年人的，由有关单位给予批评教育；构成违反治安管理行为的，依法给予治安管理处罚；构成犯罪的，依法追究刑事责任。为了更好地保护老年人的合法权益，在本法中规定禁止对老年人实施家庭暴力和对老年人实施家庭暴力的法律责任的内容是合适的。

虐待和家庭暴力有重合之处，但虐待不能包括所有的家庭暴力行为，如夫妻之间吵架，丈夫一怒之下失手打死妻子，像这种行为，属于家庭暴力，但不属于虐待，在刑法上适用过失杀人罪，不适用虐待罪。经常甚至一贯进行的、具有相对连续性的家庭暴力构成虐待。

1. 由有关单位给予批评教育。依据修订后的老年人权益保障法第七十五条的规定，对老年人实施家庭暴力的，首先应当由有关单位给予批评教育。这里的有关单位主要包括老年人组织，行为人所在的居民委员会或者村民委员会，或者是行为人的工作单位。

同时，依据婚姻法第四十三条的规定，老年人遭受家庭暴力的，有权提出请求，居民委员会、村民委员会以及所在单位应当予以劝阻、调解。居民或者村民如果遭受家庭暴力或者家庭成员的虐待，当然地可以向居民委员会或者村民委员会反映情况，要求帮助。居民委员会或者村民委员会也应当利用熟悉当事人生活情况的优势，尽力化解矛盾，排遣纠纷，保护受害人的权益，在职责和权限的范围内，充分履行法律规定的任务。

对正在实施的家庭暴力，受害老年人有权提出请求，居民委员会、村民委员会应当予以劝阻；公安机关应当即时出警，予以制止。

2. 构成违反治安管理行为的，依法给予治安管理处罚。修订后的老年人权益保障法第七十五条规定，对老年人实施家庭暴力，构成违反治安管理行为的，依法给予治安管理处罚。治安管理处罚法中没有出现"家庭暴力”的表述，但其规定的一些侵犯公民人身权利的行为中同样包含了家庭暴力的内容，如第四十三条第二款第二项专门规定，殴打、伤害六十周岁以上的人的，处十日以上十五日以下拘留，并处五百元以上一千元以下罚款。

3. 构成犯罪的，追究刑事责任。对于实施家庭暴力构成犯罪的，应当依法追究施暴者的刑事责任，而根据施暴者的行为所侵犯的客体的不同，可以构成不同的罪名，如虐待罪、侮辱罪、故意伤害罪、故意杀人罪、暴力干涉婚姻自由罪等。（1）家庭暴力实施者对共同生活的家庭成员经常以打骂、捆绑、冻饿、强迫超体力劳动、限制自由等方式，从肉体、精神上摧残、折磨，情节恶劣的，构成虐待罪，应处2年以下有期徒刑、拘役或者管制；如果引起被害人重伤、死亡的，处2年以上7年以下有期徒刑。（2）家庭暴力实施者使用暴力公然贬低其他家庭成员人格，破坏其名誉，情节严重的，构成侮辱罪，应处3年以下有期徒刑、管制或剥夺政治权利。（3）家庭暴力实施者故意非法损害他人身体健康的，构成故意伤害罪，如果致人重伤造成严重残疾或致人死亡的，依据刑法最高可判处死刑。（4）依据法律法规，家庭暴力实施者以暴力手段干涉家庭成员结婚和离婚自由的，同样触犯刑法，构成暴力干涉婚姻自由罪。

4. 此外，依据婚姻法的有关规定，家庭暴力施暴者还需要承担一定的民事责任。依据婚姻法第三十二条的规定，因一方实施家庭暴力而导致夫妻感情破裂的，另一方起诉离婚，人民法院经调解，对无和好可能的，应判决准予离婚。可见，家庭暴力是法定的离婚理由。依据该法第四十六条的规定，因一方实施家庭暴力而导致离婚的，无过错方有权请求损害赔偿，施暴者要承担相应的损害赔偿责任。

第五节　侵犯老年人财产权益的法律责任

我国不论城市还是农村，家庭成员侵犯老年人个人财产的现象时有发生，有的还相当严重。主要表现形式有：（1）分家时以老人由儿女赡养为由把老年人的财产全部分掉，结果老年人失掉了个人财产，一些儿女视分得的财产理所当然为己所有。（2）侵害老年夫妻一方的财产所有权。老年夫妇一方去世，往往把活着一方的财产作为死者财产列为遗产处分。（3）成年子女在老年人尚未去世时，就急急忙忙地抢分老年人的财产。（4）"刮老"行为，指经济已经独立自立门户的成年子女搜刮老年父母财产的行为。

根据宪法和民法通则，公民对自己的财产享有占有、使用、收益和处分的权利。我国老年人的个人合法财产同样受到法律保护。修订后的老年人权益保障法第二十二条第一款规定："老年人对个人的财产，依法享有占有、使用、收益和处分的权利，子女或者其他亲属不得干涉，不得以窃取、骗取、强行索取等方式侵犯老年人的财产权益。"第七十六条特别规定："家庭成员盗窃、诈骗、抢夺、侵占、勒索、故意损毁老年人财物，构成违反治安管理行为的，依法给予治安管理处罚；构成犯罪的，依法追究刑事责任。"

一、构成违反治安管理行为的，依法给予治安管理处罚

依据治安管理处罚法第四十九条规定，盗窃、诈骗、哄抢、抢夺、敲诈勒索或者故意损毁公私财物的，处五日以上十日以下拘留，可以并处五百元以下罚款；情节较重的，处十日以上十五日以下拘留，可以并处一千元以下罚款。

（一）盗窃

盗窃是指以非法占有为目的，秘密窃取公私财物的行为。构成盗窃行为必须具备以下条件：（1）行为人具有非法占有公私财物的目的。行为人如果没有非法占有公私财物的目的，如将他人的财物误认为是自己的而占用的，或者明知是他人财物不问自取，用后立即归还的，不属于盗窃行为。（2）行为人实施了秘密窃取的行为。秘密窃取就是行为人采用不易被财物所有人、保管人或者其他人发现的方法，将公私财物非法占有的行为，如溜门撬锁、挖洞跳墙、潜入他人室内窃取财物、在公共场所掏兜割包等。（3）行为侵犯的对象是公私财物。"公私财物"包括国有财产、劳动群众

集体所有的财产和私人所有的财产。根据最高人民法院《关于审理盗窃案件具体应用法律若干问题的解释》的规定，公私财物还包括电力、煤气、天然气等。

（二）诈骗

诈骗是指以非法占有为目的，用虚构事实或者隐瞒真相的方法，骗得公私财物的行为。诈骗行为的主要特征是：行为人实施了以虚构事实或隐瞒真相的欺骗方法，使财物所有人、管理人产生错觉，信以为真，从而似乎“自愿地”交出财物的行为。虚构事实就是捏造不存在的事实，骗取被侵害人的信任，虚构的事实可以是部分虚构，也可以是全部虚构。隐瞒真相就是对财物所有人、管理人掩盖客观存在的某种事实，以此哄骗其交出财物。在上述情况下，财物所有人、管理人由于受骗，不了解事实真相，表面上看是“自愿地”交出财物，实质上是违反其本意的。诈骗财物的形式、手段多种多样，比较常见的有：编造谎言，假冒身份，诈骗财物；伪造、涂改单据，冒领财物；伪造公文、证件，诈骗财物；以帮助看管、提拿东西为名，骗走财物；以恋爱、结婚、介绍工作等名义相诱惑，诈骗财物；所谓专向老年人兜售的低价转让传世文物；以清点钞票为名，实则诈骗切汇等。

实际执法中要注意区分诈骗行为与债务纠纷的界限：二者的根本区别在于债务纠纷不具有非法占有的目的，只是由于客观原因，一时无法偿还债务；诈骗行为是以非法占有为目的，不是因为客观的原因不能归还，而是根本不打算偿还。

（三）抢夺

抢夺是指以非法占有为目的，公然夺取公私财物的行为。抢夺行为的主要特征是：（1）行为人必须是故意的，以非法占有公私财物为目的。如果行为人不是为了非法占有财物为目的，而是为了戏弄他人取乐夺取他人财物的行为，则不属于抢夺行为。（2）行为人实施了乘人不备，公然夺取他人财物的行为。所谓公然夺取公私财物，一般理解为行为人当着公私财物所有人或者保管人的面，乘其不备，公开夺取其财物。在财物被夺的一瞬间，被侵害人立即意识到财物的损失。

（四）敲诈勒索

敲诈勒索是指以非法占有为目的，对公私财物的所有人、保管人使用威胁或者要挟的方法，勒索公私财物的行为。敲诈勒索必须符合以下条件：（1）行为人必须使用威胁或者要挟的方法勒索财物，这是敲诈勒索的最主要的特点。威胁或者要挟，是指通过对公私财物所有人、保管人及其亲属实行精神上的强制，使其在心理上产生恐惧或者压力，不得已而交出财物。威胁或者要挟的内容可能涉及被侵害人诸多方面，包括合法与非法利益，如以将对被侵害人及其亲友的人身实施暴力相威胁；以将毁坏被侵害人人格、名誉相威胁；以将毁坏财物相威胁；以揭发被侵害人的隐私或弱点相威胁；以栽赃陷害相威胁等。威胁或者要挟的形式可以是书面的，也可以是口头的，还可以通过第三者转达；可以是明示，也可以是暗示。（2）行为人必须具有非法占有他人财物的目的，如果是其他目的，如债权人为讨债而威胁债务人的，则不属于敲诈勒索行为。

（五）故意损毁公私财物

故意损毁公私财物是指非法毁灭或者损坏公共财物或者公民私人所有的财物的行为。故意损毁公私财物行为必须具有以下特征：（1）行为人必须是故意，即具有损毁公私财物的目的，如果行为人是过失损毁公私财物的，不属于故意损毁公私财物的行为。（2）行为人实施了故意损毁公私财物的行为。“损毁”包括损坏和毁灭。损坏是指使物品部分丧失价值和使用价值。毁灭是指用焚烧、摔砸等方法使物品全部丧失其价值和使用价值。（3）行为侵犯的是公私财物所有权关系，侵犯对象是公私财物。但是对于破坏某些特定的公私财物，则侵犯了其他客体，不能以损毁公私财物的行为予以处罚，如故意损毁使用中的交通设备、交通工具、电子煤气、易燃易爆设备，危害公共安全的，不属于损毁公私财物的行为。

二、构成犯罪的，依法追究刑事责任

家庭成员侵犯老年人财产权益构成犯罪的，应当依法追究其刑事责任，而根据侵害行为的不同，可以构成不同的罪名，如盗窃罪、欺诈罪、抢夺罪、侵占罪、敲诈勒索罪、故意损坏公私财物罪等。

1. 刑法第二百六十四条规定，盗窃公私财物，数额较大或者多次盗窃的，处三年以下有期徒刑、拘役或者管制，并处或者单处罚金；数额巨大或者有其他严重情节的，处三年以上十年以下有期徒刑，并处罚金；数额特别巨大或者有其他特别严重情节的，处十年以上有期徒刑或者无期徒刑，并处罚金或者没收财产。

2. 刑法第二百六十六条规定，诈骗公私财物，数额较大的，处三年以下有期徒刑、拘役或者管制，并处或者单处罚金；数额巨大或者有其他严重情节的，处三年以上十年以下有期徒刑，并处罚金；数额特别巨大或者有其他特别严重情节的，处十年以上有期徒刑或者无期徒刑，并处罚金或者没收财产。本法另有规定的，依照规定。

3. 刑法第二百六十七条第一款规定，抢夺公私财物，数额较大的，处三年以下有期徒刑、拘役或者管制，并处或者单处罚金；数额巨大或者有其他严重情节的，处三年以上十年以下有期徒刑，并处罚金；数额特别巨大或者有其他特别严重情节的，处十年以上有期徒刑或者无期徒刑，并处罚金或者没收财产。刑法第二百七十条规定，将代为保管的他人财物非法占为己有，数额较大，拒不退还的，处二年以下有期徒刑、拘役或者罚金；数额巨大或者有其他严重情节的，处二年以上五年以下有期徒刑，并处罚金。将他人的遗忘物或者埋藏物非法占为己有，数额较大，拒不交出的，依照前款的规定处罚。本条罪，告诉的才处理。

4. 侵占罪的客观方面表现为行为人非法占有他人财物，数额较大，拒不退还或拒不交出的行为。这一罪名有三个要点：（1）非法占有他人财物的行为。这里所说的非法占有，是指行为人将其以合法形式持有的他人财物非法据为己有，侵犯他人的所有权。他人财物仅限于三种情况：一是自己代为保管的他人财物；二是他人的遗忘物，即由所有人、持有人不慎而暂时失去占有、控制的财物；三是埋藏物，是指埋藏于地下的时间较久，原所有人不明而根据法律规定属于国家所有的财物。（2）数额较大，参照盗窃罪、诈骗罪而较之略高。（3）拒不退还或交出。本罪属于告诉才处理的犯罪。司法机关不能主动追究行为人的刑事责任。

5. 刑法第二百七十四条规定，敲诈勒索公私财物，数额较大的，处三年以下有期徒刑、拘役或者管制；数额巨大或者有其他严重情节的，处三年以上十年以下有期徒刑。

6. 刑法第二百七十五条规定，故意毁坏公私财物，数额较大或者有其他严重情节的，处三年以下有期徒刑、拘役或者罚金；数额巨大或者有其他特别严重情节的，处三年以上七年以下有期徒刑。

值得注意的是，在处理家庭成员之间财产纠纷时，应当慎用罪与非罪的概念。如盗窃同一家庭的成员或者近亲属的财物，确有追究刑事责任必要的才构成盗窃罪。根据《最高人民法院关于盗窃案件具体应用法律若干问题的解释》第一条的规定，盗窃自己家里或近亲属的财物一般可不按犯罪处理；对确有追究刑事责任必要的，在处理时应与社会上作案的有所区别。可见，确有追究必要为构成犯罪的必备条件。何谓“确有追究必要”，目前没有具体的法律规定。实践中应针对案件的具体情况，考虑以下因素：（1）情节和结果。盗窃家庭成员财产的犯罪发生在家庭内部，社会危害性相对于社会上作案要小，因此，其行为在已经达到盗窃罪基本标准的基础上，情节和后果还应比较恶劣或者比较严重，如盗窃数额巨大，以破坏性手段盗窃、盗窃残疾人，盗窃导致被害人死亡、精神失常或者其他严重结果，盗窃生产资料严重影响生产等可以认为有追究的必要。（2）受害人的态度。盗窃家庭成员财产的犯罪毕竟发生在家庭成员之间，对案犯的处理与受害人直接相关，因此，盗窃家庭成员财产是否有追究的必要，还要看受害人的态度，看受害人是否坚持立案、是否坚持要求司法机关追究行为人的刑事责任。当然，上述因素不是孤立的，也不一定同时符合，认定盗窃罪时应本着既要有效地保护家庭成员的合法利益，又不扩大打击面的原则，具体分析、综合考虑。至于追究盗窃罪刑事责任时如何与社会上的作案相区别，司法实践中的一般做法是比照同等情况的社会上的作案从宽处理，即结合案件的具体情况从轻、减轻处罚或者免除处罚。

第六节 侮辱、诽谤老年人的法律责任

老年人的人格尊严受法律保护，侵犯老年人的人格尊严，是对老年人的基本公民权的最粗暴践踏和最严重侵害。修订后的老年人权益保障法第七十七条规定：“侮辱、诽谤老年人，构成违反治安管理行为的，依法给予治安管理处罚；构成犯罪的，依法追究刑事责任。”禁止利用侮辱、诽谤方式损害老年人的人格尊严。

侮辱老年人是指故意以暴力、胁迫、语言、文字等方式贬低老年人人格，有三种行为方式：（1）暴力侮辱，主要是指对受害老年人施以暴力或者以暴力相威胁，使老年人的人格、名誉遭受损害。如强行剥光老年人的衣服，当众羞辱或者强迫被害老年人当众做令人难堪的下流动作，往老年人身上泼抹粪便等肮脏的东西，逼迫老年人吃污秽物等等。（2）语言或者动作侮辱，也就是说行为人以口头语言对老年人进行嘲笑、辱骂，使老年人蒙受耻辱、名声败坏或者行为人做出一定的动作姿态表演使老年人受辱。（3）书面、文字、图画、信息、网络侮辱，主要是行为人以书面语言的形式（如大字报、小字报、匿名信、信息等）辱骂、嘲笑老年人，或者对其进行漫画丑化或者文字丑化，使老年人的人格尊严受到贬损。

诽谤老年人，是指行为人捏造并散布某些虚假的足以使人信以为真的具

体事实，损害老年人人格尊严的行为。诽谤可以是口头、语言诽谤、也可以是书面、文字诽谤（如新闻报道失实）。许多受害老年人因受侮辱、诽谤而精神受到强烈刺激，往往产生自杀或者其他严重后果。

一、构成违反治安管理行为的，依法给予治安管理处罚

治安管理处罚法第四十二条第二项规定，公然侮辱他人或者捏造事实诽谤他人的，处五日以下拘留或者五百元以下罚款；情节较重的，处三日以上十日以下拘留，可以并处五百元以下罚款。

第一，侮辱他人的行为。该行为的主要特征是：（1）行为人实施了侮辱他人的行为。这里所说的“侮辱”，是指公然诋毁他人人格，破坏他人名誉。侮辱的方法可以是暴力，也可以是暴力以外的其他方法。（2）侮辱他人的行为必须是公然进行的。所谓“公然”是指当众或者利用能够使多人听到或看到的方式，对他人进行侮辱。（3）侮辱他人的行为必须是明确地针对某特定的人实施。如果不是针对特定的人，而是一般的谩骂等，不属于违反治安管理行为。

第二，诽谤他人的行为。该行为的主要特征是：（1）行为人主观上是故意的，目的是为了损害他人的人格和名誉。（2）行为人实施了诽谤他人的行为。这里的“诽谤”，是指故意捏造事实，并且进行散布，损害他人人格和名誉。（3）行为人必须捏造事实，如果不是捏造事实，而是客观存在的事实，则不是诽谤的行为。所谓“捏造事实”，就是无中生有，凭空制造虚假的事实。（4）行为人必须将捏造的事实进行散布，足以贬损他人人格和名誉。如果只是私下里谈论不实事实，不属于诽谤行为。诽谤他人的形式可以是多种多样的，如使用言语文字，通过大字报、小字报、图画、报刊、图书、书信、网络等方法散布等。（5）诽谤行为必须是针对特定的人进行的，但不一定要指名道姓，只要从诽谤的内容上知道是谁或者可以推断出或者明显地影射特定的人，就可以构成诽谤行为，如果行为人散布的事实没有特定的对象，不可能贬损某人的人格、名誉，就不能以诽谤行为论处。

实际执法中要注意区分诽谤他人的行为与民事侵权行为的界限，诽谤他人的行为散布的必须是捏造的虚假的事实，如果散布的是客观存在的事实，虽然有损于他人人格、名誉，但不能构成诽谤他人的行为；而名誉侵权行为，即使所述的内容是真实的，但只要是法律禁止公开宣扬的，或者公开了将有损于他人人格、名誉，都属于名誉侵权行为，如泄露并宣扬他人隐私，给他人名誉造成不良影响的，属于侵害名誉权行为，不属于诽谤他人的行为。

二、构成犯罪的，依法承担刑事责任

1. 刑法第二百四十六条规定，“以暴力或者其他方法公然侮辱他人或者捏造事实诽谤他人，情节严重的，处三年以下有期徒刑、拘役、管制或者剥夺政治权利”，“前款罪，告诉的才处理，但是严重危害社会秩序和国家利益的除外”。

公然侮辱他人的行为还必须达到情节严重的程度才能构成侮辱罪。虽有公然侮辱他人的行为，但不属于情节严重，只属于一般的民事侵权行为。所谓情节严重，主要是指手段恶劣，后果严重等情形，如强令被害人当众爬过自己的跨下；当众撕光被害人衣服；给被害人抹黑脸、挂破鞋、带绿帽，强拉游街示众；当众胁迫被害人吞食或向其身上泼洒粪便等污秽之物；因公然侮辱他人致其精神失常或者自杀身亡；多次侮辱他人，使其人格、名誉受到极大损害；对执行公务的人员、妇女甚至外宾进行侮辱，造成恶劣的影响；等等。

捏造事实诽谤他人的行为必须属于情节严重的才能构成诽谤罪。虽有捏造事实诽谤他人的行为，但没有达到情节严重的程度，则不能以诽谤罪论处。所谓情节严重，主要是指多次捏造事实诽谤他人的；捏造事实造成他人人格、名誉严重损害的；捏造事实诽谤他人造成恶劣影响的；诽谤他人致其精神失常或导致被害人自杀等等情况。

2. 侮辱罪与诽谤罪的界限。这两种犯罪所侵犯的客体，都是他人的人格和名誉。不同之处主要在于：

（1）侮辱不是用捏造的方式进行，而诽谤则必须是捏造事实；

（2）侮辱含暴力侮辱行为，而诽谤则不使用暴力手段；

（3）侮辱往往是当着被害人的面进行的，诽谤则是当众或者向第三者散布的。

3. 需要注意的是，依据刑法第二百四十六条的规定，对于侮辱罪和诽谤罪，“告诉的才处理”，即只有被害人亲自向人民法院控告的，人民法院才能受理，对于被害人不控告的，司法机关不能主动受理，追究侮辱人、诽谤人的刑事责任。但也有例外：一是严重危害社会秩序和国家利益的侮辱、诽谤犯罪行为，可由人民检察院提起公诉；二是依据刑法第九十八条的规定，如果被害人受强制或者威吓而无法告诉的，人民检察院和被害人的近亲属也可以告诉。因此，当事人要善于运用法律手段维护自己的人身权利。

三、对于侮辱、诽谤老年人的，受侵害老年人有权向人民法院起诉，请求司法机关保护自己的权利

损害老年人人格，情节严重，构成犯罪的，被害人可以依法提起刑事诉讼，追究加害人的刑事责任；同时被害人可以提起附带民事诉讼，要求精神损害赔偿。

第七节　未经许可设立养老机构的法律责任

修订后的老年人权益保障法第七十八条规定：“未经许可设立养老机构的，由县级以上人民政府民政部门责令改正；符合法律、法规规定的养老机构条件的，依法补办相关手续；逾期达不到法定条件的，责令停办并妥善安置收住的老年人；造成损害的，依法承担民事责任。”由于目前我国养老服务相关政策法律尚不完善，也尚未建立养老机构的服务准入制度。养老机构的登记管理比较混乱，有些是在政府编制管理部门进行事业单位登记，有些在民政部门进行民办非企业登记，有些到工商管理部门进行企业登记，另有大量的未进行任何登记、无照经营的所谓“黑养老机构”，游离在政府管

理视野之外，在消防安全、卫生防疫、内部管理等方面存在很大隐患。作为养老机构行业主管部门的民政部门对养老机构监管缺乏明确的法律依据，监管不到位，老年人的权益难以得到保障。为了保障老年人权益，促进养老服务行业规范、有序地发展，修订后的老年人权益保障法第四十三条明确规定了养老机构的设立条件：（1）有自己的名称、住所和章程；（2）有与服务内容和规模相适应的资金；（3）有符合相关资格条件的管理人员、专业技术人员和服务人员；（4）有基本的生活用房、设施设备和活动场地；（5）法律、法规规定的其他条件。第四十四条明确规定："设立养老机构应当向县级以上人民政府民政部门申请行政许可；经许可的，依法办理相应的登记"，"县级以上人民政府民政部门负责养老机构的指导、监督和管理，其他有关部门依照职责分工对养老机构实施监督"。并且在第七十八条明确规定了未经许可设立养老机构的法律责任。

设立养老机构首先要符合法律规定的设立条件，并且应当向县级以上人民政府民政部门申请设立养老机构的行政许可。只有依法获得民政部门的许可后，方可凭许可证到民政部门办理民办非企业登记或者是到工商部门办理企业登记。举办者必须严格依照法律规定。如果未经民政部门许可或者未办理法人登记手续而擅自举办养老机构的，由县级以上人民政府民政部门责令限期改正；经过改正，符合法律、法规规定的养老机构条件的，允许其依法补办相关手续。之所以要这样规定，是因为这些年来一些人未经许可或登记举办了养老机构，这些养老机构可能在某个方面没有达到老年人权益保障法规定的设立条件，为了保护举办者的利益和举办养老服务业的积极性，使已经入住养老机构的老年人能继续接受养老服务，保持养老服务业的稳定性和连续性，本着实事求是的精神，给予一个限期整改的机会。这样做，对举办者、广大老年人和养老机构的从业人员都有利。

对于经责令改正，到期限仍达不到法定设立条件的养老机构，本着对国家、对社会和老年人负责的原则，要责令其停止养老服务，并妥善安置收住的老年人。因停办养老机构，给老年人或养老机构的投资人等造成经济损失的，由举办养老机构的社会组织或个人予以赔偿。这里的赔偿是民事赔偿，民事赔偿根据民法通则第一百零六条的规定："公民、法人违反合同或者不履行其他义务的，应当承担民事责任。公民、法人由于过错侵害国家的、集体的财产，侵害他人财产、人身的，应当承担民事责任。"这里的赔偿要注意两方面问题，一是赔偿的主体是擅自举办养老机构的社会组织和个人，而不是宣布停办养老机构的县级以上人民政府的有关行政部门。二是赔偿范围是全部赔偿受侵害人的实际损失。民法上讲的实际损失包括直接损失和间接损失。因此，在适用全部赔偿原则时，要公平合理，又要实事求是，切实可行。

第八节　养老机构的法律责任

修订后的老年人权益保障法第七十九条规定："养老机构及其工作人员侵害老年人人身和财产权益，或者未按照约定提供服务的，依法承担民事责任；有关主管部门依法给予行政处罚；构成犯罪的，依法追究刑事责任。"本条是这次修订老年人权益保障法新增的内容。

之所以增加规定本条内容，是基于以下考虑：修订后的老年人权益保障法对养老机构的权利义务作了规定。其中第四十七条特别规定："养老机构应当与接受服务的老年人或者其代理人签订服务协议，明确双方的权利、义务。养老机构及其工作人员不得以任何方式侵害老年人的权益。"这里明确规定了养老机构两项法定义务：一是签订服务协议，明确双方的权利、义务。养老机构开展养老服务活动时，应当与接受服务的老年人或者其代理人签订服务协议，并在服务协议中明确规定双方的权利、义务。二是法定禁则。进一步规定养老机构及其工作人员不得以任何方式侵害老年人的权益。为了使法律规定得到正确有效实施，体现法律的强制力，有必要对违反上述义务的行为规定法律责任。所以在法律责任一章中相应增加了本条规定。

本条明确规定了两种违法行为的三种法律责任，即：侵害老年人人身和财产权益的行为，或者未按照约定提供服务的，依法承担民事责任、行政责任或者刑事责任。同时，根据本条规定，承担法律责任的主体是养老机构及其工作人员。

一、民事责任

民事责任是指责任主体因违反法律规定或合同约定而依法承担的法律责任。前面已提到，本法明确规定，养老机构及其工作人员不得以任何方式侵害老年人的权益。权益包括人身权益和财产权益。侵害老年人人身和财产权益的行为，涉及违反本法和有关民事法律，应当依据民事法律承担民事责任。养老机构开展养老服务活动时，应当与接受服务的老年人或者其代理人签订服务协议，并在服务协议中明确规定双方的权利、义务。未按照协议等约定提供服务的，属于应当作为而不按约定作为或者不作为，应当依据民事法律承担民事责任。

根据民法通则，财产所有权是指所有人依法对自己的财产享有占有、使用、收益和处分的权利。公民享有生命健康权。公民的人格尊严受法律保护，禁止用侮辱、诽谤等方式损害公民的名誉等。根据侵权责任法，民事权益“包括生命权、健康权、姓名权、名誉权、荣誉权、肖像权、隐私权、婚姻自主权、监护权、所有权、用益物权、担保物权、著作权、股权等人身、财产权益”。“承担侵权责任的方式主要有：（一）停止侵害；（二）排除妨碍；（三）消除危险；（四）返还财产；（五）恢复原状；（六）赔偿损失；（七）赔礼道歉；（八）消除影响、恢复名誉。以上承担侵权责任的方式，可以单独适用，也可以合并适用。”侵害他人造成人身损害的，应当赔偿医疗费、护理费、交通费等为治疗和康复支出的合理费用，以及因误工减少的收入。造成残疾的，还应当赔偿残疾生活辅助具费和残疾赔偿金。造成死亡的，还应当赔偿丧葬费和死亡赔偿金。侵害他人财产的，财产损失按照损失发生时的市场价格或者其他方式计算。侵害他人人身权益造成财产损失的，按照被侵权人因此受到的损失赔偿；被侵权人的损失难以确定，侵权人因此获得利益的，按照其获得的利益赔偿；侵权人因此获得的利益难以确定，被侵权人和侵权人就赔偿数额协商不一致，向人民法院提起诉讼的，由人民法院根据实际情况确定赔偿数额。侵权行为危及他人人身、财产安全的，被侵权人可以请求侵权人承担停止侵害、排除妨碍、消除危险等侵权责任。侵害他人人身权益，造成他人严重精神损害的，被侵权人可以请求精神损害赔偿等等。

二、行政责任

行政责任是指责任主体因违反行政法律法规的规定而应承担的责任。公民、法人或者其他组织违反行政管理秩序的行为，应当依法给予行政处罚。

修订后的老年人权益保障法规定，县级以上人民政府民政部门负责养老机构的指导、监督和管理，其他有关部门依照职责分工对养老机构实施监督。养老机构及其工作人员违反规定，侵害老年人人身和财产权益，或者未按照约定提供服务的，涉及违反行政管理秩序，有关主管部门应当依照有关法律法规给予行政处罚。这里的“有关主管部门”主要包括县级以上人民政府民政部门、工商行政管理部门、价格主管部门、公安机关等行政部门。

根据行政处罚法，行政处罚的种类包括：“（一）警告；（二）罚款；（三）没收违法所得、没收非法财物；（四）责令停产停业；（五）暂扣或者吊销许可证、暂扣或者吊销执照；（六）行政拘留；（七）法律、行政法规规定的其他行政处罚。”有关给予行政处罚的程序，应当适用行政处罚法的相关规定。

实践中要注意把握，行政处罚要遵循公正、公开的原则。如果违法行为构成犯罪的，应当依法追究刑事责任，不得以行政处罚代替刑事处罚。有关主管部门必须将案件移送司法机关，依法追究刑事责任。

另外，对养老机构处以责令停产停业、暂扣或者吊销许可证行政处罚的，根据本法的有关规定，责任主体应当妥善安置收住的老年人。有关部门应当为养老机构妥善安置老年人提供帮助。

三、刑事责任

刑事责任是指责任主体因实施刑法所规定的犯罪行为而应当承担的法律责任。刑事责任涉及剥夺行为人的人身自由甚至生命权，是最严厉的法律责任。根据本条规定，养老机构及其工作人员侵害老年人人身和财产权益，或者未按照约定提供服务，构成犯罪的，依法追究刑事责任。

侵害老年人人身权益，构成犯罪的行为，涉及刑法规定的侵犯公民人身权利罪，主要包括故意杀人罪、过失致人死亡罪、故意伤害罪、过失致人重伤罪等。侵害老年人财产权益，构成犯罪的行为，涉及刑法规定的侵犯财产罪，主要包括盗窃罪、诈骗罪、故意毁坏财物罪等。

根据本条，刑事责任的责任主体主要指养老机构的工作人员。刑法或者其他法律规定为单位犯罪的，应当负刑事责任。

另外，需要注意的是，受到行政处罚或刑事处罚的，不影响依法应当承担的民事责任。

第九节　监管部门的法律责任

修订后的老年人权益保障法第八十条规定：“对养老机构负有管理和监督职责的部门及其工作人员滥用职权、玩忽职守、徇私舞弊的，对直接负责的主管人员和其他直接责任人员依法给予处分；构成犯罪的，依法追究刑事责任。”本条是这次修订老年人权益保障法新增加的内容。

为了加强对养老机构的监督和管理，这次在修订老年人权益保障法时，在相关条款中增加了有关部门对养老机构的监督和管理职责。比如规定：各级人民政府应当规范养老服务收费项目和标准，加强监督和管理。设立养老机构应当获得县级以上人民政府民政部门的行政许可。县级以上人民政府民政部门负责养老机构的指导、监督和管理，其他有关部门依照职责分工对养老机构实施监督。养老机构变更或者终止的，有关部门应当为养老机构妥善安置老年人提供帮助，等等。

这些规定明确了监管部门以下几个方面的职责和义务：一是在养老服务收费项目和标准方面，各级人民政府要依法进行规范，有关部门要负有监督和管理职责；二是对设立养老机构的行政许可申请，县级以上人民政府民政部门依法负有受理、审查和决定的职责；三是对养老机构的日常运营，县级以上人民政府民政部门负有指导、监督和管理的职责，其他有关部门依照职责分工对养老机构实施监督；四是养老机构变更或者终止的，政府有关部门负有为养老机构妥善安置老年人提供帮助的义务。为切实履行好监督和管理职责，规定对养老机构负有管理和监督职责的部门及其工作人员的法律责任是必要的。

本条规定的责任主体是“对养老机构负有管理和监督职责的部门及其工作人员”，这是一个概括性的责任主体。根据修订后的老年人权益保障法的有关规定，本条责任主体主要包括：县级以上人民政府民政部门、政府价格主管部门、工商行政管理部门等行政部门以及上述行政部门的工作人员。本条对责任主体滥用职权、玩忽职守、徇私舞弊的行为，规定了行政责任和刑事责任两种处罚措施。这里所讲的“滥用职权”是指负有特定职权的部门及其工作人员违反法律、法规规定的权限和程序，滥用权力，给国家和人民利益造成损失的行为。滥用职权行为一般是故意行为，也不排除有过失行为，主要是超越职权和不按照规定的程序、原则正确行使职权。“玩忽职守”是指负有特定职务的工作人员，不履行、不正确履行或者不认真履行其职责，致使国家和人民的利益造成损失的行为。玩忽职守行为通常表现为违反国家的工作纪律和规章制度，工作马虎草率，极端不负责任或者扯皮推诿，对工作撒手不管等。“徇私舞弊”是指为徇亲友私情或者某种利益而置国家利益于不顾，弄虚作假，不按工作原则和规定办事的行为。徇私舞弊行为是故意行为，必然有谋取私利或者徇私情的动机，如果由于认识偏差造成工作失误，不是徇私舞弊行为。

本条规定包含两层含义：一是实施了上述违法行为，但不构成犯罪的，应当依法给予处分；二是实施了上述违法行为，构成犯罪的，应当依照刑法的规定追究刑事责任。

一、行政责任

根据本条规定，对养老机构负有管理和监督职责的部门及其工作人员滥用职权、玩忽职守、徇私舞弊的，对直接负责的主管人员和其他直接责任人员依法给予处分。这里规定的接受处罚的主体是“直接负责的主管人员和其他直接责任人员”，是行政部门的人员。

根据公务员法的规定，公务员是指依法履行公职、纳入国家行政编制、由国家财政负担工资福利的工作人员。公务员必须遵守纪律，禁止行为包括：玩忽职守，贻误工作；贪污、行贿、受贿，利用职务之便为自己或者他人谋取私利；滥用职权，侵害公民、法人或者其他组织的合法权益；从事或者参与营利性活动，在企业或者其他营利性组织中兼任职务等等。处分分为警告、记过、记大过、降级、撤职、开除六种。（1）警告。有提醒注意、不致再犯的意思，属于申诫处分。根据公务员法的规定，公务员受警告处分期间，可以晋升工资档次，但不得晋升职务和级别。（2）记过、记大过。这是两种程度有所区别的处分。一般来说，记过、记大过适用于公务员的行为违反了法律法规的规定，给国家和人民造成了一定的损失，给予警告处分过轻，给予降级处分过重的情况。（3）降级。降级的含义是降低公务员的职务级别，降级也要降低工资中的级别工资。受降级处分期间，不得晋升职务和级别，也不得晋升工资档次。（4）撤职。公务员的行政违法行为，给国家和人民利益造成重大损失，不适合继续担任原职务的，可以给予撤职处分。受撤职处分的，同时降低级别和职务工资。受撤职处分期间，不得晋升工资和级别，也不能晋升工资档次。（5）开除。开除是指受处分人不适合继续在国家机关工作，国家机关取消其公务员资格令其离开的处分形式。开除是最严厉的一种处分，适用于公务员犯有违法行为，给国家和人民造成了极其严重的损失，丧失了国家公务员的资格的情况。

这里规定的“依法给予处分”就是要依照公务员法的规定给予处分。承担行政责任的具体方式是由其所在单位、上级机关、监察机关给予处分。

另外，根据行政监察法的规定，各级人民政府监察机关对本级人民政府各部门及其公务员的执法、廉政、效能情况实施监察，作出监察决定或者提出监察建议。行政部门违反法律规定的，由主管机关或者监察机关责令改正，对部门给予通报批评。本条没有直接规定对养老机构负有管理和监督职责的部门的处分，实践中可以根据行政监察法等有关法律的规定执行。

二、刑事责任

根据本条规定，对养老机构负有管理和监督职责的部门及其工作人员滥用职权、玩忽职守、徇私舞弊，构成犯罪的，对直接负责的主管人员和其他直接责任人员依法追究刑事责任。

这里讲的构成犯罪，是指构成刑法第三百九十七条规定的国家机关工作人员滥用职权、玩忽职守、徇私舞弊的犯罪。刑法第三百九十七条规定，国家机关工作人员滥用职权或者玩忽职守，致使公共财产、国家和人民利益遭受重大损失的，处三年以下有期徒刑或者拘役；情节特别严重的，处三年以上七年以下有期徒刑。国家机关工作人员徇私舞弊，犯前款罪的，处五年以下有期徒刑或者拘役；情节特别严重的，处五年以上十年以下有期徒刑。根据刑法上述的规定，构成本条的犯罪，除主体是国家机关工作人员以外，还须具备以下的条件：一是实施了徇私舞弊、滥用职权或者玩忽职守的行为；二是必须有由于徇私舞弊、滥用职权或者玩忽职守的行为“致使公共财产、国家和人民利益遭受重大损失的”后果。如果国家机关工作人员实施了滥用职权、玩忽职守、徇私舞弊的行为，但情节相对轻微，造成的损失不大，依照刑法的规定，尚不构成犯罪的，属于一般违法行为，可以追究行政责任，依法给予处分。

需要提出的是，对于构成犯罪，依法追究刑事责任的直接负责的主管人员和其他直接责任人员，不影响对其依法给予处分。

这里对处分和行政处罚作以说明。处分和行政处罚虽然同属行政责任，但两者存在不同特点：一是适用的具体法律不同。处分主要适用公务员法的规定，行政处罚主要适用行政处罚法的规定。二是适用对象不同。处分只适用于公务员，不适用于社会上非公务员的公民；而行政处罚则适用于所有的公民、法人或其他组织。三是实施处罚的机关不同。实施处分的机关是被处分人员所在单位、上级机关或者行政监察机关；实施行政处罚的机关是法律规定的具有行政处罚权的行政机关，以及行政机关依法委托的具有管理公共事务职能的事业组织。四是执行不同。处分只能由国家机关和依法履行公共事务管理职能的事业单位执行；行政处罚则由行政机关执行，也可由行政机关申请人民法院强制执行。五是救济渠道不同。行政处罚的救济渠道为行政复议和行政诉讼，当事人对行政处罚不服的，可以向该行政机关的上级行政机关申请行政复议，也可以向人民法院就行政机关的行政处罚行为提起行政诉讼。处分的救济渠道为复核和申诉，当事人对行政处分不服的，可以自知道该处理决定之日起三十日向原处理机关申请复核；对复核结果不服的，可以自接到复核决定之日起十五日内，按照规定向同级公务员主管部门或者作出处理的机关的上一级机关提出申诉；也可以不经复核，自知道处理决定之日起三十日内直接提出申诉。对省级以下机关作出的申诉处理决定不服的，可以向作出处理决定的上一级机关提出申诉。行政机关公务员对处分不服向行政监察机关申诉的，监察机关经审查认为原处分决定是错误的，应当及时予以纠正；造成名誉损害的，应当负责恢复名誉、消除影响、赔礼道歉；造成经济损失的，应当负赔偿责任。

第十节　不履行优待义务的法律责任

修订后的老年人权益保障法第八十一条规定：“不按规定履行优待老年人义务的，由有关主管部门责令改正。”这条也是这次修订老年人权益保障法新增加的内容。

这次修订老年人权益保障法，增加规定了社会优待一章，对优待老年人作出了一些具体的规定，比如：城市公共交通、公路、铁路、水路和航空客运，应当为老年人提供优待和照顾。医疗机构应当为老年人就医提供方便，对老年人就医予以优先。博物馆、美术馆、科技馆、纪念馆、公共图书馆、文化馆、影剧院、体育场馆、公园、旅游景点等场所，应当对老年人免费或者优惠开放。农村老年人不承担兴办公益事业的筹劳义务，等等。有些规定是提倡、鼓励性的，有些规定则有刚性的要求，是义务主体应当提供的服务，以真正体现对老年人的优待。规定这些社会优待措施，国家作出了表率，符合总则规定的“倡导全社会优待老年人”的精神，也符合现阶段我国经济社会的实际。

根据本条规定，不按规定履行优待老年人义务的，由有关主管部门责令改正。这里需要明确两个问题：

一、责任主体

这里规定了“不按规定履行优待老年人义务的”行为，没有列举义务主体。那么，哪些是按规定应当履行优待老年人义务的？根据本法第五章社会优待一章的规定，这些规定明确了义务主体，也明确了义务，如上面所列的“城市公共交通、公路、铁路、水路和航空客运”、“医疗机构”、“博物馆、美术馆、科技馆、纪念馆、公共图书馆、文化馆、影剧院、体育场馆、公园、旅游景点等场所”等，这些义务主体都具有国家公共资源、国家基础设施或者社会公益等性质，有的属于企业性质，有的属于事业单位性质，也有的属于团体。本条规定的“有关主管部门”，就是指对经营上述业务活动负有监督管理职责的有关单位或者组织。

二、责令改正

这里讲的“责令改正”是一种行政手段。行政处罚法第二十三条规定，行政机关实施行政处罚时，应当责令当事人改正或者限期改正违法行为。因此，责令改正并不是一种行政处罚，而是实施行政处罚的一个前置条件，一个必经过程。责令改正可以口头作出，也可以书面形式作出。可以根据违法行为的性质确定责令改正的期限，能够当场改正的，应当当场改正。需要一定期限改正的，应当根据实际情况确定改正期限。作出责令改正后，责任主体拒不改正的，有关主管部门除了依法采取其他相关措施外，也可申请人民法院强制执行。

本条只规定了责令改正这一行政手段，没有再进一步规定行政处罚。主要是考虑，本法目前规定的优待老年人措施是实践中已行之有效的做法，这方面不履行义务的情况不多见，如要规定行政处罚措施，没有更多的实践经验。在本法草案征求意见过程中，有意见认为本条规定没有太多实质意义，可以不作规定。考虑到通过立法赋予有关主管部门依法责令改正，有利于有关主管部门的监督和管理，为培育社会尊老、敬老的良好风气创造更有利的条例，所以规定了本条。

第十一节 涉老工程和无障碍设施责任主体的法律责任

修订后的老年人权益保障法第八十二条规定：“涉及老年人的工程不符合国家规定的标准或者无障碍设施所有人、管理人未尽到维护和管理职责的，由有关主管部门责令改正；造成损害的，依法承担民事责任；对有关单位、个人依法给予行政处罚；构成犯罪的，依法追究刑事责任。”本条也是这次修订老年人权益保障法新增加的内容。

为依法推进宜居环境建设，修订后的老年人权益保障法新增了宜居环境一章，其中特别规定，国家制定和完善涉及老年人的工程建设标准体系，在规划、设计、施工、监理、验收、运行、维护、管理等环节加强相关标准的实施与监督。国家制定无障碍设施工程建设标准。新建、改建和扩建道路、公共交通设施、建筑物、居住区等，应当符合国家无障碍设施工程建设标准。各级人民政府和有关部门应当按照国家无障碍设施工程建设标准，优先推进与老年人日常生活密切相关的公共服务设施的改造。无障碍设施的所有人和管理人应当保障无障碍设施正常使用等等。这些规定对于推动老年宜居社区建设，推动老年人家庭无障碍设施的履行，为老年人创造无障碍居住环境具有非常重要的意义。

根据这些规定，一是要求涉及老年人的工程，应当符合国家规定的工程建设标准。我国已出台与老年人相关的工程建设标准，如国务院建设行政部门和民政部门联合发布的强制性行业标准《老年人建筑设计规范》（JGJ 122-1999）提出，专供老年人使用的居住建筑和公共建筑，应为老年人使用提供方便设施和服务。具备方便残疾人使用的无障碍设施，可兼为老年人使用。并对老年住宅、老年公寓、养老院、托老所等老年人建筑设计进行了规范。从事建筑活动的建设单位、建筑施工企业、勘察单位、设计单位和工程监理单位，从事涉及老年人的工程的，应当遵守国家规定的有关工程建设标准要求。同时，有关主管部门在规划、设计、施工、监理、验收、运行、维护、管理等环节加强相关标准的实施与监督。这方面我国建筑法也有具体规定。二是要求无障碍设施所有人、管理人应当尽到维护和管理职责，保障无障碍设施正常使用。无障碍设施不能作为摆设，要使其物尽其用。

对于违反这些规定的行为，本条分别从民事责任、行政责任和刑事责任等方面作了明确规定，并在追究法律之前，还明确规定由有关主管部门责令改正。这里的责令改正主要是指对不符合国家标准的工程责令返工、修理，对无障碍设施责令维修。前面已讲到，责令改正是一种行政手段。根据行政处罚法第二十三条的规定，行政机关实施行政处罚时，应当责令当事人改正或者限期改正违法行为。责令改正并不是一种行政处罚，而是实施行政处罚的一个前置条件，一个必经过程。即实施行政处罚之前，应当首先责令当事人改正违法行为，消除违法行为后果，然后才实施行政处罚，因为实施行政处罚的目的不仅仅是为了罚，而是为了维护公共利益和社会秩序，保护公民、法人或者其他组织的合法权益，纠正违法行为，教育公民、法人自觉守法。

一、民事责任

根据本条规定，涉及老年人的工程不符合国家规定的标准或者无障碍设施所有人、管理人未尽到维护和管理职责的，除了由有关主管部门责令改正外，造成损害的，依法承担民事责任。

根据我国民事法律，民事责任是指公民、法人违反合同或者不履行其他义务的，以及由于过错侵害国家的、集体的财产，侵害他人财产、人身所应承担的法律后果。承担民事责任的形式，在财产关系方面，表现为恢复被违法行为所破坏的财产权利；在人身方面，除恢复人身权利外，还必须赔偿因违约或者侵权而受到的财产损失。我国民法通则所规定的承担民事责任的方式主要有："（一）停止侵害；（二）排除妨碍；（三）消除危险；（四）返还财产；（五）恢复原状；（六）修理、重作、更换；（七）赔偿损失；（八）支付违约金；（九）消除影响、恢复名誉；（十）赔礼道歉。"以上承担民事责任的方式，可以单独适用，也可以合并适用。

本条规定的是造成损害的民事责任，是一种侵权的民事责任，所以承担民事责任的方式主要是停止侵害、赔偿损失。其中，对工程不符合国家规定标准的，具体可以按照建筑法的规定执行。如建筑法明确规定，承揽工程不符合规定的质量标准造成的损失，建筑施工企业与使用本企业名义的单位或者个人承担连带赔偿责任。建筑施工企业在施工中偷工减料，造成建筑工程质量不符合规定的质量标准的，负责返工、修理，并赔偿因此造成的损失。在建筑物的合理使用寿命内，因建筑工程质量不合格受到损害的，有权向责任者要求赔偿。国务院《无障碍环境建设条例》也规定，无障碍设施的所有权人或者管理人对无障碍设施未进行保护或者及时维修，造成使用人人身、财产损害的，无障碍设施的所有权人或者管理人应当承担赔偿责任。

二、行政责任

根据本条规定，涉及老年人的工程不符合国家规定的标准或者无障碍设施所有人、管理人未尽到维护和管理职责，除了由有关主管部门责令改正外，对有关单位、个人依法给予行政处罚。

根据行政处罚法的规定，行政处罚的种类有：警告；罚款；没收违法所得、没收非法财物；责令停产停业；暂扣或者吊销许可证、暂扣或者吊销执照；行政拘留。警告是处罚中相对比较轻的一种处罚。吊销执业证书是行政机关剥夺违法行为人已获得的从事某种活动的资格的处罚形式，是比较严厉的处罚种类。

本条规定的对有关单位、个人依法给予行政处罚，其中涉及老年人的工程，不符合国家规定标准的行政处罚，应当按照建筑法、行政处罚法等法律的规定执行。建筑法规定，交付竣工验收的建筑工程，必须符合规定的建筑工程质量标准。建筑施工企业在施工中偷工减料的，使用不合格的建筑材料、建筑构配件和设备的，或者有其他不按照工程设计图纸或者施工技术标准施工的行为的，责令改正，处以罚款；情节严重的，责令停业整顿，降低资质等级或者吊销资质证书。建筑设计单位不按照建筑工程质量、安全标准进行设计的，责令改正，处以罚款；造成工程质量事故的，责令停业整顿，降低资质等级或者吊销资质证书，等等。

对于无障碍设施所有人、管理人未尽到维护和管理职责的行政处罚，国务院《无障碍环境建设条例》也作了具体规定，如，城镇新建、改建、扩建道路、公共建筑、公共交通设施、居住建筑、居住区，不符合无障碍设施工程建设标准的，由住房和城乡建设主管部门责令改正，依法给予处罚。无障碍设施的所有权人或者管理人对无障碍设施未进行保护或者及时维修，导致无法正常使用的，由有关主管部门责令限期维修。

三、刑事责任

根据本条规定，涉及老年人的工程不符合国家规定的标准或者无障碍设施所有人、管理人未尽到维护和管理职责，构成犯罪的，依法追究刑事责任。

我国刑法规定了建筑工程重大安全事故罪，以及滥用职权罪、玩忽职守罪等犯罪的刑事责任。其中刑法第一百三十七条规定，建设单位、设计单位、施工单位、工程监理单位违反国家规定，降低工程质量标准，造成重大安全事故的，对直接责任人员，处五年以下有期徒刑或者拘役，并处罚金；后果特别严重的，处五年以上十年以下有期徒刑，并处罚金。构成建筑工程重大安全事故罪，必须具备以下条件：一是本罪主体是单位，即建设单位、设计单位、建筑施工企业或者工程监理单位；二是行为人降低工程质量标准的行为是故意的，而且在客观方面实施了违反国家规定，降低工程质量标准的行为；三是客观上造成了重大安全事故。另外，有可能涉及本条的，还有刑法第三百九十七条规定的国家工作人员滥用职权罪、玩忽职守罪。

对于不符合国家标准的涉老工程、无障碍设施所有人和管理人未尽到维护和管理职责，构成犯罪的，应当依照刑法的规定，追究相应的刑事责任。

附　　录

一、有关重要文件

坚定不移沿着中国特色社会主义道路前进
为全面建成小康社会而奋斗（节选）

——在中国共产党第十八次全国代表大会上的报告

（2012年11月8日）

胡锦涛

七、在改善民生和创新管理中加强社会建设

加强社会建设，是社会和谐稳定的重要保证。必须从维护最广大人民根本利益的高度，加快健全基本公共服务体系，加强和创新社会管理，推动社会主义和谐社会建设。

加强社会建设，必须以保障和改善民生为重点。提高人民物质文化生活水平，是改革开放和社会主义现代化建设的根本目的。要多谋民生之利，多解民生之忧，解决好人民最关心最直接最现实的利益问题，在学有所教、劳有所得、病有所医、老有所养、住有所居上持续取得新进展，努力让人民过上更好生活。

加强社会建设，必须加快推进社会体制改革。要围绕构建中国特色社会主义社会管理体系，加快形成党委领导、政府负责、社会协同、公众参与、法治保障的社会管理体制，加快形成政府主导、覆盖城乡、可持续的基本公共服务体系，加快形成政社分开、权责明确、依法自治的现代社会组织体制，加快形成源头治理、动态管理、应急处置相结合的社会管理机制。

（三）千方百计增加居民收入。实现发展成果由人民共享，必须深化收入分配制度改革，努力实现居民收入增长和经济发展同步、劳动报酬增长和劳动生产率提高同步，提高居民收入在国民收入分配中的比重，提高劳动报酬在初次分配中的比重。初次分配和再分配都要兼顾效率和公平，再分配更加注重公平。完善劳动、资本、技术、管理等要素按贡献参与分配的初次分配机制，加快健全以税收、社会保障、转移支付为主要手段的再分配调节机制。深化企业和机关事业单位工资制度改革，推行企业工资集体协商制度，保护劳动所得。多渠道增加居民财产性收入。规范收入分配秩序，保护合法收入，增加低收入者收入，调节过高收入，取缔非法收入。

（四）统筹推进城乡社会保障体系建设。社会保障是保障人民生活、调节社会分配的一项基本制度。要坚持全覆盖、保基本、多层次、可持续方针，以增强公平性、适应流动性、保证可持续性为重点，全面建成覆盖城乡居民的社会保障体系。改革和完善企业和机关事业单位社会保险制度，整合城乡居民基本养老保险和基本医疗保险制度，逐步做实养老保险个人账户，实现基础养老金全国统筹，建立兼顾各类人员的社会保障待遇确定机制和正常调整机制。扩大社会保障基金筹资渠道，建立社会保险基金投资运营制度，确保基金安全和保值增值。完善社会救助体系，健全社会福利制度，支持发展慈善事业，做好优抚安置工作。建立市场配置和政府保障相结合的住房制度，加强保障性住房建设和管理，满足困难家庭基本需求。坚持男女平等基本国策，保障妇女儿童合法权益。积极应对人口老龄化，大力发展老龄服务事业和产业。健全残疾人社会保障和服务体系，切实保障残疾人权益。健全社会保障经办管理体制，建立更加便民快捷的服务体系。

（五）提高人民健康水平。健康是促进人的全面发展的必然要求。要坚持为人民健康服务的方向，坚持预防为主、以农村为重点、中西医并重，按照保基本、强基层、建机制要求，重点推进医疗保障、医疗服务、公共卫生、药品供应、监管体制综合改革，完善国民健康政策，为群众提供安全有效方便价廉的公共卫生和基本医疗服务。健全全民医保体系，建立重特大疾病保障和救助机制，完善突发公共卫生事件应急和重大疾病防控机制。巩固基本药物制度。健全农村三级医疗卫生服务网络和城市社区卫生服务体系，深化公立医院改革，鼓励社会办医。扶持中医药和民族医药事业发展。提高医疗卫生队伍服务能力，加强医德医风建设。改革和完善食品药品安全监管体制机制。开展爱国卫生运动，促进人民身心健康。坚持计划生育的基本国策，提高出生人口素质，逐步完善政策，促进人口长期均衡发展。

（六）加强和创新社会管理。提高社会管理科学化水平，必须加强社会管理法律、体制机制、能力、人才队伍和信息化建设。改进政府提供公共服务方式，加强基层社会管理和服务体系建设，增强城乡社区服务功能，强化企事业单位、人民团体在社会管理和服务中的职责，引导社会组织健康有序发展，充分发挥群众参与社会管理的基础作用。完善和创新流动人口和特殊人群管理服务。正确处理人民内部矛盾，建立健全党和政府主导的维护群众权益机制，完善信访制度，完善人民调解、行政调解、司法调解联动的工作体系，畅通和规范群众诉求表达、利益协调、权益保障渠道。建立健全重大决策社会稳定风险评估机制。强化公共安全体系和企业安全生产基础建设，遏制重特大安全事故。加强和改进党对政法工作的领导，加强政法队伍建设，切实肩负起中国特色社会主义事业建设者、捍卫者的职责使命。深化平安建设，完善立体化社会治安防控体系，强化司法基本保障，依法防范和惩治违法犯罪活动，保障人民生命财产安全。完善国家安全战略和工作机制，高度警惕和坚决防范敌对势力的分裂、渗透、颠覆活动，确保国家安全。

全党全国人民行动起来，就一定能开创社会和谐人人有责、和谐社会人人共享的生动局面。

中共中央　国务院关于加强老龄工作的决定

中发〔2000〕13号

老龄问题涉及政治、经济、文化和社会生活等诸多领域，是关系国计民生和国家长治久安的一个重大社会问题。全党全社会必须从改革、发展、稳定的大局出发，高度重视和切实加强老龄工作。

一、充分认识加强老龄工作的重大意义

（一）目前，我国60岁以上人口已达到1.26亿，其中65岁以上人口达到8600万，分别占总人口的10%和7%。按照国际通行标准，我国人口年龄结构已开始进入老龄化阶段。据预测，今后一个时期我国老年人口还将以较快速度增长，2015年60岁以上人口将超过2亿，约占总人口的14%。

人口平均寿命延长，老年人口增加，是我国社会主义制度优越性的体现和社会文明进步的重要标志，是经济发展、社会进步、人民生活水平提高、医疗卫生条件改善的重大成果。但是，人口老龄化也给我国经济和社会发展带来一系列深刻影响。采取积极措施，加强老龄工作，是一项重要而紧迫的战略任务。

（二）党和人民政府历来十分关心老年人。新中国建立后特别是改革开放以来，国家颁布实施了一系列维护老年人权益的法律法规和政策，加强了尊老爱幼思想教育，初步建立了养老、医疗等社会保障制度，老年福利、卫生、文化、教育、体育等事业有了一定发展，老年人的生活水平和生活质量不断提高。老龄工作取得的进展和成绩，对推动经济建设和社会发展起到了重要作用。

但是，也要清醒地看到，我国老龄工作基础还比较薄弱，不能很好地适应人口老龄化的要求。主要问题是：对人口老龄化问题认识不足，老龄工作政策、法规不够健全，社会保障制度尚不完善，社区管理和老年服务设施、服务网络建设滞后，老年思想政治工作薄弱，侵犯老年人合法权益的现象时

有发生。对此，我们必须高度重视，认真解决。

（三）老年人是社会的重要组成部分，他们为中国革命和建设作出了重要贡献。满足广大老年人日益增长的物质和文化生活需要，让老年人共享经济建设和社会发展的成果，是中国共产党全心全意为人民服务根本宗旨的体现，是在新的历史条件下贯彻落实江泽民同志关于“三个代表”重要思想的体现，也是国家和社会义不容辞的责任。在社会主义市场经济条件下，弘扬中华民族传统美德，形成敬老、养老、助老以及代际和谐的良好社会风尚，是社会主义精神文明建设的一项重要内容。正确处理和解决人口老龄化过程中出现的各种矛盾和问题，切实保障老年人的合法权益，对促进经济建设和社会发展具有重要意义。

二、老龄工作的指导思想、原则和目标

（四）我国老龄工作的指导思想是：以马克思列宁主义、毛泽东思想、邓小平理论为指导，贯彻党的十五大精神，从我国的基本国情出发，适应人口老龄化的发展趋势，完善社会保障制度，建立健全社区管理和社区服务体系，发展老年服务业，维护老年人的合法权益，加强老年思想政治工作，开创老龄工作新局面。

（五）加强老龄工作，发展老龄事业要遵循以下原则：坚持老龄事业与国民经济和社会发展相适应，促进老龄事业健康发展；坚持家庭养老与社会养老相结合，充分发挥家庭养老的积极作用，建立和完善老年社会服务体系；坚持政府引导与社会兴办相结合，按照社会主义市场经济的要求积极发展老年服务业；坚持道德规范与法律约束相结合，广泛开展敬老养老道德教育，加强老龄工作法制建立；坚持关心老年人生活以及老龄妇女的特殊问题与加强思想政治工作相结合，因地制宜地开展老龄工作，发展老龄事业。

（六）今后一个时期我国老龄事业发展的主要目标是：从我国社会主义初级阶段的基本国情出发，努力建立和完善有中国特色老年社会保障制度和社会互助制度；建立家庭养老为基础、社区服务为依托、社会养老为补充的养老机制；逐步建立比较完善的以老年福利、生活照料、医疗保健、体育健身、文化教育和法律服务为主要内容的老年服务体系，切实提高老年人的物质和精神文化生活水平，基本实现老有所养、老有所医、老有所教、老有所学、老有所为、老有所乐。

三、切实保障老年人的合法权益

（七）全社会都要依据《中华人民共和国宪法》和《中华人民共和国老年人权益保障法》等法律法规，切实维护和保障老年人的合法权益。

要加强法制建设，进一步完善有关维护老年人权益的法律法规，加大执法和监督力度，依法处理和打击侵犯老年人合法权益的不法行为。依法取缔伤害老年人身心健康、宣传迷信邪说、侵害老年人合法权益的非法组织。

要在全社会积极开展维护老年人合法权益的法制教育和普法工作。各级司法行政和宣传部门要把老年人权益保障法等相关法律法规纳入普法计划，加大宣传力度，进一步提高全体公民维护老年人合法权益的自觉性和法律意识。老年人也要学法、懂法、守法，依法维护自身的合法权益。

要重视保护老年人合法权益，健全法律援助制度，加强老年人法律服务工作，使老年人能够就地、就近、及时地得到优质的法律服务。各级司法行政部门对需要获得律师及其他法律帮助但又无力支付法律服务费用的老年人，要按照有关规定向他们提供法律援助。各级人民法院对老年人因合法权益受到侵害提起诉讼交纳诉讼费确有困难的，要给予缓交、减交或免交的优待。

要大力弘扬中华民族传统美德，在全社会广泛开展敬老、养老、助老的道德教育，并与开展文明社区、文明村镇、文明家庭创建活动结合起来。中央和省级广播电视机构要开办老年节目，地、县级广播电视机构要结合本地情况进行转播，其他有条件的地方也可开办老年节目。中小学校要把敬老、养老、助老作为教育的重要内容纳入教育计划。要综合运用行政、法律和宣传、教育等手段，在全社会树立尊重、关心、帮助老年人的社会风尚。

（八）完善社会保障制度，逐步建立国家、社会、家庭和个人相结合的养老保障机制，确保老年人生活、医疗等方面的基本需求。

在城镇，要建立起以基本养老保险、基本医疗保险、商业保险、社会救济、社会福利和社会互助为主要内容的比较完善的养老保障体系。逐步建立起独立于企事业单位之外、资金来源多渠道、管理服务社会化的基本养老保险制度。要进一步完善城市居民最低生活保障制度，对实际收入低于所在城市最低生活保障线的老年人，要纳入最低生活保障范围，发放最低生活保障金。积极推进医疗保险制度改革，建立覆盖城镇所有用人单位及其职工的基本医疗保险制度，落实离休和退休人员的医疗保障政策，发展各种类型的补充医疗保险，满足老年人的基本医疗需求。

在农村，要坚持以家庭养老为主，进一步完善社会救济和以保吃、保穿、保住、保医、保葬为内容的“五保”供养制度，倡导村民互助。有条件的地区可探索多种社会养老的路子。不断完善农村合作医疗制度，积极探索多种形式的农村医疗保障制度，加快农村医疗卫生组织建设。完善农村基层卫生服务网络，切实解决贫困地区老年人缺医少药问题。

（九）老年人受赡养的权利，赡养人特别是子女要依法履行赡养义务。倡导赡养人之间签订《家庭赡养协议书》，并由基层组织监督执行。要切实保障老年人住房、财产、继承等合法权益，重视和解决好老年妇女问题。

要维护老年人婚姻自由的权利。要移风易俗，转变观念，支持单身老年人自由择偶结婚。对再婚老年人，子女要给予理解和支持，并继续依法承担赡养义务。提倡和鼓励老年人之间建立互助关系。

（十）重视发挥老年人的作用，坚持自愿和量力、社会需求同个人志趣相结合的原则，鼓励老年人从事关心教育下一代、传授科学文化知识、开展咨询服务、参与社会公益事业和社区精神文明建设等活动。

四、发展老年服务业

（十一）要加强社区建设，依托社区发展老年服务业，进一步完善社区为老年人服务的功能。今后企事业单位的退休人员要逐步与所在单位相脱离，由社区组织管理和服务。要充分发挥社区组织在老龄事业发展中的积极作用，加快社区老年服务设施和服务网络建设，努力形成设施配套、功能完善、管理规范的社区老年服务体系。

各地要充分利用现有设施，积极兴办不同形式、不同档次的老年福利院、老年护理院、老年公寓、托老所等，为老年人提供生活照料、文化、护理、健身等多方面的服务。各部门、各单位的老年服务设施要逐步向社会开放。倡导社会互助，积极开展扶老助困志愿活动。各级人民政府要制定有关规定，在参观、游览、乘坐公共交通工具等方面，对老年人给予优待和照顾。

各级医疗卫生机构要大力开展多种形式的老年医疗保健服务，逐步建立起完善的社区卫生服务机构，健全老年医疗保健服务网络，提高服务质量。增加社区老年医疗保健设施，发展家庭病床，采取定点、巡回、上门服务等多种形式，为老年人提供预防、医疗、保健、护理、康复和心理咨询等服务。积极开展各种形式的健康教育，普及老年保健和卫生科学知识，增强老年人自我预防和保健技能。

各级文化、体育、广播电视等部门和工会、妇联等群众团体要进一步加强老年文化体育工作，发展老年文化体育事业。要建立社区老年活动中心或活动站。现有图书馆、群众艺术馆、文化馆、文化站、公共体育场所等要为老年人提供优先优惠服务，群众艺术馆、文化馆要建立老年文化活动中心，城区、乡镇的文化站要建立老年文化活动室。要组织老年人开展体育健身和文化娱乐活动，提倡科学文明健康的生活方式。各级文化部门要积极组织创作老年人喜闻乐见的优秀作品，组织开展丰富多彩的老年文化活动。出版部门要组织出版适合老年人特点的图书、音像制品和电子出版物，满足老年人的精神文化需求，丰富老年人的精神文化生活。

各地要重视发展老年教育事业，发展广播、电视、网络和函授教育，鼓励和指导社会力量按照有关规定兴办各类老年学校。各地老年教育主要为老年人提供物质文化生活所需要的知识和技能，使更多的老年人能就近参加学习。

（十二）老年服务业的发展要走社会化、产业化的道路。鼓励和引导社会各方面力量积极参与、共同发展老年服务业，逐步形成政府宏观管理、社会力量兴办、老年服务机构按市场化要求自主经营的管理体制和运行机制。

（十三）要培育和发展老年消费市场。老年人是一个庞大的社会群体，具有不同的消费需求，要积极研制开发适合老年人特点的产品和服务项目，引导老年人合理消费，满足老年人不同层次、不同类型的消费需求。

五、采取有效措施，加快老龄事业发展

（十四）各级人民政府要把老龄事业纳入国民经济和社会发展中长期规划和年度计划。要高度重视社区建设，认真做好“十五”期间社区建设规划。要根据实际需要和建设条件，在充分利用现有设施的基础上，新建和扩建一批社区老年服务设施、福利设施和活动场所。非营利性老年福利设施建设所需资金以各级人民政府投入为主，同时应当制定政策，鼓励和引导社会力量积极兴办老年福利机构。

各级发展计划部门在制定投资计划、安排投资项目时，要加大对老年服务设施的投入。城市建设、旧城改造、居住区建设要将老年服务设施纳入规划并认真付诸实施。到“十五”末期，基本实现每个县（市）至少有一所老年活动场所，地级以上市有一批社区老年服务设施、福利设施和活动场所，街道办事处有老所综合福利服务设施。乡镇要努力办好敬老院，有条件的地方要逐步将敬老院建设成综合性多功能的老年福利服务中心。

（十五）要坚决贯彻落实党中央、国务院有关方针政策，确保城市居民最低生活保障金和离退休人员基本养老金按时足额发放，不得拖欠，并随着经济发展合理增长。要进一步完善农村“五保”供养制度，提高供养水平，扩大农村敬老院的服务范围。要特别关注特困老年人的生活，加大对特困老年人的救助和力度。老年人遇到特殊困难，当地人民政府要及时给予救济。

要倡导和组织社会互助。积极开展扶老助困和志愿者服务等活动。

（十六）各级财政部门要加大对老龄事业的资金投入，主要用于老年社会保障、老年福利与服务设施建设以及老年教育、人才培训、科学研究等。要将老年福利事业经费纳入财政预算。在国家发行的彩票收益中，要有一定比例用于对老龄事业的投入。

（十七）国家鼓励社会力量兴办老年福利服务设施。对社会力量投资兴办的福利性、非营利性的老年服务机构和有关捐赠，要实行减免税等优惠政策，具体办法由财政部、国家税务总局制定。

（十八）金融机构要充分发挥信贷支持作用，热情关注、积极支持社区老年服务设施、活动场所和福利设施的建设，按照信贷通则加大贷款支持力度。

（十九）地方各级人民政府在编制本地区土地利用年度计划实施方案时，应统筹安排社区老年服务设施、活动场所和福利设施建设用地，并按有关法律法规规定，采用行政划拨方式或优惠有偿方式供地。要采取有效措施，对新建老年服务设施的市政基础设施配套建设费酌情给予减免，降低征地和拆迁补偿费。

（二十）加强对老龄工作者队伍的建设，特别要加强对老龄工作干部的业务培训，提高老龄工作者自身素质，培养一支热爱老龄事业、全心全意为老年人服务的干部队伍。有条件的普通院校可开设老年学专业和社区服务类专业，培养从事老龄工作和社区工作的专门人才，加强社区干部队伍建设。

六、开展生动活泼的老年思想政治工作

（二十一）进一步加强和改进老年思想政治工作，认真研究解决老年群体中的各种思想问题。要坚持把马克思列宁主义、毛泽东思想特别是邓小平理论作为老年思想政治教育的重要内容，积极开展党的基本路线、政策、形势、民主与法制和科学文化知识的教育，使广大老年人树立正确的世界观、人生观和价值观，划请科学与迷信、文明与愚昧的界限，坚定对建设有中国特色社会主义的信念，增强对改革开放和现代化建设的信心，坚定地与以江泽民同志为核心的党中央在政治上、思想上保持一致。

（二十二）积极研究和探索新形势下加强和改进老年思想政治工作的新形式、新办法。要根据老年人的特点，把思想教育与开展健康有益的文化体育活动、解决思想问题与解决实际问题结合起来。坚持以理服人，以情感人，寓教于乐，把老年思想政治工作做实、做活、做深、做细，使广大老年人以丰富健康文明的生活方式安享晚年。要总结和推广新经验，树立典型，表彰先进，弘扬正气。

（二十三）充分发挥基层党组织在老年思想政治工作中的战斗堡垒作用，重视和发挥老年党员的政治优势和先锋模范作用。所有老年党员都要编入党的基层组织，参加党组织的活动。要建立社区老年人思想教育工作机制，切实做好老年思想政治工作，保证老年人自觉贯彻执行党的路线、方针、政策。

七、加强对老龄工作的领导

（二十四）老龄工作是党政工作的重要组成部分。各级党委和人民政府要统一思想，提高认识，加强领导，把老龄工作列入日常工作议程，及时研究解决工作中出现的新情况和新问题。

（二十五）理顺和健全老龄工作体制。全国老龄工作在全国老龄工作委员会的领导下，由民政部牵头，中央和国家机关各有关部门、群众团体共同参与。地方各级党委、人民政府要参照全国老龄工作委员会的设置，尽快建立健全本地区老龄工作议事协调机构，并在民政部门建立精干的办事机构，提供必要的工作经费。各地要充分发挥各有关部门和工会、共青团、妇联等群众团体及老龄组织的作用，共同做好老龄工作。

加强老龄工作，发展老龄事业，是党中央、国务院面向新世纪作出的重大决策。各级党委和人民政府要认真贯彻落实本决定精神，在以江泽民同志为核心的党中央领导下，高举邓小平理论伟大旗帜，努力开创我国老龄事业的新局面，为实现社会主义现代化建设的宏伟目标作出更大贡献。

中共中央 国务院关于全面加强人口和计划生育工作统筹解决人口问题的决定（节选）

中发〔2006〕22号

七、积极应对人口老龄化

目前，我国已进入老龄社会，60岁及以上老年人口达1.44亿人，占总人口的11.03%。要制定和落实老龄事业发展战略规划和政策，把逐步建立覆盖城乡居民的养老保障制度作为社会保障体系建设的重点，构建以居家养老为基础、社区服务为依托、机构照料为补充的养老服务体系。

农村要探索建立多种形式的计划生育家庭养老保险制度。有条件的地方，可建立政府、集体和社会共同参与的养老服务机构。对生活不能自理的农村计划生育家庭老年父母，按规定提供适当补助。对军烈属、鳏寡及其他有特殊困难的老年人，按规定给予养老救助。

城市要逐步完善社会统筹与个人账户相结合的基本养老保险制度，构建多层次的城镇养老保障体系。积极发展适合老年人特点的知识和经验密集型服务业，为老年人提供力所能及参与社会的机会。提高养老服务机构在城市规划中的比重，发展社区老年活动场所和服务设施，制定优惠政策，鼓励社会开办各种类型的养老服务机构。

发扬敬老、养老、助老的良好社会风尚，积极探索和实施“爱心护理”等工程。从老年预防保健入手，倡导健康生活方式，营造出行安全和起居方便的环境。探索建立老年服务志愿者、照料储蓄、长期护理保险等社会化服务制度。大力弘扬子女赡养、家庭养老和邻里互助的传统美德。要加强舆论监督，对拒绝赡养或虐待父母的行为，追究法律责任。大力发展老龄产业，建立满足特殊需求的老年用品和服务市场。

国民经济和社会发展第十二个五年规划纲要（节选）

（2011年3月发布）

第二章　指导思想

——坚持把保障和改善民生作为加快转变经济发展方式的根本出发点和落脚点。完善保障和改善民生的制度安排，把促进就业放在经济社会发展优先位置，加快发展各项社会事业，推进基本公共服务均等化，加大收入分配调节力度，坚定不移走共同富裕道路，使发展成果惠及全体人民。

第三十三章　健全覆盖城乡居民的社会保障体系

坚持广覆盖、保基本、多层次、可持续方针，加快推进覆盖城乡居民的社会保障体系建设，稳步提高保障水平。

实现新型农村社会养老保险制度全覆盖。完善实施城镇职工和居民养老保险制度，全面落实城镇职工基本养老保险省级统筹，实现基础养老金全国统筹，切实做好城镇职工基本养老保险关系转移接续工作。逐步推进城乡养老保障制度有效衔接。推动机关事业单位养老保险制度改革。发展企业年金和职业年金。扩大工伤保险覆盖面，提高保障水平，健全预防、补偿、康复相结合的工伤保险制度。完善失业、生育保险制度。发挥商业保险补充性作用。继续通过划拨国有资产、扩大彩票发行等渠道充实全国社会保障基金，积极稳妥推进养老基金投资运营。

完善城乡最低生活保障制度，规范管理，分类施保，实现应保尽保。健全低保标准动态调整机制，合理提高低保标准和补助水平。加强城乡低保与最低工资、失业保险和扶贫开发等政策的衔接。提高农村五保供养水平。做好自然灾害救助工作。完善临时救助制度，保障低保边缘群体的基本生活。

以扶老、助残、救孤、济困为重点，逐步拓展社会福利的保障范围，推动社会福利由补缺型向适度普惠型转变，逐步提高国民福利水平。坚持家庭、社区和福利机构相结合，逐步健全社会福利服务体系，推动社会福利服务社会化。加强残疾人、孤儿福利服务。加强优抚安置工作。加快发展慈善事业，增强全社会慈善意识，积极培育慈善组织，落实并完善公益性捐赠的税收优惠政策。

第三十四章第三节 健全医疗保障体系

健全覆盖城乡居民的基本医疗保障体系，进一步完善城镇职工基本医疗保险、城镇居民基本医疗保险、新型农村合作医疗和城乡医疗救助制度。逐步提高城镇居民医保和新农合人均筹资标准及保障水平并缩小差距。提高城镇职工医保、城镇居民医保、新农合最高支付限额和住院费用支付比例，全面推进门诊统筹。做好各项制度间的衔接，整合经办资源，逐步提高统筹层次，加快实现医保关系转移接续和医疗费用异地就医结算。全面推进基本医疗费用即时结算，改革付费方式。积极发展商业健康保险，完善补充医疗保险制度。

第三十六章第四节 积极应对人口老龄化

建立以居家为基础、社区为依托、机构为支撑的养老服务体系。加快发展社会养老服务，培育壮大老龄事业和产业，加强公益性养老服务设施建设，鼓励社会资本兴办具有护理功能的养老服务机构，每千名老人拥有养老床位数达到30张。拓展养老服务领域，实现养老服务从基本生活照料向医疗健康、辅具配置、精神慰藉、法律服务、紧急援助等方面延伸。增加社区老年活动场所和便利化设施。开发利用老年人力资源。

第三十八章第二节 构建社区管理和服务平台

健全基层管理和服务体系，推动管理重心下移，延伸基本公共服务职能。规范发展社区服务站等专业服务机构，有效承接基层政府委托事项。以居民需求为导向，整合人口、就业、社保、民政、卫生、文化以及综治、维稳、信访等管理职能和服务资源，加快社区信息化建设，构建社区综合管理和服务平台。完善优秀人才服务社区激励机制，推进社区工作人员专业化、职业化。加快建立政府投入与社会投入相结合的经费保障机制。加强流动人口服务管理。

中国老龄事业发展“十二五”规划

国发〔2011〕28号

为积极应对人口老龄化，加快发展老龄事业，根据《中华人民共和国国民经济和社会发展第十二个五年规划纲要》、《中华人民共和国老年人权益保障法》和《中共中央 国务院关于加强老龄工作的决定》（中发〔2000〕13号），制定本规划。

一、背景

（一）“十一五”期间取得的主要成就。

“十一五”时期是老龄事业快速发展的五年。养老保障体系逐步完善，覆盖范围进一步扩大，企业职工基本养老保险制度实现全覆盖，企业退休人员养老金水平连续五年提高，基本养老保险实现了省级统筹，新型农村社会养老保险开始试点并逐步扩大范围。职工和城镇居民基本医疗保险制度实现全覆盖，新型农村合作医疗参合率稳步提高。老年社会福利和社会救助制度逐步建立，城乡计划生育家庭养老保障支持政策逐步形成。老龄服务体系建设扎实推进，在城市深入开展并逐步向农村延伸，养老服务机构和老年活动设施建设取得较大进步。老年教育、文化、体育事业较快发展，老年精神文化生活更加丰富。全社会老龄意识明显增强，敬老爱老助老社会氛围日益浓厚，老年人权益得到较好保障。老龄领域的科学研究、国际交流与合作取得了新的进展。广大老年群众坚持老有所为，积极参与经济社会建设和公益活动，在构建社会主义和谐社会中发挥了重要作用。

（二）“十二五”时期老龄事业面临的形势。

“十二五”时期是我国全面建设小康社会的关键时期，也是老龄事业发展的重要机遇期。

长期以来，党和政府十分关心老年群众，不断采取积极措施，推动老龄事业发展进步，取得举世瞩目的成就，为老龄事业持续发展奠定了很好的基础。但是，在快速发展的老龄化进程中，老龄事业和老龄工作相对滞后的矛盾日益突出。主要表现在：社会养老保障制度尚不完善，公益性老龄服务设施、服务网络建设滞后，老龄服务市场发育不全、供给不足，老年社会管理工作相对薄弱，侵犯老年人权益的现象仍时有发生。对此，我们必须高度重视，认真解决。

“十二五”时期，随着第一个老年人口增长高峰到来，我国人口老龄化进程将进一步加快。从2011年到2015年，全国60岁以上老年人将由1.78亿增加到2.21亿，平均每年增加老年人860万；老年人口比重将由13.3%增加到16%，平均每年递增0.54个百分点。老龄化进程与家庭小型化、空巢化相伴随，与经济社会转型期的矛盾相交织，社会养老保障和养老服务的需求将急剧增加。未来20年，我国人口老龄化日益加重，到2030年全国老年人口规模将会翻一番，老龄事业发展任重道远。我们必须深刻认识发展老龄事业的重要性和紧迫性，充分利用当前经济社会平稳较快发展和社会抚养比较低的有利时机，着力解决老龄工作领域的突出矛盾和问题，从物质、精神、服务、政策、制度和体制机制等方面打好应对人口老龄化挑战的基础。

二、指导思想、发展目标和基本原则

（一）指导思想。

高举中国特色社会主义伟大旗帜，以邓小平理论和“三个代表”重要思想为指导，深入贯彻落实科学发展观，适应人口老龄化新形势，以科学发展为主题，以改革创新为动力，建立健全老龄战略规划体系、社会养老保障体系、老年健康支持体系、老龄服务体系、老年宜居环境体系和老年群众工作体系，服务经济社会改革发展大局，努力实现老有所养、老有所医、老有所教、老有所学、老有所为、老有所乐的工作目标，让广大老年人共享改革发展成果。

（二）主要发展目标。

——建立应对人口老龄化战略体系基本框架，制定实施老龄事业中长期发展规划。

——健全覆盖城乡居民的社会养老保障体系，初步实现全国老年人人人享有基本养老保障。

——健全老年人基本医疗保障体系，基层医疗卫生机构为辖区内65岁及以上老年人开展健康管理服务，普遍建立健康档案。

——建立以居家为基础、社区为依托、机构为支撑的养老服务体系，居家养老和社区养老服务网络基本健全，全国每千名老年人拥有养老床位数达到30张。

——全面推行城乡建设涉老工程技术标准规范、无障碍设施改造和新建小区老龄设施配套建设规划标准。

——增加老年文化、教育和体育健身活动设施，进一步扩大各级各类老年大学（学校）办学规模。

——加强老年社会管理工作。各地成立老龄工作委员会，80%以上退休人员纳入社区管理服务对象，基层老龄协会覆盖面达到80%以上，老年志愿者数量达到老年人口的10%以上。

（三）基本原则。

1.老龄事业与经济社会发展相适应。紧紧围绕全面建设小康社会和构建社会主义和谐社会宏伟目标，确立老龄事业在改革发展大局中的重要地位，促进老龄事业与经济社会协调发展。

2.立足当前与着眼长远相结合。从我国的基本国情出发，把着力解决当前的突出矛盾和应对人口老龄化长期挑战紧密联系，注重体制机制创新和法规制度建设，统筹兼顾，综合施策，实现全面、协调、可持续发展。

3.政府引导与社会参与相结合。按照社会主义市场经济的要求，积极发展老龄服务业。加强政策指导、资金支持、市场培育和监督管理，发挥市场机制在资源配置上的基础性作用，充分调动社会各方面力量积极参与老龄事业发展。

4.家庭养老与社会养老相结合。充分发挥家庭和社区功能，着力巩固家庭养老地位，优先发展社会养老服务，构建居家为基础、社区为依托、机构为支撑的社会养老服务体系，创建中国特色的新型养老模式。

5.统筹协调与分类指导相结合。注重城乡、区域协调发展，加大对农村和中西部地区的政策支持力度，资源配置向基层、特别是农村和中西部地区倾斜。充分发挥各地优势和群众的创造性，因地制宜地开展老龄工作，发展老龄事业。

6.道德规范与法律约束相结合。广泛开展孝亲敬老道德教育，加强老龄法制工作，为老龄工作和老龄事业的全面发展提供动力和保证。

三、主要任务

（一）老年社会保障。

1.加快推进养老保险制度建设。实现新型农村社会养老保险和城镇居民养老保险制度全覆盖。完善实施城镇职工基本养老保险制度，全面落实城镇职工基本养老保险省级统筹，实现基础养老金全国统筹，做好城镇职工基本养老保险关系转移接续工作。逐步推进城乡养老保障制度有效衔接，推动机关事业单位养老保险制度改革。建立随工资增长、物价上涨等因素调整退休人员基本养老金待遇的正常机制。发展企业年金和职业年金。发挥商业保险补充性作用。

2.完善基本医疗保险制度。进一步完善职工基本医疗保险、城镇居民基本医疗保险、新型农村合作医疗制度。逐步提高城镇居民医保和新农合人均筹资标准及保障水平，减轻老年人等参保人员的医疗费用负担。提高职工医保、城镇居民医保、新农合基金最高支付限额和政策范围内住院费用支付比例，全面推进门诊统筹。做好各项制度间的衔接，逐步提高统筹层次，加快实现医保关系转移接续和医疗费用异地就医结算。全面推进基本医疗费用即时结算，改革付费方式。积极发展商业健康保险，完善补充医疗保险制度。

3.加大老年社会救助力度。完善城乡最低生活保障制度，将符合条件的老年人全部纳入最低生活保障范围。根据经济社会发展水平，适时调整最低生活保障和农村五保供养标准。完善城乡医疗救助制度，着力解决贫困老年人的基本医疗保障问题。完善临时救助制度，保障因灾因病等支出性生活困难老年人的基本生活。

4.完善老年社会福利制度。积极探索中国特色社会福利的发展模式，发展适度普惠型的老年社会福利事业，研究制定政府为特殊困难老年人群购买服务的相关政策。进一步完善老年人优待办法，积极为老年人提供各种形式的照顾和优先、优待服务，逐步提高老年人的社会福利水平。有条件的地方可发放高龄老年人生活补贴和家庭经济困难的老年人养老服务补贴。

（二）老年医疗卫生保健。

1.推进老年医疗卫生服务网点和队伍建设。将老年医疗卫生服务纳入各地卫生事业发展规划，加强老年病医院、护理院、老年康复医院和综合医院老年病科建设，有条件的三级综合医院应当设立老年病科。基层医疗卫生机构积极开展老年人医疗、护理、卫生保健、健康监测等服务，为老年人提供居家康复护理服务。基层医疗卫生机构应加强人员队伍建设，切实提高开展老年人卫生服务的能力。

2.开展老年疾病预防工作。基层医疗卫生机构要为辖区内65岁及以上老年人开展健康管理服务，建立健康档案。组织老年人定期进行生活方式和健康状况评估，开展体格检查，及时发现健康风险因素，促进老年疾病早发现、早诊断和早治疗。开展老年疾病防控知识的宣传，做好老年人常见病、慢性病的健康指导和综合干预。

3.发展老年保健事业。广泛开展老年健康教育，普及保健知识，增强老年人运动健身和心理健康意识。注重老年精神关怀和心理慰藉，提供疾病预防、心理健康、自我保健及伤害预防、自救等健康指导和心理健康指导服务，重点关注高龄、空巢、患病等老年人的心理健康状况。鼓励为老年人家庭成员提供专项培训和支持，充分发挥家庭成员的精神关爱和心理支持作用。老年性痴呆、抑郁等精神疾病的早期识别率达到40%。

（三）老年家庭建设。

1.改善老年人居住条件。引导开发老年宜居住宅和代际亲情住宅，鼓励家庭成员与老年人共同生活或就近居住。推动和扶持老年人家庭无障碍改造。

2.完善家庭养老支持政策。完善老年人口户籍迁移管理政策，为老年人随赡养人迁徙提供条件。健全家庭养老保障和照料服务扶持政策，完善农村计划生育家庭奖励扶助制度和计划生育家庭特别扶助制度，落实城镇独生子女父母年老奖励政策，建立奖励扶助金动态调整机制。

3.弘扬孝亲敬老传统美德。强化尊老敬老道德建设，提倡亲情互助，营造温馨和谐的家庭氛围，发挥家庭养老的基础作用。努力建设老年温馨家庭，提高老年人居家养老的幸福指数。

（四）老龄服务。

1.重点发展居家养老服务。建立健全县（市、区）、乡镇（街道）和社区（村）三级服务网络，城市街道和社区基本实现居家养老服务网络全覆盖；80%以上的乡镇和50%以上的农村社区建立包括老龄服务在内的社区综合服务设施和站点。加快居家养老服务信息系统建设，做好居家养老服务信息平台试点工作，并逐步扩大试点范围。培育发展居家养老服务中介组织，引导和支持社会力量开展居家养老服务。鼓励社会服务企业发挥自身优势，开发居家养老服务项目，创新服务模式。大力发展家庭服务业，并将养老服务特别是居家老年护理服务作为重点发展任务。积极拓展居家养老服务领域，实现从基本生活照料向医疗健康、辅具配置、精神慰藉、法律服务、紧急救援等方面延伸。

2.大力发展社区照料服务。把日间照料中心、托老所、星光老年之家、互助式社区养老服务中心等社区养老设施，纳入小区配套建设规划。本着就近、就便和实用的原则，开展全托、日托、临托等多种形式的老年社区照料服务。

3.统筹发展机构养老服务。按照统筹规划、合理布局的原则，加大财政投入和社会筹资力度，推进供养型、养护型、医护型养老机构建设。积极推进养老机构运营机制改革与完善，探索多元化、社会化的投资建设和管理模式。进一步完善和落实优惠政策，鼓励社会力量参与公办养老机构建设和运行管理。“十二五”期间，新增各类养老床位342万张。

4.优先发展护理康复服务。在规划、完善医疗卫生服务体系和社会养老服务体系中，加强老年护理院和康复医疗机构建设。政府重点投资兴建和鼓励社会资本兴办具有长期医疗护理、康复促进、临终关怀等功能的养老机构。根据《护理院基本标准》加强规范管理。地（市）级以上城市至少要有一所专业性养老护理机构。研究探索老年人长期护理制度，鼓励、引导商业保险公司开展长期护理保险业务。

5.切实加强养老服务行业监管。进一步完善养老机构行政管理的法律法规，建立养老机构准入、退出与监管制度，做好养老机构登记注册和日常检查、监督管理工作。寄宿制养老机构等关系老年人安全和健康的重要场所，要列入消防安全和卫生许可制度重点管理范围。

（五）老年人生活环境。

1.加快老年活动场所和便利化设施建设。在城乡规划建设中，充分考虑老年人需求，加强街道、社区“老年人生活圈”配套设施建设，着力改善老年人的生活环境。通过新建和资源整合，缓解老年生活基础设施不足的矛盾。利用公园、绿地、广场等公共空间，开辟老年人运动健身场所。

2.完善涉老工程建设技术标准体系和实施监督制度。按照适应老龄化的要求，对现行老龄设施工程建设技术标准规范进行全面梳理、审定、修订和完善，在规划、设计、施工、监理、验收等各个环节加强技术标准的实施与监督，形成有效规范的约束机制。

3.加快推进无障碍设施建设。突出高龄和失能老年人居家养老服务设施、环境的无障碍改造，推行无障碍进社区、进家庭。加快对居住小区、园林绿地、道路、建筑物等与老年人日常生活密切相关的设施无障碍改造步伐，方便老年人出行和参与社会生活。研究制定《无障碍环境建设条例》，继续开展全国无障碍建设城市创建工作。

4.推动建设老年友好型城市和老年宜居社区。创新老年型社会新思维，树立老年友好环境建设和家庭发展的新理念。研究编制建设老年友好型城市、老年宜居社区指南，发挥典型示范作用。

（六）老龄产业。

1.完善老龄产业政策。把老龄产业纳入经济社会发展总体规划，列入国家扶持行业目录。研究制定、落实引导和扶持老龄产业发展的信贷、投资等支持政策。鼓励社会资本投入老龄产业。引导老年人合理消费，培育壮大老年用品消费市场。

2.促进老年用品、用具和服务产品开发。重视康复辅具、电子呼救等老年特需产品的研究开发。拓展适合老年人多样化需求的特色护理、家庭服务、健身休养、文化娱乐、金融理财等服务项目。培育一批生产老年用品、用具和提供老年服务的龙头企业，打造一批老龄产业知名品牌。

3.加强老年旅游服务工作。积极开发符合老年需求、适合老年人年龄特点的旅游产品。完善旅游景区、宾馆饭店、旅游道路的老年服务设施建设。完善针对老年人旅游的导游讲解、线路安排等特色服务。规范老年人旅游服务市场秩序。

4.引导老龄产业健康发展。研究制定老年产品用品质量标准，加强老龄产业市场监督管理。发挥老龄产业行业协会和中介组织的积极作用，加强信息服务和行业自律。疏通老龄产业发展融资渠道。

（七）老年人精神文化生活。

1.加强老年教育工作。创新老年教育体制机制，探索老年教育新模式，丰富教学内容。加大对老年大学（学校）建设的财政投入，积极支持社会力量参与发展老年教育，扩大各级各类老年大学办学规模。充分发挥党支部、基层自治组织和老年群众组织的作用，做好新形势下老年思想教育工作。

2.加强老年文化工作。加强农村文化设施建设，完善城市社区文化设施。鼓励创作老年题材的文艺作品，增加老年公共文化产品供给。鼓励和支持各级广播电台、电视台积极开设专栏，加大老年文化传播和老龄工作宣传力度。支持老年群众组织开展各种文化娱乐活动，丰富老年人的精神文化生活。

3.加强老年体育健身工作。在城乡建设、旧城改造和社区建设中，要安排老年体育健身活动场所。加强老年体育组织建设，积极组织老年人参加全民健身活动。经常参加体育健身的老年人达到50%以上。举办第二届全国老年人体育健身大会。

4.扩大老年人社会参与。注重开发老年人力资源，支持老年人以适当方式参与经济发展和社会公益活动。贯彻落实《中共中央办公厅国务院办公厅转发〈中央组织部、中央宣传部、中央统战部、人事部、科技部、劳动保障部、解放军总政治部、中国科协关于进一步发挥离退休专业技术人员作用的意见〉的通知》（中办发〔2005〕9号），健全政策措施，搭建服务平台，支持广大离退休专业技术人员更好地发挥作用。重视发挥老年人在社区服务、关心教育下一代、调解邻里纠纷和家庭矛盾、维护社会治安等方面的积极作用。不断探索“老有所为”的新形式，积极做好“银龄行动”组织工作，广泛开展老年志愿服务活动，老年志愿者数量达到老年人口的10%以上。

（八）老年社会管理。

1.加强基层老龄工作机构和老年群众组织建设。各地要建立老龄工作委员会，城乡社区（村、居）要健全老龄工作机制。加强基层老年协会规范化建设，充分发挥老年人自我管理、自我教育、自我服务的积极作用。“十二五”期间，成立老年协会的城镇社区达到95%以上，农村社区（行政村）达到80%以上。

2.做好离退休人员管理服务工作。充分利用社区资源面向全体老年人开展服务，切实把为离退休老年人服务工作纳入社区服务范围。推进街道（乡镇）、社区劳动保障工作平台建设，为退休人员提供方便、快捷、高效、优质的服务。“十二五”期末，纳入社区管理服务的企业退休人员比例达到80%以上。

（九）老年人权益保障。

1.加强老龄法制建设。推进老年人权益保障法制化进程，做好修订《中华人民共和国老年人权益保障法》的相关工作，开展执法检查和普法教育，提高老年人权益保障法制化水平。

2.健全老年维权机制。弘扬孝亲敬老美德，促进家庭和睦、代际和顺。加强弱势老年人社会保护工作，把高龄、孤独、空巢、失能和行为能力不健全的老年人列为社会维权服务重点对象。加强对养老机构服务质量的检查、监督，维护老年人的生活质量与生命尊严，杜绝歧视、虐待老年人现象。

3.做好老年人法律服务工作。拓展老年人维权法律援助渠道，扩大法律援助覆盖面。重点在涉及老年人医疗、保险、救助、赡养、住房、婚姻等方面，为老年人提供及时、便利、高效、优质的法律服务。加大对侵害老年人权益案件的处理力度，切实保障老年人的合法权益。

4.加强青少年尊老敬老的传统美德教育。在义务教育中，增加孝亲敬老教育内容，开展形式多样的尊老敬老社会实践活动，营造良好的校园文化环境。

（十）老龄科研。

1.抓好重点科研项目。开展应对人口老龄化战略研究，制定国家老龄事业中长期发展规划。做好老年人生活状况追踪调查，开展区域性应对人口老龄化战略研究工作，为制定老龄政策提供决策依据。

2.加强老龄学科教育和专业人才培养。按照老龄事业发展规划和重点发展领域，统筹部署职业教育、高等教育学科专业设置，培养技能型、应用型、复合型人才，做好人力资源支撑，服务老龄事业发展。

3.推进信息化建设。建立老龄事业信息化协同推进机制，建立老龄信息采集、分析数据平台，健全城乡老年人生活状况跟踪监测系统。

（十一）老龄国际交流与合作。

广泛开展双边、多边国际交流，增进相互了解。积极发挥我国在国际老龄领域的重要影响，深化国际合作。密切跟踪联合国大会老龄问题工作组对建构老年人权利国际保护机制的动向，积极发挥作用，引导相关进程朝有利方向发展。积极研究借鉴国外应对人口老龄化理念和经验，做好联合国人口基金第七周期老龄项目。完成《国际老龄行动计划》在中国执行情况的检查评估。

四、保障措施

（一）加强组织领导。

各级政府要高度重视老龄问题，加强老龄工作。把发展老龄事业纳入重要议事日程，列入经济社会发展总体规划，及时解决老龄工作中的矛盾和问题。健全党政主导、老龄委协调、部门尽责、社会参与、全民关怀的大老龄工作格局。

（二）加大改革创新力度。

进一步解放思想，坚持改革，在体制机制、政策制度、工作思路和发展模式等方面加大创新力度，围绕涉老社会保障制度的配套衔接、老龄事业投入机制、政府购买服务方式、老龄服务市场准入与日常监管、民办养老机构扶持政策、社区养老服务资源的综合开发利用、老龄社会组织规范化建设等比较突出的矛盾和问题，深入开展调查研究，逐步完善政策法规制度，创新体制机制。

（三）建立多元长效投入机制。

各级政府要根据经济发展状况和老龄工作实际，多渠道筹资，不断加大老龄事业投入。进一步完善实施促进老龄事业发展的税收政策，政策引导与体制创新并重，调动社会资本投入老龄事业的积极性。大力发展老龄慈善事业。

（四）加强人才队伍建设。

加强老龄工作队伍的思想建设、组织建设、作风建设和业务能力建设。加快养老服务业人才培养，特别是养老护理员、老龄产业管理人员的培养。根据国家职业标准，组织开展养老护理人员职业培训和职业资格认证工作。有条件的普通高校和职业学校，在相关专业开设老年学、老年护理学、老年心理学等课程。大力发展为老服务志愿者队伍和社会工作者队伍。

（五）建立监督检查评估机制。

本规划由全国老龄工作委员会负责协调、督促、检查有关部门执行，2015年对规划的执行情况进行全面评估。

社会养老服务体系建设规划（2011－2015年）

国办发〔2011〕60号

为积极应对人口老龄化，建立起与人口老龄化进程相适应、与经济社会发展水平相协调的社会养老服务体系，实现党的十七大确立的“老有所养”的战略目标和十七届五中全会提出的“优先发展社会养老服务”的要求，根据《中华人民共和国国民经济和社会发展第十二个五年规划纲要》和《中国老龄事业发展“十二五”规划》，制定本规划。

一、规划背景

（一）现状和问题。

自1999年我国步入老龄化社会以来，人口老龄化加速发展，老年人口基数大、增长快并日益呈现高龄化、空巢化趋势，需要照料的失能、半失能老人数量剧增。第六次全国人口普查显示，我国60岁及以上老年人口已达1.78亿，占总人口的13.26%，加强社会养老服务体系建设的任务十分繁重。

近年来，在党和政府的高度重视下，各地出台政策措施，加大资金支持力度，使我国的社会养老服务体系建设取得了长足发展。养老机构数量不断增加，服务规模不断扩大，老年人的精神文化生活日益丰富。截至2010年底，全国各类收养性养老机构已达4万个，养老床位达314.9万张。社区养老服务设施进一步改善，社区日间照料服务逐步拓展，已建成含日间照料功能的综合性社区服务中心1.2万个，留宿照料床位1.2万张，日间照料床位4.7万张。以保障三无、五保、高龄、独居、空巢、失能和低收入老人为重点，借助专业化养老服务组织，提供生活照料、家政服务、康复护理、医疗保健等服务的居家养老服务网络初步形成。养老服务的运作模式、服务内容、操作规范等也不断探索创新，积累了有益的经验。

但是，我国社会养老服务体系建设仍然处于起步阶段，还存在着与新形势、新任务、新需求不相适应的问题，主要表现在：缺乏统筹规划，体系建设缺乏整体性和连续性；社区养老服务和养老机构床位严重不足，供需矛盾突出；设施简陋、功能单一，难以提供照料护理、医疗康复、精神慰藉等多方面服务；布局不合理，区域之间、城乡之间发展不平衡；政府投入不足，民间投资规模有限；服务队伍专业化程度不高，行业发展缺乏后劲；国家出台的优惠政策落实不到位；服务规范、行业自律和市场监管有待加强等。

（二）必要性和可行性。

我国的人口老龄化是在“未富先老”、社会保障制度不完善、历史欠账较多、城乡和区域发展不平衡、家庭养老功能弱化的形势下发生的，加强社会养老服务体系建设的任务十分繁重。

加强社会养老服务体系建设，是应对人口老龄化、保障和改善民生的必然要求。目前，我国是世界上唯一一个老年人口超过1亿的国家，且正在以每年3%以上的速度快速增长，是同期人口增速的五倍多。预计到2015年，老年人口将达到2.21亿，约占总人口的16%；2020年达到2.43亿，约占总人口的18%。随着人口老龄化、高龄化的加剧，失能、半失能老年人的数量还将持续增长，照料和护理问题日益突出，人民群众的养老服务需求日益增长，加快社会养老服务体系建设已刻不容缓。

加强社会养老服务体系建设，是适应传统养老模式转变、满足人民群众养老服务需求的必由之路。长期以来，我国实行以家庭养老为主的养老模式，但随着计划生育基本国策的实施，以及经济社会的转型，家庭规模日趋小型化，“4-2-1”家庭结构日益普遍，空巢家庭不断增多。家庭规模的缩小和结构变化使其养老功能不断弱化，对专业化养老机构和社区服务的需求与日俱增。

加强社会养老服务体系建设，是解决失能、半失能老年群体养老问题、促进社会和谐稳定的当务之急。目前，我国城乡失能和半失能老年人约3300万，占老年人口总数的19%。由于现代社会竞争激烈和生活节奏加快，中青年一代正面临着工作和生活的双重压力，照护失能、半失能老年人力不从心，迫切需要通过发展社会养老服务来解决。

加强社会养老服务体系建设，是扩大消费和促进就业的有效途径。庞大的老年人群体对照料和护理的需求，有利于养老服务消费市场的形成。据推算，2015年我国老年人护理服务和生活照料的潜在市场规模将超过4500亿元，养老服务就业岗位潜在需求将超过500万个。

在面对挑战的同时，我国社会养老服务体系建设也面临着前所未有的发展机遇。加强社会养老服务体系建设，已越来越成为各级党委政府关心、社会广泛关注、群众迫切期待解决的重大民生问题。同时，随着我国综合国力的不断增强，城乡居民收入的持续增多，公共财政更多地投向民生领域，以及人民群众自我保障能力的提高，社会养老服务体系建设已具备了坚实的社会基础。

二、内涵和定位

（一）内涵。

社会养老服务体系是与经济社会发展水平相适应，以满足老年人养老服务需求、提升老年人生活质量为目标，面向所有老年人，提供生活照料、康复护理、精神慰藉、紧急救援和社会参与等设施、组织、人才和技术要素形成的网络，以及配套的服务标准、运行机制和监管制度。

社会养老服务体系建设应以居家为基础、社区为依托、机构为支撑，着眼于老年人的实际需求，优先保障孤老优抚对象及低收入的高龄、独居、失能等困难老年人的服务需求，兼顾全体老年人改善和提高养老服务条件的要求。

社会养老服务体系建设是应对人口老龄化的一项长期战略任务，是坚持政府主导，鼓励社会参与，不断完善管理制度，丰富服务内容，健全服务标准，满足人民群众日益增长的养老服务需求的持续发展过程。本建设规划仅着眼于构建体系建设的基本框架。

（二）功能定位。

我国的社会养老服务体系主要由居家养老、社区养老和机构养老等三个有机部分组成。

居家养老服务涵盖生活照料、家政服务、康复护理、医疗保健、精神慰藉等，以上门服务为主要形式。对身体状况较好、生活基本能自理的老年人，提供家庭服务、老年食堂、法律服务等服务；对生活不能自理的高龄、独居、失能等老年人提供家务劳动、家庭保健、辅具配置、送饭上门、无障碍改造、紧急呼叫和安全援助等服务。有条件的地方可以探索对居家养老的失能老年人给予专项补贴，鼓励他们配置必要的康复辅具，提高生活自理能力和生活质量。

社区养老服务是居家养老服务的重要支撑，具有社区日间照料和居家养老支持两类功能，主要面向家庭日间暂时无人或者无力照护的社区老年人提供服务。在城市，结合社区服务设施建设，增加养老设施网点，增强社区养老服务能力，打造居家养老服务平台。倡议、引导多种形式的志愿活动及老年人互助服务，动员各类人群参与社区养老服务。在农村，结合城镇化发展和新农村建设，以乡镇敬老院为基础，建设日间照料和短期托养的养老床位，逐步向区域性养老服务中心转变，向留守老年人及其他有需要的老年人提供日间照料、短期托养、配餐等服务；以建制村和较大自然村为基点，依托村民自治和集体经济，积极探索农村互助养老新模式。

机构养老服务以设施建设为重点，通过设施建设，实现其基本养老服务功能。养老服务设施建设重点包括老年养护机构和其他类型的养老机构。老年养护机构主要为失能、半失能的老年人提供专门服务，重点实现以下功能：1.生活照料。设施应符合无障碍建设要求，配置必要的附属功能用房，满足老年人的穿衣、吃饭、如厕、洗澡、室内外活动等日常生活需求。2.康复护理。具备开展康复、护理和应急处置工作的设施条件，并配备相应的康复器材，帮助老年人在一定程度上恢复生理功能或减缓部分生理功能的衰退。3.紧急救援。具备为老年人提供突发性疾病和其他紧急情况的应急处置救援服务能力，使老年人能够得到及时有效的救援。鼓励在老年养护机构中内设医疗机构。符合条件的老年养护机构还应利用自身的资源优势，培训和指导社区养老服务组织和人员，提供居家养老服务，实现示范、辐射、带动作用。其他类型的养老机构根据自身特点，为不同类型的老年人提供集中照料等服务。

三、指导思想和基本原则

（一）指导思想。

以邓小平理论和“三个代表”重要思想为指导，深入贯彻落实科学发展观，以满足老年人的养老服务需求为目标，从我国基本国情出发，坚持政府主导、政策扶持、多方参与、统筹规划，在“十二五”期间，初步建立起与人口老龄化进程相适应、与经济社会发展水平相协调，以居家为基础、社区为依托、机构为支撑的社会养老服务体系，让老年人安享晚年，共享经济社会发展成果。

（二）基本原则。

1.统筹规划、分级负责。加强社会养老服务体系建设是一项长期的战略任务，各级政府对养老机构和社区养老服务设施的建设和发展统筹考虑、整体规划。中央制定全国总体规划，确定建设目标和主要任务，制定优惠政策，支持重点领域建设；地方制定本地规划，承担主要建设任务，落实优惠政策，推动形成基层网络，保障其可持续发展。

2.政府主导、多方参与。加强政府在制度、规划、筹资、服务、监管等方面的职责，加快社会养老服务设施建设。发挥市场在资源配置中的基础性作用，打破行业界限，开放社会养老服务市场，采取公建民营、民办公助、政府购买服务、补助贴息等多种模式，引导和支持社会力量兴办各类养老服务设施。鼓励城乡自治组织参与社会养老服务。充分发挥专业化社会组织的力量，不断提高社会养老服务水平和效率，促进有序竞争机制的形成，实现合作共赢。

3.因地制宜、突出重点。根据区域内老年人口数量和养老服务发展水平，充分依托现有资源，合理安排社会养老服务体系建设项目。以居家养老服务为导向，以长期照料、护理康复和社区日间照料为重点，分类完善不同养老服务机构和设施的功能，优先解决好需求最迫切的老年群体的养老问题。

4.深化改革、持续发展。按照管办分离、政事政企分开的原则，统筹推进公办养老服务机构改革。区分营利性与非营利性，加强对社会养老服务机构的登记和监管。盘活存量，改进管理。完善养老服务的投入机制、服务规范、建设标准、评价体系，促进信息化建设，加快养老服务专业队伍建设，确保养老机构良性运行和可持续发展。

四、目标和任务

（一）建设目标。

到2015年，基本形成制度完善、组织健全、规模适度、运营良好、服务优良、监管到位、可持续发展的社会养老服务体系。每千名老年人拥有养老床位数达到30张。居家养老和社区养老服务网络基本健全。

（二）建设任务。

改善居家养老环境，健全居家养老服务支持体系。以社区日间照料中心和专业化养老机构为重点，通过新建、改扩建和购置，提升社会养老服务设施水平。充分考虑经济社会发展水平和人口老龄化发展程度，“十二五”期间，增加日间照料床位和机构养老床位340余万张，实现养老床位总数翻一番；改造30%现有床位，使之达到建设标准。

在居家养老层面，支持有需求的老年人实施家庭无障碍设施改造。扶持居家服务机构发展，进一步开发和完善服务内容和项目，为老年人居家养老提供便利服务。

在城乡社区养老层面，重点建设老年人日间照料中心、托老所、老年人活动中心、互助式养老服务中心等社区养老设施，推进社区综合服务设施增强养老服务功能，使日间照料服务基本覆盖城市社区和半数以上的农村社区。

在机构养老层面，重点推进供养型、养护型、医护型养老设施建设。县级以上城市，至少建有一处以收养失能、半失能老年人为主的老年养护设施。在国家和省级层面，建设若干具有实训功能的养老服务设施。

提高社会养老服务装备水平，鼓励研发养老护理专业设备、辅具，积极推动养老服务专用车配备。

加强养老服务信息化建设，依托现代技术手段，为老年人提供高效便捷的服务，规范行业管理，不断提高养老服务水平。

（三）建设方式。

通过新建、扩建、改建、购置等方式，因地制宜建设养老服务设施。新建小区要统筹规划，将养老服务设施建设纳入公建配套实施方案。鼓励通过整合、置换或转变用途等方式，将闲置的医院、企业、农村集体闲置房屋以及各类公办培训中心、活动中心、疗养院、小旅馆、小招待所等设施资源改造用于养老服务。通过设备和康复辅具产品研发、养老服务专用车配备和信息化建设，全面提升社会养老服务能力。

（四）运行机制。

充分发挥市场在资源配置中的基础性作用，为各类服务主体营造平等参与、公平竞争的环境，实现社会养老服务可持续发展。

公办养老机构应充分发挥其基础性、保障性作用。按照国家分类推进事业单位改革的总体思路，理顺公办养老机构的运行机制，建立责任制和绩效评价制度，提高服务质量和效率。

鼓励有条件或新建的公办养老机构实行公建民营，通过公开招投标选定各类专业化的机构负责运营。负责运营的机构应坚持公益性质，通过服务收费、慈善捐赠、政府补贴等多种渠道筹集运营费用，确保自身的可持续发展。

加强对非营利性社会办养老机构的培育扶持，采取民办公助等形式，给予相应的建设补贴或运营补贴，支持其发展。鼓励民间资本投资建设专业化的服务设施，开展社会养老服务。

推动社会专业机构以输出管理团队、开展服务指导等方式参与养老服务设施运营，引导养老机构向规模化、专业化、连锁化方向发展。鼓励社会办养老机构收养政府供养对象，共享资源，共担责任。

（五）资金筹措。

社会养老服务体系建设资金需多方筹措，多渠道解决。

要充分发挥市场机制的基础性作用，通过用地保障、信贷支持、补助贴息和政府采购等多种形式，积极引导和鼓励企业、公益慈善组织及其他社会力量加大投入，参与养老服务设施的建设、运行和管理。

地方各级政府要切实履行基本公共服务职能，强化在社会养老服务体系建设中的支出责任，安排财政性专项资金，支持公益性养老服务设施建设。

民政部本级福利彩票公益金及地方各级彩票公益金要增加资金投入，优先保障社会养老服务体系建设。

中央设立专项补助投资，依据各地经济社会发展水平、老龄人口规模等，积极支持地方社会养老服务体系发展，重点用于社区日间照料中心和老年养护机构设施建设。

五、保障措施

（一）强化统筹规划，加强组织领导。从构建社会主义和谐社会的战略高度，充分认识加强社会养老服务体系建设的重要意义，增强使命感、责任感和紧迫感，将社会养老服务体系建设摆上各级政府的重要议事日程和目标责任考核范围，纳入经济社会发展规划，切实抓实抓好。各地要建立由民政、发展改革、老龄部门牵头，相关部门参与的工作机制，加强组织领导，加强协调沟通，加强对规划实施的督促检查，确保规划目标的如期实现。鼓励社会各界对规划实施进行监督。

（二）加大资金投入，建立长效机制。对公办养老机构保障所需经费，应列入财政预算并建立动态保障机制。采取公建民营、委托管理、购买服务等多种方式，支持社会组织兴办或者运营的公益性养老机构。鼓励和引导金融机构在风险可控和商业可持续的前提下，创新金融产品和服务方式，改进和完善对社会养老服务产业的金融服务，增加对养老服务企业及其建设项目的信贷投入。积极探索拓展社会养老服务产业市场化融资渠道。积极探索采取直接补助或贴息的方式，支持民间资本投资建设专业化的养老服务设施。

（三）加强制度建设，确保规范运营。建立、健全相关法律法规，建立养老服务准入、退出、监管制度，加大执法力度，规范养老服务市场行为。制定和完善居家养老、社区养老服务和机构养老服务的相关标准，建立相应的认证体系，大力推动养老服务标准化，促进养老服务示范活动深入开展。建立养老机构等级评定制度。建立老年人入院评估、养老服务需求评估等评估制度。

（四）完善扶持政策，推动健康发展。各级政府应将社会养老服务设施建设纳入城乡建设规划和土地利用规划，合理安排，科学布局，保障土地供应。符合条件的，按照土地划拨目录依法划拨。研究制定财政补助、社会保险、医疗等相关扶持政策，贯彻落实好有关税收以及用水、用电、用气等优惠政策。有条件的地方，可以探索实施老年护理补贴、护理保险，增强老年人对护理照料的支付能力。支持建立老年人意外伤害保险制度，构建养老服务行业风险合理分担机制。建立科学合理的价格形成机制，规范服务收费项目和标准。

（五）加快人才培养，提升服务质量。加强养老服务职业教育培训，有计划地在高等院校和中等职业学校增设养老服务相关专业和课程，开辟养老服务培训基地，加快培养老年医学、护理、营养和心理等方面的专业人才，提高养老服务从业人员的职业道德、业务技能和服务水平。如养老机构具有医疗资质，可以纳入护理类专业实习基地范围，鼓励大专院校学生到各类养老机构实习。加强养老服务专业培训教材开发，强化师资队伍建设。推行养老护理员职业资格考试认证制度，五年内全面实现持证上岗。完善培训政策和方法，加强养老护理员职业技能培训。探索建立在养老服务中引入专业社会工作人才的机制，推动养老机构开发社工岗位。开展社会工作的学历教育和资格认证。支持养老机构吸纳就业困难群体就业。加快培育从事养老服务的志愿者队伍，实行志愿者注册制度，形成专业人员引领志愿者的联动工作机制。

（六）运用现代科技成果，提高服务管理水平。以社区居家老年人服务需求为导向，以社区日间照料中心为依托，按照统筹规划、实用高效的原则，采取便民信息网、热线电话、爱心门铃、健康档案、服务手册、社区呼叫系统、有线电视网络等多种形式，构建社区养老服务信息网络和服务平台，发挥社区综合性信息网络平台的作用，为社区居家老年人提供便捷高效的服务。在养老机构中，推广建立老年人基本信息电子档案，通过网上办公实现对养老机构的日常管理，建成以网络为支撑的机构信息平台，实现居家、社区与机构养老服务的有效衔接，提高服务效率和管理水平。加强老年康复辅具产品研发。

各地可根据本规划，结合实际，制定本地区的社会养老服务体系建设规划。

二、宪法和法律关于老年人权益保障的规定（节选）

中华人民共和国宪法

（1982年12月4日第五届全国人民代表大会第五次会议通过
根据全国人民代表大会有关修正案修正）

第三十三条 凡具有中华人民共和国国籍的人都是中华人民共和国公民。

中华人民共和国公民在法律面前一律平等。

国家尊重和保障人权。

任何公民享有宪法和法律规定的权利，同时必须履行宪法和法律规定的义务。

第四十四条 国家依照法律规定实行企业事业组织的职工和国家机关工作人员的退休制度。退休人员的生活受到国家和社会的保障。

第四十五条第一款 中华人民共和国公民在年老、疾病或者丧失劳动能力的情况下，有从国家和社会获得物质帮助的权利。国家发展为公民享受这些权利所需要的社会保险、社会救济和医疗卫生事业。

第四十九条 婚姻、家庭、母亲和儿童受国家的保护。

夫妻双方有实行计划生育的义务。

父母有抚养教育未成年子女的义务，成年子女有赡养扶助父母的义务。

禁止破坏婚姻自由，禁止虐待老人、妇女和儿童。

中华人民共和国社会保险法

（2010年10月28日第十一届全国人大常委会第十七次会议通过）

第一章 总则

第一条 为了规范社会保险关系，维护公民参加社会保险和享受社会保险待遇的合法权益，使公民共享发展成果，促进社会和谐稳定，根据宪法，制定本法。

第二条 国家建立基本养老保险、基本医疗保险、工伤保险、失业保险、生育保险等社会保险制度，保障公民在年老、疾病、工伤、失业、生育等情况下依法从国家和社会获得物质帮助的权利。

第三条 社会保险制度坚持广覆盖、保基本、多层次、可持续的方针，社会保险水平应当与经济社会发展水平相适应。

第四条 中华人民共和国境内的用人单位和个人依法缴纳社会保险费，有权查询缴费记录、个人权益记录，要求社会保险经办机构提供社会保险咨询等相关服务。

个人依法享受社会保险待遇，有权监督本单位为其缴费情况。

第五条 县级以上人民政府将社会保险事业纳入国民经济和社会发展规划。

国家多渠道筹集社会保险资金。县级以上人民政府对社会保险事业给予必要的经费支持。

国家通过税收优惠政策支持社会保险事业。

第六条 国家对社会保险基金实行严格监管。

国务院和省、自治区、直辖市人民政府建立健全社会保险基金监督管理制度，保障社会保险基金安全、有效运行。

县级以上人民政府采取措施，鼓励和支持社会各方面参与社会保险基金的监督。

第七条 国务院社会保险行政部门负责全国的社会保险管理工作，国务院其他有关部门在各自的职责范围内负责有关的社会保险工作。

县级以上地方人民政府社会保险行政部门负责本行政区域的社会保险管理工作，县级以上地方人民政府其他有关部门在各自的职责范围内负责有关的社会保险工作。

第八条 社会保险经办机构提供社会保险服务，负责社会保险登记、个人权益记录、社会保险待遇支付等工作。

第九条　工会依法维护职工的合法权益，有权参与社会保险重大事项的研究，参加社会保险监督委员会，对与职工社会保险权益有关的事项进行监督。

第二章　基本养老保险

第十条　职工应当参加基本养老保险，由用人单位和职工共同缴纳基本养老保险费。

无雇工的个体工商户、未在用人单位参加基本养老保险的非全日制从业人员以及其他灵活就业人员可以参加基本养老保险，由个人缴纳基本养老保险费。

公务员和参照公务员法管理的工作人员养老保险的办法由国务院规定。

第十一条　基本养老保险实行社会统筹与个人账户相结合。

基本养老保险基金由用人单位和个人缴费以及政府补贴等组成。

第十二条　用人单位应当按照国家规定的本单位职工工资总额的比例缴纳基本养老保险费，记入基本养老保险统筹基金。

职工应当按照国家规定的本人工资的比例缴纳基本养老保险费，记入个人账户。

无雇工的个体工商户、未在用人单位参加基本养老保险的非全日制从业人员以及其他灵活就业人员参加基本养老保险的，应当按照国家规定缴纳基本养老保险费，分别记入基本养老保险统筹基金和个人账户。

第十三条　国有企业、事业单位职工参加基本养老保险前，视同缴费年限期间应当缴纳的基本养老保险费由政府承担。

基本养老保险基金出现支付不足时，政府给予补贴。

第十四条　个人账户不得提前支取，记账利率不得低于银行定期存款利率，免征利息税。个人死亡的，个人账户余额可以继承。

第十五条　基本养老金由统筹养老金和个人账户养老金组成。

基本养老金根据个人累计缴费年限、缴费工资、当地职工平均工资、个人账户金额、城镇人口平均预期寿命等因素确定。

第十六条　参加基本养老保险的个人，达到法定退休年龄时累计缴费满十五年的，按月领取基本养老金。

参加基本养老保险的个人，达到法定退休年龄时累计缴费不足十五年的，可以缴费至满十五年，按月领取基本养老金；也可以转入新型农村社会养老保险或者城镇居民社会养老保险，按照国务院规定享受相应的养老保险待遇。

第十七条　参加基本养老保险的个人，因病或者非因工死亡的，其遗属可以领取丧葬补助金和抚恤金；在未达到法定退休年龄时因病或者非因工致残完全丧失劳动能力的，可以领取病残津贴。所需资金从基本养老保险基金中支付。

第十八条　国家建立基本养老金正常调整机制。根据职工平均工资增长、物价上涨情况，适时提高基本养老保险待遇水平。

第十九条　个人跨统筹地区就业的，其基本养老保险关系随本人转移，缴费年限累计计算。个人达到法定退休年龄时，基本养老金分段计算、统一支付。具体办法由国务院规定。

第二十条　国家建立和完善新型农村社会养老保险制度。

新型农村社会养老保险实行个人缴费、集体补助和政府补贴相结合。

第二十一条　新型农村社会养老保险待遇由基础养老金和个人账户养老金组成。

参加新型农村社会养老保险的农村居民，符合国家规定条件的，按月领取新型农村社会养老保险待遇。

第二十二条　国家建立和完善城镇居民社会养老保险制度。

省、自治区、直辖市人民政府根据实际情况，可以将城镇居民社会养老保险和新型农村社会养老保险合并实施。

第三章　基本医疗保险

第二十三条　职工应当参加职工基本医疗保险，由用人单位和职工按照国家规定共同缴纳基本医疗保险费。

无雇工的个体工商户、未在用人单位参加职工基本医疗保险的非全日制从业人员以及其他灵活就业人员可以参加职工基本医疗保险，由个人按照国家规定缴纳基本医疗保险费。

第二十四条 国家建立和完善新型农村合作医疗制度。

新型农村合作医疗的管理办法，由国务院规定。

第二十五条 国家建立和完善城镇居民基本医疗保险制度。

城镇居民基本医疗保险实行个人缴费和政府补贴相结合。

享受最低生活保障的人、丧失劳动能力的残疾人、低收入家庭六十周岁以上的老年人和未成年人等所需个人缴费部分，由政府给予补贴。

第二十六条 职工基本医疗保险、新型农村合作医疗和城镇居民基本医疗保险的待遇标准按照国家规定执行。

第二十七条 参加职工基本医疗保险的个人，达到法定退休年龄时累计缴费达到国家规定年限的，退休后不再缴纳基本医疗保险费，按照国家规定享受基本医疗保险待遇；未达到国家规定年限的，可以缴费至国家规定年限。

第二十八条 符合基本医疗保险药品目录、诊疗项目、医疗服务设施标准以及急诊、抢救的医疗费用，按照国家规定从基本医疗保险基金中支付。

第二十九条 参保人员医疗费用中应当由基本医疗保险基金支付的部分，由社会保险经办机构与医疗机构、药品经营单位直接结算。

社会保险行政部门和卫生行政部门应当建立异地就医医疗费用结算制度，方便参保人员享受基本医疗保险待遇。

第三十条 下列医疗费用不纳入基本医疗保险基金支付范围:

（一）应当从工伤保险基金中支付的；

（二）应当由第三人负担的；

（三）应当由公共卫生负担的；

（四）在境外就医的。

医疗费用依法应当由第三人负担，第三人不支付或者无法确定第三人的，由基本医疗保险基金先行支付。基本医疗保险基金先行支付后，有权向第三人追偿。

第三十一条　社会保险经办机构根据管理服务的需要，可以与医疗机构、药品经营单位签订服务协议，规范医疗服务行为。

医疗机构应当为参保人员提供合理、必要的医疗服务。

第三十二条　个人跨统筹地区就业的，其基本医疗保险关系随本人转移，缴费年限累计计算。

中华人民共和国民法通则

（1996年4月12日第六届全国人民代表大会第四次会议通过）

第十七条　无民事行为能力或者限制民事行为能力的精神病人，由下列人员担任监护人：

（一）配偶；

（二）父母；

（三）成年子女；

（四）其他近亲属；

（五）关系密切的其他亲属、朋友愿意承担监护责任，经精神病人的所在单位或者住所地的居民委员会、村民委员会同意的。

对担任监护人有争议的，由精神病人的所在单位或者住所地的居民委员会、村民委员会在近亲属中指定。对指定不服提起诉讼的，由人民法院裁决。

没有第一款规定的监护人的，由精神病人的所在单位或者住所地的居民委员会、村民委员会或者民政部门担任监护人。

第十八条　监护人应当履行监护职责，保护被监护人的人身、财产及其他合法权益，除为被监护人的利益外，不得处理被监护人的财产。

监护人依法履行监护的权利，受法律保护。

监护人不履行监护职责或者侵害被监护人的合法权益的，应当承担责任；给被监护人造成财产损失的，应当赔偿损失。人民法院可以根据有关人员或者有关单位的申请，撤销监护人的资格。

第十九条 精神病人的利害关系人，可以向人民法院申请宣告精神病人为无民事行为能力人或者限制民事行为能力人。

被人民法院宣告为无民事行为能力人或者限制民事行为能力人的，根据他健康恢复的状况，经本人或者利害关系人申请，人民法院可以宣告他为限制民事行为能力人或者完全民事行为能力人。

第一百零四条第一款 婚姻、家庭、老人、母亲和儿童受法律保护。

中华人民共和国民事诉讼法

（1991年4月9日第七届全国人民代表大会第四次会议通过
根据全国人大常委会有关决定修正）

第一百零六条 人民法院对下列案件，根据当事人的申请，可以裁定先予执行：

（一）追索赡养费、扶养费、抚育费、抚恤金、医疗费用的；

（二）追索劳动报酬的；

（三）因情况紧急需要先予执行的。

中华人民共和国婚姻法

（1980年9月10日第五届全国人民代表大会第三次会议通过
根据第九届全国人大常委会第二十一次会议有关决定修正）

第二条 实行婚姻自由、一夫一妻、男女平等的婚姻制度。

保护妇女、儿童和老人的合法权益。

实行计划生育。

第二十一条 父母对子女有抚养教育的义务；子女对父母有赡养扶助的义务。

父母不履行抚养义务时，未成年的或不能独立生活的子女，有要求父母付给抚养费的权利。

子女不履行赡养义务时，无劳动能力的或生活困难的父母，有要求子女付给赡养费的权利。

禁止溺婴、弃婴和其他残害婴儿的行为。

第二十八条 有负担能力的祖父母、外祖父母，对于父母已经死亡的未成年的孙子女、外孙子女，有抚养的义务。有负担能力的孙子女、外孙子女，对于子女已经死亡的祖父母、外祖父母，有赡养的义务。

第三十条 子女应当尊重父母的婚姻权利，不得干涉父母再婚以及婚后的生活。子女对父母的赡养义务，不因父母的婚姻关系变化而终止。

中华人民共和国继承法

（1985年4月10日第六届全国人民代表大会第三次会议通过）

第十二条 丧偶儿媳对公、婆，丧偶女婿对岳父、岳母，尽了主要赡养义务的，作为第一顺序继承人。

第十三条 同一顺序继承人继承遗产的份额，一般应当均等。

对生活有特殊困难的缺乏劳动能力的继承人，分配遗产时，应当予以照顾。

对被继承人尽了主要扶养义务或者与被继承人共同生活的继承人，分配遗产时，可以多分。

有扶养能力和有扶养条件的继承人，不尽扶养义务的，分配遗产时，应当不分或者少分。

继承人协商同意的，也可以不均等。

第三十一条 公民可以与扶养人签订遗赠扶养协议。按照协议，扶养人承担该公民生养死葬的义务，享有受遗赠的权利。

公民可以与集体所有制组织签订遗赠扶养协议。按照协议，集体所有制组织承担该公民生养死葬的义务，享有受遗赠的权利。

中华人民共和国个人所得税法

（1980年9月10日第五届全国人民代表大会第三次会议通过
根据全国人大常委会有关决定修正）

第四条 下列各项个人所得，免纳个人所得税：

一、省级人民政府、国务院部委和中国人民解放军军以上单位，以及外国组织、国际组织颁发的科学、教育、技术、文化、卫生、体育、环境保护等方面的奖金；

二、国债和国家发行的金融债券利息；

三、按照国家统一规定发给的补贴、津贴；

四、福利费、抚恤金、救济金；

五、保险赔款；

六、军人的转业费、复员费；

七、按照国家统一规定发给干部、职工的安家费、退职费、退休工资、离休工资、离休生活补助费；

八、依照我国有关法律规定应予免税的各国驻华使馆、领事馆的外交代表、领事官员和其他人员的所得；

九、中国政府参加的国际公约、签订的协议中规定免税的所得；

十、经国务院财政部门批准免税的所得。

第五条 有下列情形之一的，经批准可以减征个人所得税：

一、残疾、孤老人员和烈属的所得；

二、因严重自然灾害造成重大损失的；

三、其他经国务院财政部门批准减税的。

中华人民共和国道路交通安全法

（2003年10月28日第十届全国人大常委会第五次会议通过
根据全国人大常委会有关决定修正）

第三十四条 学校、幼儿园、医院、养老院门前的道路没有行人过街设施的，应当施划人行横道线，设置提示标志。

城市主要道路的人行道，应当按照规划设置盲道。盲道的设置应当符合国家标准。

中华人民共和国妇女权益保障法

（1992年4月3日第七届全国人民代表大会第五次会议通过
根据第十届全国人大常委会第十七次会议有关决定修正）

第三十八条 妇女的生命健康权不受侵犯。禁止溺、弃、残害女婴；禁止歧视、虐待生育女婴的妇女和不育的妇女；禁止用迷信、暴力等手段残害妇女；禁止虐待、遗弃病、残妇女和老年妇女。

中华人民共和国农业法

（1993年7月2日第八届全国人大常务会第二次会议通过
根据全国人大常委会有关决定修正）

第八十三条 国家逐步完善农村社会救济制度，保障农村五保户、贫困残疾农民、贫困老年农民和其他丧失劳动能力的农民的基本生活。

中华人民共和国劳动法

（1994年7月5日第八届全国人大常委会第八次会议通过）

第七十条 国家发展社会保险事业，建立社会保险制度，设立社会保险基金，使劳动者在年老、患病、工伤、失业、生育等情况下获得帮助和补偿。

第七十三条 劳动者在下列情形下，依法享受社会保险待遇：

（一）退休；

（二）患病、负伤；

（三）因工伤残或者患职业病；

（四）失业；

（五）生育。

中华人民共和国国防动员法

（2010年2月26日第十一届全国人大常委会第十三次会议通过）

第五十六条 下列民用资源免予征用：

（一）个人和家庭生活必需的物品和居住场所；

（二）托儿所、幼儿园和孤儿院、养老院、残疾人康复机构、救助站等社会福利机构保障儿童、老人、残疾人和救助对象生活必需的物品和居住场所；

（三）法律、行政法规规定免予征用的其他民用资源。

中华人民共和国体育法

（1995年8月29日第八届全国人大常委会第十五次会议通过）

第十六条 全社会应当关心、支持老年人、残疾人参加体育活动。各级人民政府应当采取措施，为老年人、残疾人参加体育活动提供方便。

第四十六条 公共体育设施应当向社会开放，方便群众开展体育活动，对学生、老年人、残疾人实行优惠办法，提高体育设施的利用率。

任何组织和个人不得侵占、破坏公共体育设施。因特殊情况需要临时占用体育设施的，必须经体育行政部门和建设规划部门批准，并及时归还；按照城市规划改变体育场地用途的，应当按照国家有关规定，先行择地新建偿还。

中华人民共和国治安管理处罚法

（2005年8月28日第十届全国人大常委会第十七次会议通过
根据第十一届全国人大常会第二十九次会议有关决定修正）

第二十一条 违反治安管理行为人有下列情形之一，依照本法应当给予行政拘留处罚的，不执行行政拘留处罚：

（一）已满十四周岁不满十六周岁的；

（二）已满十六周岁不满十八周岁，初次违反治安管理的；

（三）七十周岁以上的；

（四）怀孕或者哺乳自己不满一周岁婴儿的。

第四十三条 殴打他人的，或者故意伤害他人身体的，处五日以上十日以下拘留，并处二百元以上五百元以下罚款；情节较轻的，处五日以下拘留或者五百元以下罚款。

有下列情形之一的，处十日以上十五日以下拘留，并处五百元以上一千元以下罚款：

（一）结伙殴打、伤害他人的；

（二）殴打、伤害残疾人、孕妇、不满十四周岁的人或者六十周岁以上的人的；

（三）多次殴打、伤害他人或者一次殴打、伤害多人的。

中华人民共和国刑法

（1979年7月1日第五届全国人民代表大会第二次会议通过
1997年3月14日第八届全国人民代表大会第五次会议修订
根据全国人大常委会有关修正案修正）

第十七条之一 已满七十五周岁的人故意犯罪的，可以从轻或者减轻处罚；过失犯罪的，应当从轻或者减轻处罚。

第四十九条 犯罪的时候不满十八周岁的人和审判的时候怀孕的妇女，不适用死刑。

审判的时候已满七十五周岁的人，不适用死刑，但以特别残忍手段致人死亡的除外。

第二百六十一条 对于年老、年幼、患病或者其他没有独立生活能力的人，负有扶养义务而拒绝扶养，情节恶劣的，处五年以下有期徒刑、拘役或者管制。

三、有关司法解释（节选）

最高人民法院、最高人民检察院关于办理诈骗刑事案件具体应用法律若干问题的解释

法释[2011]7号

第二条 诈骗公私财物达到本解释第一条规定的数额标准，具有下列情形之一的，可以依照刑法第二百六十六条的规定酌情从严惩处:

（四）诈骗残疾人、老年人或者丧失劳动能力人的财物的；

最高人民检察院关于办理当事人达成和解的轻微刑事案件的若干意见

高检发研字[2011]2号

四、关于当事人达成和解的途径与检调对接

人民检察院对于符合本意见适用范围和条件的下列案件，可以建议当事人进行和解，并告知相应的权利义务，必要时可以提供法律咨询:

3.七十周岁以上老年人犯罪的轻微刑事案件。

最高人民法院关于贯彻宽严相济刑事政策的若干意见

法发[2010]9号

21. 对于老年人犯罪，要充分考虑其犯罪的动机、目的、情节、后果以及悔罪表现等，并结合其人身危险性和再犯可能性，酌情予以从宽处罚。

人民法院量刑指导意见(试行)

法发[2010]36号

三、常见量刑情节的适用

13. 对于犯罪对象为未成年人、老人、残疾人、孕妇等弱势人员的，综合考虑犯罪的性质、犯罪的严重程度等情况，可以增加基准刑的20%以下。

最高人民法院关于对经济确有困难的当事人提供司法救助的规定

法发[2005]6号

第三条 当事人符合本规定第二条并具有下列情形之一的，可以向人民法院申请司法救助：

（一）追索赡养费、扶养费、抚育费、抚恤金的。

（二）孤寡老人、孤儿和农村“五保户”。

（三）没有固定生活来源的残疾人、患有严重疾病的人。

（四）国家规定的优抚、安置对象。

（五）追索社会保险金、劳动报酬和经济补偿金的。

（六）交通事故、医疗事故、工伤事故、产品质量事故或者其他人身伤害事故的受害人，请求赔偿的。

（七）因见义勇为或为保护社会公共利益致使自己合法权益受到损害，本人或者近亲属请求赔偿或经济补偿的。

（八）进城务工人员追索劳动报酬或其他合法权益受到侵害而请求赔偿的。

（九）正在享受城市居民最低生活保障、农村特困户救济或者领取失业保险金，无其他收入。

（十）因自然灾害等不可抗力造成生活困难，正在接受社会救济，或者家庭生产经营难以为继的。

（十一）起诉行政机关违法要求农民履行义务的。

（十二）正在接受有关部门法律援助的。

（十三）当事人为社会福利机构、敬老院、优抚医院、精神病院、SOS儿童村、社会救助站、特殊教育机构等社会公共福利单位的。

（十四）其他情形确实需要司法救助的。

最高人民法院关于审理盗窃案件具体应用法律若干问题的解释

法释[1998]4号

第六条 审理盗窃案件，应当根据案件的具体情形认定盗窃罪的情节：

（一）盗窃公私财物接近“数额较大”的起点，具有下列情形之一的，可以追究刑事责任：

2. 盗窃残疾人、孤寡老人或者丧失劳动能力人的财物的；

四、《中华人民共和国老年人权益保障法》修订对照表

中华人民共和国老年人 权益保障法 （1996年8月29日第八届全国人民代表大会常务委员会第二十一次会议通过）	中华人民共和国老年人 权益保障法（修订） （1996年8月29日第八届全国人民代表大会常务委员会第二十一次会议通过　根据2009年8月27日第十一届全国人民代表大会常务委员会第十次会议《关于修改部分法律的决定》修正　2012年12月28日第十一届全国人民代表大会常务委员会第三十次会议修订） （黑体字为修改或增加的内容）
第一章　总　则	**第一章　总　则**
第一条　为保障老年人合法权益，发展老年事业，弘扬中华民族敬老、养老的美德，根据宪法，制定本法。	**第一条**　为了保障老年人合法权益，发展老**龄**事业，弘扬中华民族敬老、养老、**助老**的美德，根据宪法，制定本法。
第二条　本法所称老年人是指六十周岁以上的公民。	**第二条**　本法所称老年人是指六十周岁以上的公民。

第四条 国家保护老年人依法享有的权益。 老年人有从国家和社会获得物质帮助的权利，有享受社会发展成果的权利。 禁止歧视、侮辱、虐待或者遗弃老年人。	**第三条** 国家保障老年人依法享有的权益。 老年人有从国家和社会获得物质帮助的权利，**有享受社会服务和社会优待的权利，有参与社会发展和共享**发展成果的权利。 禁止歧视、侮辱、虐待或者遗弃老年人。
第三条 国家和社会应当采取措施，健全对老年人的社会保障制度，逐步改善保障老年人生活、健康以及参与社会发展的条件，实现老有所养、老有所医、老有所为、老有所学、老有所乐。	**第四条 积极应对人口老龄化是国家的一项长期战略任务。** 国家和社会应当采取措施，健全**保障老年人权益的各项**制度，逐步改善保障老年人生活、健康、**安全**以及参与社会发展的条件，实现老有所养、老有所医、老有所为、老有所学、老有所乐。
	第五条 国家建立多层次的社会保障体系，逐步提高老年人保障水平。 **国家建立和完善以居家为基础、社区为依托、机构为支撑的社会养老服务体系。** **倡导全社会优待老年人。**

第五条 各级人民政府应当将老年事业纳入国民经济和社会发展计划，逐步增加对老年事业的投入，并鼓励社会各方面投入，使老年事业与经济、社会协调发展。 国务院和省、自治区、直辖市人民政府采取组织措施，协调有关部门做好老年人权益保障工作，具体机构由国务院和省、自治区、直辖市人民政府规定。	**第六条** 各级人民政府应当将老龄事业纳入国民经济和社会发展规划，**将老龄事业经费列入财政预算，建立稳定的经费保障机制**，并鼓励社会各方面投入，使老龄事业与经济、社会协调发展。 **国务院制定国家老龄事业发展规划。县级以上地方人民政府根据国家老龄事业发展规划，制定本行政区域的老龄事业发展规划和年度计划。** **县级以上人民政府负责老龄工作的机构，负责组织、协调、指导、督促有关部门做好老年人权益保障工作。**
第六条 保障老年人合法权益是全社会的共同责任。 国家机关、社会团体、企业事业组织应当按照各自职责，做好老年人权益保障工作。 居民委员会、村民委员会和依法设立的老年人组织应当反映老年人的要求，维护老年人合法权益，为老年人服务。 **第七条第三款** 提倡义务为老年人服务。	**第七条** 保障老年人合法权益是全社会的共同责任。 国家机关、社会团体、企业事业**单位和其他**组织应当按照各自职责，做好老年人权益保障工作。 **基层群众性自治组织**和依法设立的老年人组织应当反映老年人的要求，维护老年人合法权益，为老年人服务。 提倡、**鼓励**义务为老年人服务。

	第八条　国家进行人口老龄化国情教育，增强全社会积极应对人口老龄化意识。 全社会应当广泛开展敬老、养老、**助老**宣传教育活动，树立尊重、关心、帮助老年人的社会风尚。
第七条　全社会应当广泛开展敬老、养老宣传教育活动，树立尊重、关心、帮助老年人的社会风尚。 青少年组织、学校和幼儿园应当对青少年和儿童进行敬老、养老的道德教育和维护老年人合法权益的法制教育。 **第三十八条**　广播、电影、电视、报刊等应当反映老年人的生活，开展维护老年人合法权益的宣传，为老年人服务。	青少年组织、学校和幼儿园应当对青少年和儿童进行敬老、养老、**助老**的道德教育和维护老年人合法权益的法制教育。 广播、电影、电视、报刊、**网络**等应当反映老年人的生活，开展维护老年人合法权益的宣传，为老年人服务。
	第九条　国家支持老龄科学研究，建立老年人状况统计调查和发布制度。
第八条　各级人民政府对维护老年人合法权益和敬老、养老成绩显著的组织、家庭或者个人给予表扬或者奖励。	**第十条**　各级人民政府**和有关部门**对维护老年人合法权益和敬老、养老、**助老**成绩显著的组织、家庭或者个人，**对参与社会发展做出突出贡献的老年人，按照国家有关规定给予表彰或者奖励。**
第九条　老年人应当遵纪守法，履行法律规定的义务。	**第十一条**　老年人应当遵纪守法，履行法律规定的义务。
	第十二条　每年农历九月初九为老年节。

第二章 家庭赡养与扶养	第二章 家庭赡养与扶养
第十条 老年人养老主要依靠家庭，家庭成员应当关心和照料老年人。	**第十三条** 老年人养老**以居家为基础**，家庭成员应当**尊重**、关心和照料老年人。
第十一条 赡养人应当履行对老年人经济上供养、生活上照料和精神上慰藉的义务，照顾老年人的特殊需要。 赡养人是指老年人的子女以及其他依法负有赡养义务的人。 赡养人的配偶应当协助赡养人履行赡养义务。	**第十四条** 赡养人应当履行对老年人经济上供养、生活上照料和精神上慰藉的义务，照顾老年人的特殊需要。 赡养人是指老年人的子女以及其他依法负有赡养义务的人。 赡养人的配偶应当协助赡养人履行赡养义务。
第十二条 赡养人对患病的老年人应当提供医疗费用和护理。	**第十五条** 赡养人应当使患病的老年人**及时得到治疗**和护理；**对经济困难的老年人**，应当提供医疗费用。 **对生活不能自理的老年人，赡养人应当承担照料责任；不能亲自照料的，可以按照老年人的意愿委托他人或者养老机构等照料。**
第十三条 赡养人应当妥善安排老年人的住房，不得强迫老年人迁居条件低劣的房屋。 老年人自有的或者承租的住房，子女或者其他亲属不得侵占，不得擅自改变产权关系或者租赁关系。 老年人自有的住房，赡养人有维修的义务。	**第十六条** 赡养人应当妥善安排老年人的住房，不得强迫老年人**居住或者**迁居条件低劣的房屋。 老年人自有的或者承租的住房，子女或者其他亲属不得侵占，不得擅自改变产权关系或者租赁关系。 老年人自有的住房，赡养人有维修的义务。

第十四条 赡养人有义务耕种老年人承包的田地，照管老年人的林木和牲畜等，收益归老年人所有。	**第十七条** 赡养人有义务耕种**或者委托他人耕种**老年人承包的田地，照管**或者委托他人照管**老年人的林木和牲畜等，收益归老年人所有。
	第十八条 家庭成员应当关心老年人的精神需求，不得忽视、冷落老年人。 **与老年人分开居住的家庭成员，应当经常看望或者问候老年人。** **用人单位应当按照国家有关规定保障赡养人探亲休假的权利。**
第十五条 赡养人不得以放弃继承权或者其他理由，拒绝履行赡养义务。 赡养人不履行赡养义务，老年人有要求赡养人付给赡养费的权利。 赡养人不得要求老年人承担力不能及的劳动。	**第十九条** 赡养人不得以放弃继承权或者其他理由，拒绝履行赡养义务。 赡养人不履行赡养义务，老年人有要求赡养人付给赡养费等权利。 赡养人不得要求老年人承担力不能及的劳动。
第十七条 赡养人之间可以就履行赡养义务签订协议，并征得老年人同意。居民委员会、村民委员会或者赡养人所在组织监督协议的履行。	**第二十条** **经老年人同意**，赡养人之间可以就履行赡养义务签订协议。**赡养协议的内容不得违反法律的规定和老年人的意愿。** **基层群众性自治组织、老年人组织**或者赡养人所在**单位**监督协议的履行。

第十八条 老年人的婚姻自由受法律保护。子女或者其他亲属不得干涉老年人离婚、再婚及婚后的生活。 赡养人的赡养义务不因老年人的婚姻关系变化而消除。	**第二十一条** 老年人的婚姻自由受法律保护。子女或者其他亲属不得干涉老年人离婚、再婚及婚后的生活。 赡养人的赡养义务不因老年人的婚姻关系变化而消除。
第十九条 老年人有权依法处分个人的财产，子女或者其他亲属不得干涉，不得强行索取老年人的财物。 老年人有依法继承父母、配偶、子女或者其他亲属遗产的权利，有接受赠予的权利。	**第二十二条** 老年人对个人的财产，依法**享有占有、使用、收益和处分的权利**，子女或者其他亲属不得干涉，不得以**窃取**、**骗取**、强行索取**等方式侵犯老年人的财产权益**。 老年人有依法继承父母、配偶、子女或者其他亲属遗产的权利，有接受赠**与**的权利。**子女或者其他亲属不得侵占、抢夺、转移、隐匿或者损毁应当由老年人继承或者接受赠与的财产。** **老年人以遗嘱处分财产，应当依法为老年配偶保留必要的份额。**
第十六条 老年人与配偶有相互扶养的义务。 由兄、姊扶养的弟、妹成年后，有负担能力的，对年老无赡养人的兄、姊有扶养的义务。	**第二十三条** 老年人与配偶有相互扶养的义务。 由兄、**姐**扶养的弟、妹成年后，有负担能力的，对年老无赡养人的兄、姐有扶养的义务。
	第二十四条 赡养人、扶养人不履行赡养、扶养义务的，基层群众性自治组织、老年人组织或者赡养人、扶养人所在单位应当督促其履行。
	第二十五条 禁止对老年人实施家庭暴力。

	第二十六条 具备完全民事行为能力的老年人，可以在近亲属或者其他与自己关系密切、愿意承担监护责任的个人、组织中协商确定自己的监护人。监护人自老年人丧失或者部分丧失民事行为能力时，依法承担监护责任。 老年人未事先确定监护人的，其丧失或者部分丧失民事行为能力时，依照有关法律的规定确定监护人。
	第二十七条 国家建立健全家庭养老支持政策，鼓励家庭成员与老年人共同生活或者就近居住，为老年人随配偶或者赡养人迁徙提供条件，为家庭成员照料老年人提供帮助。
第三章 社会保障	**第三章 社会保障**
第二十条 国家建立养老保险制度，保障老年人的基本生活。	**第二十八条** 国家通过基本养老保险制度，保障老年人的基本生活。
第二十五条 国家建立多种形式的医疗保险制度，保障老年人的基本医疗需要。 有关部门制定医疗保险办法，应当对老年人给予照顾。 老年人依法享有的医疗待遇必须得到保障。	**第二十九条** 国家通过基本医疗保险制度，保障老年人的基本医疗需要。**享受最低生活保障的老年人和符合条件的低收入家庭中的老年人参加新型农村合作医疗和城镇居民基本医疗保险所需个人缴费部分，由政府给予补贴。** 有关部门制定医疗保险办法，应当对老年人给予照顾。

	第三十条 国家逐步开展长期护理保障工作，保障老年人的护理需求。 对生活长期不能自理、经济困难的老年人，地方各级人民政府应当根据其失能程度等情况给予护理补贴。
第二十三条 城市的老年人，无劳动能力、无生活来源、无赡养人和扶养人的，或者其赡养人和扶养人确无赡养能力或者扶养能力的，由当地人民政府给予救济。 农村的老年人，无劳动能力、无生活来源、无赡养人和扶养人的，或者其赡养人和扶养人确无赡养能力或者扶养能力的，由农村集体经济组织负担保吃、保穿、保住、保医、保葬的五保供养，乡、民族乡、镇人民政府负责组织实施。	**第三十一条** 国家对经济困难的老年人给予基本生活、医疗、居住或者其他救助。 老年人无劳动能力、无生活来源、无赡养人和扶养人，或者其赡养人和扶养人确无赡养能力或者扶养能力的，由地方各级人民政府依照有关规定给予供养或者救助。 对流浪乞讨、遭受遗弃等生活无着的老年人，由地方各级人民政府依照有关规定给予救助。
第二十六条 老年人患病，本人和赡养人确实无力支付医疗费用的，当地人民政府根据情况可以给予适当帮助，并可以提倡社会救助。	
第二十九条 老年人所在组织分配、调整或者出售住房，应当根据实际情况和有关标准照顾老年人的需要。	**第三十二条** 地方各级人民政府在实施廉租住房、公共租赁住房等住房保障制度或者进行危旧房屋改造时，应当优先照顾符合条件的老年人。

第二十二条 农村除根据情况建立养老保险制度外，有条件的还可以将未承包的集体所有的部分土地、山林、水面、滩涂等作为养老基地，收益供老年人养老。	**第三十三条 国家建立和完善老年人福利制度，根据经济社会发展水平和老年人的实际需要，增加老年人的社会福利。** **国家鼓励地方建立八十周岁以上低收入老年人高龄津贴制度。** **国家建立和完善计划生育家庭老年人扶助制度。** 农村可以将未承包的集体所有的部分土地、山林、水面、滩涂等作为养老基地，收益供老年人养老。
	第三十四条 老年人依法享有的养老金、医疗待遇和其他待遇应当得到保障，有关机构必须按时足额支付，不得克扣、拖欠或者挪用。 **国家根据经济发展以及职工平均工资增长、物价上涨等情况，适时提高养老保障水平。**
	第三十五条 国家鼓励慈善组织以及其他组织和个人为老年人提供物质帮助。
第二十四条 鼓励公民或者组织与老年人签订扶养协议或者其他扶助协议。	**第三十六条** 老年人可以与**集体经济组织、基层群众性自治组织、养老机构等组织或者个人签订遗赠**扶养协议或者其他扶助协议。 **负有扶养义务的组织或者个人按照遗赠扶养协议，承担该老年人生养死葬的义务，享有受遗赠的权利。**

	第四章　社会服务
	第三十七条　**地方各级人民政府和有关部门应当采取措施，发展城乡社区养老服务，鼓励、扶持专业服务机构及其他组织和个人，为居家的老年人提供生活照料、紧急救援、医疗护理、精神慰藉、心理咨询等多种形式的服务。** **对经济困难的老年人，地方各级人民政府应当逐步给予养老服务补贴。**
第三十五条　发展社区服务，逐步建立适应老年人需要的生活服务、文化体育活动、疾病护理与康复等服务设施和网点。 发扬邻里互助的传统，提倡邻里间关心、帮助有困难的老年人。 鼓励和支持社会志愿者为老年人服务。	**第三十八条**　**地方各级人民政府和有关部门、基层群众性自治组织，应当将养老服务设施纳入城乡社区配套设施建设规划**，逐步建立适应老年人需要的生活服务、文化体育活动、**日间照料**、疾病护理与康复等服务设施和网点，**就近为老年人提供服务**。 发扬邻里互助的传统，提倡邻里间关心、帮助有困难的老年人。 鼓励**慈善组织**、志愿者为老年人服务。**倡导老年人互助服务**。

第三十三条 国家鼓励、扶持社会组织或者个人兴办老年福利院、敬老院、老年公寓、老年医疗康复中心和老年文化体育活动场所等设施。 地方各级人民政府应当根据当地经济发展水平，逐步增加对老年福利事业的投入，兴办老年福利设施。	**第三十九条** 各级人民政府应当根据经济发展水平**和老年人服务需求**，逐步增加对**养老服务**的投入。 **各级人民政府和有关部门在财政、税费、土地、融资等方面采取措施**，鼓励、扶持**企业事业单位**、社会组织或者个人兴办、**运营养老、老年人日间照料、老年文化体育活动**等设施。
	第四十条 地方各级人民政府和有关部门应当按照老年人口比例及分布情况，将养老服务设施建设纳入城乡规划和土地利用总体规划，统筹安排养老服务设施建设用地及所需物资。 **非营利性养老服务设施用地，可以依法使用国有划拨土地或者农民集体所有的土地。** **养老服务设施用地，非经法定程序不得改变用途。**
	第四十一条 政府投资兴办的养老机构，应当优先保障经济困难的孤寡、失能、高龄等老年人的服务需求。

	第四十二条　国务院有关部门制定养老服务设施建设、养老服务质量和养老服务职业等标准，建立健全养老机构分类管理和养老服务评估制度。 各级人民政府应当规范养老服务收费项目和标准，加强监督和管理。
	第四十三条　设立养老机构，应当符合下列条件： （一）有自己的名称、住所和章程； （二）有与服务内容和规模相适应的资金； （三）有符合相关资格条件的管理人员、专业技术人员和服务人员； （四）有基本的生活用房、设施设备和活动场地； （五）法律、法规规定的其他条件。
	第四十四条　设立养老机构应当向县级以上人民政府民政部门申请行政许可；经许可的，依法办理相应的登记。 县级以上人民政府民政部门负责养老机构的指导、监督和管理，其他有关部门依照职责分工对养老机构实施监督。

	第四十五条　养老机构变更或者终止的，应当妥善安置收住的老年人，并依照规定到有关部门办理手续。有关部门应当为养老机构妥善安置老年人提供帮助。
	第四十六条　国家建立健全养老服务人才培养、使用、评价和激励制度，依法规范用工，促进从业人员劳动报酬合理增长，发展专职、兼职和志愿者相结合的养老服务队伍。 国家鼓励高等学校、中等职业学校和职业培训机构设置相关专业或者培训项目，培养养老服务专业人才。
	第四十七条　养老机构应当与接受服务的老年人或者其代理人签订服务协议，明确双方的权利、义务。 养老机构及其工作人员不得以任何方式侵害老年人的权益。
	第四十八条　国家鼓励养老机构投保责任保险，鼓励保险公司承保责任保险。

	第四十九条 各级人民政府和有关部门应当将老年医疗卫生服务纳入城乡医疗卫生服务规划，将老年人健康管理和常见病预防等纳入国家基本公共卫生服务项目。鼓励为老年人提供保健、护理、临终关怀等服务。 国家鼓励医疗机构开设针对老年病的专科或者门诊。 医疗卫生机构应当开展老年人的健康服务和疾病防治工作。
第二十八条 国家采取措施，加强老年医学的研究和人才培养，提高老年病的预防、治疗、科研水平。 开展各种形式的健康教育，普及老年保健知识，增强老年人自我保健意识。	**第五十条** 国家采取措施，加强老年医学的研究和人才培养，提高老年病的预防、治疗、科研水平，促进老年病的早期发现、诊断和治疗。 国家和社会采取措施，开展各种形式的健康教育，普及老年保健知识，增强老年人自我保健意识。
第三十四条 各级人民政府应当引导企业开发、生产、经营老年生活用品，适应老年人的需要。	**第五十一条** 国家采取措施，发展老龄产业，将老龄产业列入国家扶持行业目录。扶持和引导企业开发、生产、经营适应老年人需要的用品和提供相关的服务。

	第五章　社会优待
	第五十二条　县级以上人民政府及其有关部门根据经济社会发展情况和老年人的特殊需要，制定优待老年人的办法，逐步提高优待水平。 对常住在本行政区域内的外埠老年人给予同等优待。
	第五十三条　各级人民政府和有关部门应当为老年人及时、便利地领取养老金、结算医疗费和享受其他物质帮助提供条件。
	第五十四条　各级人民政府和有关部门办理房屋权属关系变更、户口迁移等涉及老年人权益的重大事项时，应当就办理事项是否为老年人的真实意思表示进行询问，并依法优先办理。
第三十九条　老年人因其合法权益受侵害提起诉讼交纳诉讼费确有困难的，可以缓交、减交或者免交；需要获得律师帮助，但无力支付律师费用的，可以获得法律援助。	第五十五条　老年人因其合法权益受侵害提起诉讼交纳诉讼费确有困难的，可以缓交、减交或者免交；需要获得律师帮助，但无力支付律师费用的，可以获得法律援助。 鼓励律师事务所、公证处、基层法律服务所和其他法律服务机构为经济困难的老年人提供免费或者优惠服务。

第二十七条 医疗机构应当为老年人就医提供方便，对七十周岁以上的老年人就医，予以优先。有条件的地方，可以为老年病人设立家庭病床，开展巡回医疗等服务。 提倡为老年人义诊。	**第五十六条** 医疗机构应当为老年人就医提供方便，对老年人就医予以优先。有条件的地方，可以为老年人设立家庭病床，开展巡回医疗、**护理、康复、免费体检**等服务。 提倡为老年人义诊。
第三十六条 地方各级人民政府根据当地条件，可以在参观、游览、乘坐公共交通工具等方面，对老年人给予优待和照顾。	**第五十七条 提倡与老年人日常生活密切相关的服务行业为老年人提供优先、优惠服务。** **城市公共交通、公路、铁路、水路和航空客运，应当为老年人提**供优待和照顾。
	第五十八条 博物馆、美术馆、科技馆、纪念馆、公共图书馆、文化馆、影剧院、体育场馆、公园、旅游景点等场所，应当对老年人免费或者优惠开放。
第三十七条 农村老年人不承担义务工和劳动积累工。	**第五十九条** 农村老年人不承担**兴办公益事业的筹劳义务**。
	第六章 宜居环境
	第六十条 国家采取措施，推进宜居环境建设，为老年人提供安全、便利和舒适的环境。

	第六十一条　各级人民政府在制定城乡规划时，应当根据人口老龄化发展趋势、老年人口分布和老年人的特点，统筹考虑适合老年人的公共基础设施、生活服务设施、医疗卫生设施和文化体育设施建设。
	第六十二条　国家制定和完善涉及老年人的工程建设标准体系，在规划、设计、施工、监理、验收、运行、维护、管理等环节加强相关标准的实施与监督。
第三十条　新建或者改造城镇公共设施、居民区和住宅，应当考虑老年人的特殊需要，建设适合老年人生活和活动的配套设施。	第六十三条　国家制定无障碍设施工程建设标准。新建、改建和扩建道路、公共交通设施、建筑物、居住区等，应当符合国家无障碍设施工程建设标准。 各级人民政府和有关部门应当按照国家无障碍设施工程建设标准，优先推进与老年人日常生活密切相关的公共服务设施的改造。 无障碍设施的所有人和管理人应当保障无障碍设施正常使用。
	第六十四条　国家推动老年宜居社区建设，引导、支持老年宜居住宅的开发，推动和扶持老年人家庭无障碍设施的改造，为老年人创造无障碍居住环境。

第四章　参与社会发展	第七章　参与社会发展
第四十条　国家和社会应当重视、珍惜老年人的知识、技能和革命、建设经验，尊重他们的优良品德，发挥老年人的专长和作用。	**第六十五条**　国家和社会应当重视、珍惜老年人的知识、技能、经验和优良品德，发挥老年人的专长和作用，**保障老年人参与经济、政治、文化和社会生活。**
	第六十六条　老年人可以通过老年人组织，开展有益身心健康的活动。
	第六十七条　制定法律、法规、规章和公共政策，涉及老年人权益重大问题的，应当听取老年人和老年人组织的意见。 **老年人和老年人组织有权向国家机关提出老年人权益保障、老龄事业发展等方面的意见和建议。**
第四十一条　国家应当为老年人参与社会主义物质文明和精神文明建设创造条件。根据社会需要和可能，鼓励老年人在自愿和量力的情况下，从事下列活动： （一）对青少年和儿童进行社会主义、爱国主义、集体主义教育和艰苦奋斗等优良传统教育； （二）传授文化和科技知识； （三）提供咨询服务； （四）依法参与科技开发和应用； （五）依法从事经营和生产活动； （六）兴办社会公益事业； （七）参与维护社会治安、协助调解民间纠纷； （八）参加其他社会活动。	**第六十八条**　国家为老年人参与**社会发展**创造条件。根据社会需要和可能，鼓励老年人在自愿和量力的情况下，从事下列活动： （一）对青少年和儿童进行社会主义、爱国主义、集体主义和艰苦奋斗等优良传统教育； （二）传授文化和科技知识； （三）提供咨询服务； （四）依法参与科技开发和应用； （五）依法从事经营和生产活动； （六）**参加志愿服务**、兴办社会公益事业； （七）参与维护社会治安、协助调解民间纠纷； （八）参加其他社会活动。

第四十二条 老年人参加劳动的合法收入受法律保护。	**第六十九条** 老年人参加劳动的合法收入受法律保护。 **任何单位和个人不得安排老年人从事危害其身心健康的劳动或者危险作业。**
第三十一条 老年人有继续受教育的权利。 国家发展老年教育，鼓励社会办好各类老年学校。 各级人民政府对老年教育应当加强领导，统一规划。	**第七十条** 老年人有继续受教育的权利。 国家发展老年教育，**把老年教育纳入终身教育体系**，鼓励社会办好各类老年学校。 各级人民政府对老年教育应当加强领导，统一规划，**加大投入**。
第三十二条 国家和社会采取措施，开展适合老年人的群众性文化、体育、娱乐活动，丰富老年人的精神文化生活。	**第七十一条** 国家和社会采取措施，开展适合老年人的群众性文化、体育、娱乐活动，丰富老年人的精神文化生活。
第五章 法律责任	**第八章 法律责任**
第四十三条 老年人合法权益受到侵害的，被侵害人或者其代理人有权要求有关部门处理，或者依法向人民法院提起诉讼。 人民法院和有关部门，对侵犯老年人合法权益的申诉、控告和检举，应当依法及时受理，不得推诿、拖延。	**第七十二条** 老年人合法权益受到侵害的，被侵害人或者其代理人有权要求有关部门处理，或者依法向人民法院提起诉讼。 人民法院和有关部门，对侵犯老年人合法权益的申诉、控告和检举，应当依法及时受理，不得推诿、拖延。

第四十四条 不履行保护老年人合法权益职责的部门或者组织，其上级主管部门应当给予批评教育，责令改正。 国家工作人员违法失职，致使老年人合法权益受到损害的，由其所在组织或者上级机关责令改正，或者给予行政处分；构成犯罪的，依法追究刑事责任。	**第七十三条** 不履行保护老年人合法权益职责的部门或者组织，其上级主管部门应当给予批评教育，责令改正。 国家工作人员违法失职，致使老年人合法权益受到损害的，由其所在**单位**或者上级机关责令改正，或者**依法**给予处分；构成犯罪的，依法追究刑事责任。
第四十五条 老年人与家庭成员因赡养、扶养或者住房、财产发生纠纷，可以要求家庭成员所在组织或者居民委员会、村民委员会调解，也可以直接向人民法院提起诉讼。 调解前款纠纷时，对有过错的家庭成员，应当给予批评教育，责令改正。 人民法院对老年人追索赡养费或者扶养费的申请，可以依法裁定先予执行。	**第七十四条** 老年人与家庭成员因赡养、扶养或者住房、财产等发生纠纷，可以**申请人民调解委员会或者其他有关组织进行**调解，也可以直接向人民法院提起诉讼。 **人民调解委员会或者其他有关组织**调解前款纠纷时，**应当通过说服、疏导等方式化解矛盾和纠纷**；对有过错的家庭成员，应当给予批评教育。 人民法院对老年人追索赡养费或者扶养费的申请，可以依法裁定先予执行。
第四十七条 暴力干涉老年人婚姻自由或者对老年人负有赡养义务、扶养义务而拒绝赡养、扶养，情节严重构成犯罪的，依法追究刑事责任。	**第七十五条** 干涉老年人婚姻自由，对老年人负有赡养义务、扶养义务而拒绝赡养、扶养，**虐待或者对老年人实施家庭暴力**的，**由有关单位给予批评教育；构成违反治安管理行为的，依法给予治安管理处罚**；构成犯罪的，依法追究刑事责任。

第四十八条 家庭成员盗窃、诈骗、抢夺、勒索、故意毁坏老年人财物，情节较轻的，依照治安管理处罚法的有关规定处罚；构成犯罪的，依法追究刑事责任。	**第七十六条** 家庭成员盗窃、诈骗、抢夺、**侵占**、勒索、故意**损**毁老年人财物，**构成违反治安管理行为的，依法给予治安管理**处罚；构成犯罪的，依法追究刑事责任。
第四十六条 以暴力或者其他方法公然侮辱老年人、捏造事实诽谤老年人或者虐待老年人，情节较轻的，依照治安管理处罚法的有关规定处罚；构成犯罪的，依法追究刑事责任。	**第七十七条** 侮辱、诽谤老年人，**构成违反治安管理行为的，依法给予治安管理**处罚；构成犯罪的，依法追究刑事责任。
	第七十八条 未经许可设立养老机构的，由县级以上人民政府民政部门责令改正；符合法律、法规规定的养老机构条件的，依法补办相关手续；逾期达不到法定条件的，责令停办并妥善安置收住的老年人；造成损害的，依法承担民事责任。
	第七十九条 养老机构及其工作人员侵害老年人人身和财产权益，或者未按照约定提供服务的，依法承担民事责任；有关主管部门依法给予行政处罚；构成犯罪的，依法追究刑事责任。

	第八十条 对养老机构负有管理和监督职责的部门及其工作人员滥用职权、玩忽职守、徇私舞弊的，对直接负责的主管人员和其他直接责任人员依法给予处分；构成犯罪的，依法追究刑事责任。
	第八十一条 不按规定履行优待老年人义务的，由有关主管部门责令改正。
	第八十二条 涉及老年人的工程不符合国家规定的标准或者无障碍设施所有人、管理人未尽到维护和管理职责的，由有关主管部门责令改正；造成损害的，依法承担民事责任；对有关单位、个人依法给予行政处罚；构成犯罪的，依法追究刑事责任。
第六章 附则	**第九章 附则**
第四十九条 民族自治地方的人民代表大会，可以根据本法的原则，结合当地民族风俗习惯的具体情况，依照法定程序制定变通的或者补充的规定。	**第八十三条** 民族自治地方的人民代表大会，可以根据本法的原则，结合当地民族风俗习惯的具体情况，依照法定程序制定变通的或者补充的规定。
	第八十四条 本法施行前设立的养老机构不符合本法规定条件的，应当限期整改。具体办法由国务院民政部门制定。
第五十条 本法自1996年10月1日起施行。	**第八十五条** 本法自2013年7月1日起施行。